毕节市卷

徐静 杨军昌 主编

贵州省非物质文化遗产田野调查丛书

丛书由知识产权出版社出版基金资助出版
本卷获得贵州省教育厅人文社科基地项目资助
贵州省高等学校人文社会科学研究基地
——贵州大学人口·社会·法制研究中心
贵州省文化厅／贵州省非物质文化遗产保护中心

知识产权出版社
全国百佳图书出版单位

图书在版编目(CIP)数据

贵州省非物质文化遗产田野调查丛书. 毕节市卷/徐静，杨军昌主编；李光荣，谢芝编著. —北京：知识产权出版社，2018.9
ISBN 978-7-5130-5757-8

Ⅰ. ①贵… Ⅱ. ①徐… ②杨… ③李… ④谢… Ⅲ. ①物质文化遗产—介绍—毕节 Ⅳ. ①G127.73

中国版本图书馆CIP数据核字(2018)第187170号

内容摘要

毕节市非物质文化遗产形式多样，种类较多，地域性突出。主要涉及传统音乐、曲艺、传统医药、传统技艺、民俗等方面的内容。本书图文并茂，内容翔实，有利于弘扬毕节市民族民间文化，对非遗的保护、传承工作具有积极的作用与价值，是读者学习和了解毕节市非物质文化遗产的重要素材。

责任编辑：王　辉　　　　**责任印制**：孙婷婷

贵州省非物质文化遗产田野调查丛书
徐静　杨军昌　主编
毕节市卷
BIJIE SHI JUAN
李光荣　谢芝　编著

出版发行：	知识产权出版社有限责任公司	**网　　址**：	http://www.ipph.cn
电　　话：	010-82004826		http://www.laichushu.com
社　　址：	北京市海淀区气象路50号院	**邮　　编**：	100081
责编电话：	010-82000860转8381	**责编邮箱**：	wanghui@cnipr.com
发行电话：	010-82000860转8101	**发行传真**：	010-82000893
印　　刷：	北京建宏印刷有限公司	**经　　销**：	新华书店及相关销售网点
开　　本：	720 mm×1000 mm　1/16	**印　　张**：	15
版　　次：	2018年9月第1版	**印　　次**：	2018年9月第1次印刷
字　　数：	285千字	**定　　价**：	66.00元

ISBN 978-7-5130-5757-8

《贵州省非物质文化遗产田野调查丛书》

编委会和编辑部人员名单

传承非遗　助力脱贫

——贵州省非物质文化遗产田野调查丛书

序

党的十九大报告中指出：文化是一个国家、一个民族的灵魂，文化兴国运兴、文化强民族强。没有高度的文化自信，没有文化的繁荣兴盛，就没有中华民族的伟大复兴。2017 年 1 月，中共中央办公厅、国务院办公厅印发了《关于实施中华优秀传统文化传承发展工程的意见》，明确提出要保护传承文化遗产，实施非物质文化遗产传承发展工程。贵州是非物质文化遗产资源大省，更是脱贫攻坚主战场，如何保护好、传承好非物质文化遗产，利用好、发挥好非物质文化遗产在脱贫攻坚中的积极作用，一直是我们在理论和实践层面思考的重要课题，而《贵州省非物质文化遗产田野调查丛书》就是这一课题研究的重要成果之一。

非物质文化遗产是文化遗产的重要组成部分。非物质文化遗产是人类创造力、想象力、智慧和劳动的结晶，是人类文化多样性的生动展示，也是一个国家、一个民族兴旺发达的文明标志与精神支柱。早在 2003 年 10 月联合国教科文组织发布《保护非物质文化遗产公约》起，世界范围内的非物质文化遗产调查、整理、传承、保护、利用等工作得以迅速展开。我国也随即在 2005 年 3 月 26 日出台了《关于加强我国非物质文化遗产保护工作的意见》。相继全国各地按照《国家级非物质文化遗产保护名录》的类别划分，在民间文学、传统音乐、传统舞蹈、传统戏剧、曲艺，传统体育、游艺与杂技，传统美术、传统技艺、传统医药、民俗 10 个大类上，开展了一系列非物质文化遗产保护工作。

贵州是非物质文化遗产资源的富矿区，各民族在历史发展的长河中，创造了多姿多彩、独具特色的多元民族非物质文化遗产。截至 2018 年 5 月，列入人类非物质文化遗产代表作名录 2 项，国家级名录 85 项 140 处，省级名录 561 项 708 处，市、州级名录1134项，县级名录4000多项。国家级文化生态保护实验区1项，省级3项；国家级非物质文化遗产生产性保护示范基地3处，省级59处；国家级非物质文化遗产代表性传承人96人，省级402人。这些非物质文化遗产内容丰富，各具特色，是贵州各民族发展历史的真实写照，是各民族传统文化的重要载体，更是中华民族文化遗产的重要组成部分，充分体现了贵州省各民族人民的聪明才智和生存智慧，蕴含着丰富的历史价值、艺术价值、科学价值、文化价值等。保护和利用好非物质文化遗产，有利于继承和发扬民族优秀文化传统和民族精神，传递贵州文化声音，展示贵州文化风貌。如果以此为资源、资本，在生产性保护的基础上，发展文化特色产业，还可以增强乡村旅游魅力，拓宽农民脱贫致富路子，增强可持续发展能力。近年来，贵州省及时出台了《贵州省非物质文化遗产保护发展规划》等指导性文件，开展了非遗传承脱贫"十""百""千""万"培训工程，建成了国家级民族文化生态保护实验区1个，省级民族文化生态保护区2个；国家级非遗生产性保护示范基地3个，省级非遗生产性保护示范基地28个，带动了数万贫困户脱贫致富奔小康。

为了更好地保护和传承贵州省非物质文化遗产，使非物质文化遗产传承脱贫工程更有基础、更有素材、更有针对性，在中共贵州省委宣传部的指导下，在贵州大学、贵州省文化厅的支持下，贵州大学人口·社会·法制研究中心与贵州省非物质文化遗产保护中心共同实施了知识产权出版社出版资助项目、贵州省教育厅人文社科研究基地项目《贵州省非物质文化遗产田野调查丛书》，在各州市有关部门及广大非遗工作者的积极参与下，经过各卷调查与撰写专家、学者多年来的艰辛努力，终于圆满完成了项目任务并付梓出版。这是贵州省非物质文化遗产资源第一次系统而详细的收集、整理与集中展示，是外界了解贵州省悠久历史和多姿多彩民族文化的重要窗口，是贵州学者助推文化精准扶贫的辛勤耕耘的成果，必将在增强文化自觉、坚定文化自信、助推脱贫攻坚方面产生积极的现实意义。

是为序！

2018年5月

概　述

一、毕节市非物质文化遗产基本概况

文化是民族的血脉，是人民的精神家园。非物质文化遗产（以下简称“非遗”）是民族文化中的精髓，是维系、凝聚和绵延民族认同的基本因素。各民族不同类型的非遗是各民族人民劳动和智慧的结晶，是各民族精神的重要代表者和体现者，是维系该民族生存、发展的动力和源泉，同时也是珍贵的、具有重要价值的文化资源。贵州省是我国非遗的富矿区，境内各少数民族因不同的历史背景、不同的居住环境及不同的生活习俗，既创造了形态各异、种类万千的维系民族自身生存繁衍与发展的物质文化，又形成了各自具有鲜明特色的包括民族节日、民俗、音乐、舞蹈、曲艺、戏剧、体育、美术等在内的非物质文化，这些文化是各民族生存智慧、生活情调及淳朴民风的体现，是各民族宝贵的精神财富。从全省层面看，自 2005 年开展非遗普查及申报工作以来，在“保护为主、抢救第一、合理利用、传承发展”的工作方针指导下，贵州省上下进行了细致翔实的田野调查，建立了省、市（州、地）、县（市、区）级非遗代表作名录体系。目前，共收录有世界级非物质文化遗产代表名录“侗族大歌”1 项，国家级项目名录 68 项 81 处，拓展项目 36 项 53 处（第一批国家级项目 30 项 34 处，第二批 23 项 30 处，扩展项目 16 项 31 处，第三批 8 项 10 处，扩展项目 12 项 14 处，第四批 7 项 7 处，扩展 8 项 8 处）；省级项目名录 561 项（第一批 91 项，第二批 202 项，第三批 147 项 220 处，包括新增项目 108 项 145 处，第一、二批省级扩展项目 39 项 75 处，第四批 121 项 140 处，包括新增项目 75 项 77 处，扩展项目 46 项 63 处）；市（地、州）级项目名录 882 项。全省共有国家级项目代表性传承人 57 名、省级项目代表性传承人 301 名，建有国家级文化生态保护实验区 1 个、省级生产性保护示范基地 28 个，以非物质文化遗产为主要内容的“多彩贵州”逐步成为贵州的文化品牌。目前，毕节市共有国家级非物质文化遗产代表作名录 6 项，分别为威宁彝族“撮泰吉”、纳雍县苗族芦笙技巧舞“滚山珠”和苗族服饰、大方县彝族漆器髹饰技艺、赫章县彝族火把节，以及收录在第四批国家级非物质文化遗产拓展项目名录中的金沙县傩戏(庆坛)；共有省级非物质文化遗产46项52处，其中第一批5项，第二批16项，第三批17项22处，包括13个新增项目，5个第一、二批省级拓展项目(其中金沙县、花灯县为第二批省级黔西县花灯戏拓展项目，合并为1项2处)，第四批8项9处。省级非遗约占贵州省总数的8.2%，是贵州省乃至中华民族非遗大家庭中的重要组成部分，也是不可或缺的、精彩纷呈的一部分。毕节市各县区政府结合地方实际，深入开展非遗的各项保护工作，定期举行民族传统节日活动，将旅游与非遗保护相结合，一方面，使非遗项目活态地存在于人们的生活之中，另一方面，也获得了非遗保护良好的群众基础和较好的经济社会效益。

二、毕节市非物质文化遗产主要特点

非遗是指各族人民世代相传并视为其文化遗产组成部分的各种传统文化表现形式，以及与传统文化表现形式相关的实物和场所。包括传统口头文学及作为其载体的语言；传统美术、书法、音乐、舞蹈、戏剧、曲艺和杂技；传统技艺、医药和历法；传统礼仪、节庆等民俗；传统体育和游艺，以及其他非物质文化遗产。毕节市非物质文化遗产是贵州高原上的文化资源宝库，具有形式多样，种类丰富；分布广泛，地域性突出；活态流动，璀璨闪耀；相互影响，美美与共等特点。

1.形式多样，种类丰富

毕节市非遗保存较为完整，多样性发展特征突出。在现已公布的第一到第四批贵州省非遗保护名录中，已从单调的舞蹈和传统手工艺向歌舞、服饰、习俗、节庆、医药等多方面不断扩展。毕节市一至四批分别有5项、15项、17项、8项入列国家级、省级非遗名录。

毕节市各民族既能歌善舞又心灵手巧，制作的非遗产品不仅在贵州小有名气，而且在国内外也有较高的声誉。例如，心灵手巧的苗族姑娘，运用多种手工刺绣手法，一针一线，以针代笔，将苗族几千年的苦难和迁徙史绣在美丽的衣裙上，组成一部画卷般的史诗，世代相传。一套苗族盛装，往往都是集纺、织、染、绘、挑、绣、缝之大成者，绣工精湛，内涵丰富。又如，大方县彝族漆器髹饰技艺，早在1915年于美国旧金山举行的巴拿马运河开通的万国博览会上，大方漆器与江苏扬州漆器就双双获得了银质奖，随后又与茅台酒、玉屏箫笛并称“贵州三宝”。这些手工技艺不仅丰富了人们的物质与精神生活，也成为人们经济收入的重要来源之一。

2.地域性突出，分布广泛

“任何一种非物质文化事项，其创生与传承都与特定的环境休戚相关：因环境而生，因环境而传，因环境而变，因环境而衰。”“作为既有物质生产体现，也有精神生产体现的传统手工艺品，承载着中国博大精深的传统文化，蕴含着人与人之间感情的传递。”它是民族地区因为生计需要，在特定环境、特殊生产方式下应运而生的带有明显地方色彩的传统民族文化。毕节市非物质文化遗产地域性特征明显，分布广泛。毕节位于乌蒙山腹地半高寒地带，境内多山，地势起伏，地貌多样，山地灌丛丰富，草地牧场辽阔，雨量充沛，山地农业和畜牧业发展良好。特殊的气候环境及农牧业相结合的生产生活方式，孕育了毕节市非物质文化遗产中一个耀眼且独特的项目——传统手工技艺。在县域分布上，非物质文化遗产项目在毕节各个县区都有分布，其中，金沙县最多，共12项；赫章县次之，共9项，其他依次是纳雍县7项，黔西县6项，织金和威宁县5项，大方县4项，七星关区1项。毕节的非物质文化遗产，与毕节的地域环境息息相关，如威宁县的擀毡技艺，即产生于凉山和半凉山地区放牧牛羊的畜牧经济中；受当地冬春易旱而夏秋多雨、冬无严寒而夏无酷暑的气候影响，毕节盛产苦荞，因之而制作的荞酥，远近闻名。又如，大方豆制品制作技艺与当地良好的水资源及独特的地理环境密不可分；彝族漆器髹饰技艺等传统手工技艺的大放异彩与几百年的漆树种植历史紧密相联。

3.活态流动，璀璨闪耀

“一切现存的非物质文化事项，都需要在与自然、现实、历史的互动中，不断生发、变异和创新，这也注定它处在永不停息的运变之中。”“运变”，既表现为非遗的活态流动，也表现为对之传承的引导和保护的行为。近年来，毕节市政府开展了一系列非遗保护工作。

首先，对一些传统手工艺非遗项目给予政策和资金支持。其中，特别注重整合资源，扶持当地老牌传统企业，成立非遗保护生产基地，开展生产性保护工作，使一些传统手工技艺项目得到有效的传承与发展。这些传统手工艺项目犹如一颗颗璀璨的明珠，在民族文化的大舞台上活态地存在并闪烁着耀眼的光芒。

其次，举行民族地区传统节日活动。如2014年7月25日—27日，大方县在凤山水西大草原举办了贵州大方彝族火把节暨凤山乡第二届乡村旅游文化节，将彝族传统节日与发展乡村旅游相结合，吸引了来自省内外的大量游客，提高了大方县彝族火把节在省内外的知名度和影响力，提升了民族文化对地方经济发展的促进作用,使得彝族地区最隆重、最盛大、最壮观、最富有民族特色,参与人数最多的节日,没有淹没在漫漫历史长河中,而是生动、活态地存在于现实生活中,存在于彝族儿女的心中。

最后,激发"活态",促进创新。采取的主要措施有:保护与发展黔西县文琴戏,将省级文物保护单位武庙无偿划给水西文琴社使用,并每年拨出适当资金给文琴社作活动经费。再如大方县豆制品制作技艺,其技艺传承公司——大方县石老祖公豆制品有限责任公司,与当地残联合作,包装车间全部用残疾人,这种做法,饱含了满满的爱心,既很好地帮助了残疾人解决就业问题,又使得豆制品制作技艺这个非物质文化遗产得以传承,真正地"活"了起来。非物质文化遗产与其他文化遗产最明显的区别"在于变化,在于创新,它是在历史长河中凝聚了很多代人的智慧,而又活在当代的文化,是一种活态文化……如果说其他文化遗产是一座静态的桥,那么非遗则是桥下的河流,是流动的、充满活力、生生不息的"。

4.相互影响,美美与共

一方水土养一方人。不同的地域特征、生态环境、人文环境、历史因素,以及社会经济发展状况,会使得各个民族的文化具有各自的特色和独特内涵,但是,民族间的融合与交往又使得民族文化在一定程度上呈现出一脉相承、相辅相成的特征。毕节市汉、彝、苗、回、布依、白、仡佬等30多个民族,在长期的民族融合与交往中,和睦相处,相互吸收借鉴文化,一方面,保留了自身民族文化的特点,另一方面,呈现出对其他民族文化借鉴、涵化的特征。在第三批省级非物质文化遗产申报中,大方、金沙和赫章三县的苗族跳花节就同时申报成功,虽然均属跳花节,但却各有特色。由于交通改善、距离缩短等原因,民族间交往增多,使得三地的苗族跳花节在一定程度上也具有异曲同工之处。如跳花节上表演的芦笙歌舞,虽然三地在舞蹈形式方面略有差别,却都同根同源,植根于苗族迁徙的苦难历史;同时都有插花树、跳芦笙舞、唱山歌等表演节目;来参加跳花节的,除了苗族之外,还有汉族、彝族等其他民族的男女老少,跳花节已成为该区域各个民族儿女的节日。

三、毕节市非物质文化遗产的价值与传承

毕节市是典型的岩溶山区,处在滇东高原向黔中山原丘陵过渡的倾斜地带,境内山峦起伏,河流纵横,是古夜郎文明和水西文化的繁盛之地。多山多水的特殊地

理环境和厚重的历史人文背景造就了毕节市千姿百态、绚丽多姿、璀璨闪耀的非物质文化遗产。非物质文化遗产是毕节文明建构的基石，是毕节文化多样性的体现，是毕节人民进行创造的源泉，具有各方面的意义与价值。

首先，毕节市非遗具有传承历史、促进认同的价值。在毕节非遗中，赫章县苗族大迁徙舞和毕节苗族芦笙蹉步舞叙述了苗族人民迁徙的苦难历史，展示了苗族大迁徙的壮观场面，并表现出追根怀祖的民族文化意识，以及苗族后代对苗族战争和迁徙过程中苗族英雄的怀念，是民族精神、民族情感、民族历史、民族个性、民族气质、民族凝聚力和向心力的有机组成和重要表征。在历经岁月沧桑后，曾经的苦难历史浓缩在苗族人民的日常活动中，以舞记史。通过舞蹈，他们仿佛看到了祖先的身影，了解了他们的生活状态，感受到了祖先的情感和智慧。类似舞蹈还有彝族的撮泰吉、苗族的滚山珠等。这些作为非物质文化遗产的舞蹈，承载着苗族苦难与辉煌并存的过去，同时也孕育着苗族的未来与希望，其通过老一辈对年轻人的口传身授得以代代相传。

其次，毕节市非遗具有重要的教育文化价值。以祭祀习俗为例，少数民族地区的丧葬祭祀习俗，通常要花费较长时间、耗费较多人力物力，场面壮观，影响重大，对族人尤其是青少年具有重要的道德教化及励志教育功能。如纳雍县“划筷奠祖”仪式、大屯三官彝族祭祀、金沙县丧葬习俗等。丧葬期间，孝男孝女都要披麻戴孝，以表达对逝者的尊敬、怀念和哀思。同时，在祭祀的过程中，还要通过一系列礼仪使族人受到伦理道德的教化。另外，在丧葬活动中，布摩或者一些年长者会叙述逝者的生平事迹，主要讲述逝者勤劳刻苦的一生所取得的成就，以此来教育年青一代向老一辈学习，促使青年人勤俭持家，积极向上，为祖宗、为民族、为社会争光。除此之外，毕节非遗中体现了许多正确的人生观、价值观、世界观和生态观等，并通过舞蹈、音乐等不同形式在日常生活中表现出来，使得民族地区不同阶层的人都可以从中获取知识，积累经验，获得收获。

最后，毕节市非遗具有重要的经济社会价值。少数民族文化资源雄厚，发展文化旅游业已成为民族地区振兴经济的主要出路。毕节市非遗历史久远，内容广泛，形式多样，具有发展文化旅游业的基础。如以“滚山珠”为代表的民族传统舞蹈，以及以“火把节”“跳花节”为主的民族节日，逐渐成为毕节文化旅游业的支撑项目，每次相关活动的举行都吸引了大批游客，为地方经济发展做出了巨大贡献。与此同时，随着砂陶制作、豆制品制作等传统工艺的产业化、规模化和专门化生产，非遗带来的经济效益在不断扩大，这些传统工艺有的已经成为地方支柱性产业，成为地方国民经济收入的主要来源。认识非物质文化遗产的经济社会价值，对其进行合理开发利用，有利于发掘地方资源特色，发展区域特色经济，促进民族经济发展，提高人民生活水平，丰富人民文化生活。

近年来，在对非物质文化遗产进行保护的过程中，毕节市各县人民政府认真贯彻《国务院办公厅关于加强我国非物质文化遗产保护工作的意见》(国发办〔2005〕18号)，组织专业人员深入各个村寨，开展文物普查和非物质文化遗产申报和保护工作，对辖区内普查的文物及非物质文化遗产进行登记造册，规范建档。对于濒临失传并且面临传承危机和压力的节庆习俗等珍贵民间民族传统文化，一方面，利用影像的方式，用现代科技手段记录其历史面貌；另一方面，积极寻找传承人，并建立传承人保护机制，给予传承人一定的资金支持。同时，在青少年中进行广泛的宣传和传播，寻找并培养年轻一代的传承人。毕节市重视对非遗的抢救和保护工作，取得了许多实质性的成就，申报成功和拟申报的项目越来越多，使大量濒临失传的民族传统文化得到了有效的传承与保护。

四、毕节市非物质文化遗产与文化精准扶贫

习近平总书记指出："一个国家、一个民族的强盛，是以文化兴盛为支撑。"文化兴则民族兴，民族兴则国家兴。早在2015年11月，党中央、国务院就"决定把精准扶贫、精准脱贫作为基本方略，采取超常规举措，拿出过硬办法，举全党全社会之力，坚决打赢脱贫攻坚战"之际，毕节市政府就高度重视对传统文化、特别是民族非物质文化遗产的保护和发掘，坚定不移地走"文化精准扶贫"之路。一方面，建立省级非遗名录，完成非物质文化遗产普查工作，加大对非遗的传承和保护力度。毕节市各个地区均成立了非物质文化遗产保护领导小组，采取了一系列保护措施，着力保护优秀非遗项目，传承历史文脉，推进保护传承载体建设，强化非遗资源管理，着力开展展示宣传活动，有力促进了非物质文化遗产的传承传播。另一方面，将非物质文化遗产与脱贫致富相结合，积极推行文化精准扶贫政策，通过在文化设施建设、文化产品供给、公共文化服务、文化产业扶持、精神文明建设等方面，发展因需而异、因地制宜的精准扶贫活动，有效提升贫困人口的文化素养和知识技能，进一步改善和推动贫困地区的经济、文化发展。非物质文化遗产是民族文化中的精髓，对毕节市来说，如何发掘非遗的经济价值，助力贫困地区早日脱贫攻坚奔小康，是

目前精准扶贫工作的重中之重。

1.积极推进非遗民俗、节日等文化和旅游产业的紧密结合,发展民族特色旅游助推脱贫攻坚

自然资源是有限的,而文化资源则取之不尽用之不竭。以苗族芦笙技巧舞“滚山珠”、彝族“铃铛舞”、传统戏剧“撮泰吉”、彝族火把节等为代表的非物质文化遗产,是毕节市宝贵的文化资源,也是毕节市发展民族旅游的资源基础。重点打造好以“滚山珠”为代表的民族文化产业,通过将民间舞蹈、音乐、传统民俗、戏剧和杂技等非遗元素,与传统村落、乡村生态旅游、风情旅游充分结合,带动文化产业发展,实现非遗保护和经济发展的同步驱动。在节日方面,毕节市每年有14个节庆,先后举办的“草海国际观鸟节”“织金洞国际溶洞文化节”“乌江源百里画廊旅游节”“乌蒙生态旅游文化节”“中国贵州国际百里杜鹃花节”等系列文化旅游节庆活动,极大地提升了毕节的美誉度。将这些节庆活动与非物质文化遗产深度融合,大力扶持当地群众发展民宿客栈、民俗表演、旅游农副产品、手工艺品等旅游产业,不仅可以进一步丰富活动内容,吸引更多游客,提高经济收入水平,还能起到宣传和保护非遗的作用。

2.打响传统手工艺产品和传统医药文化品牌,积极培育龙头企业助推脱贫攻坚

2015年10月26日至29日,八届五中全会审议通过了《中共中央关于制定国民经济和社会发展第十三个五年规划》,“发展特色农业与民族传统手工艺”作为民族地区精准扶贫的着眼点与落脚点。2015年11月召开的中央扶贫开发工作会议指出:扶贫脱贫要把民族地区特有的资源优势转化为发展优势,因地制宜,精准扶贫关键在于全面认识边疆少数民族地区的自然生态优势、特色农牧资源优势、民族风情、民族村落、民族医药、民族手工艺等特色文化资源优势,做好资源转化,找到经济、社会、生态发展的新生长点,而实现内生式发展,进一步修复和传承民族传统文化。目前,毕节市较有名气的大方漆器、豆制品、金沙白酒等已在全国享有一定声誉,初步具备品牌优势。例如,大方县豆制品加工企业创立的“杜鹃花”“琼芳”“九股水”“香馨”等品牌,已颇有名气,为豆制品产业化的发展打下了坚实的品牌基础。在石老祖豆制品有限公司及其他龙头企业的带动引领下,豆制品行业不仅自身发展可观,还带动了养猪等行业的发展,切实解决了农村富余劳动力的问题。此外,火龙丹和黔西王氏食疳医药等具有地方特色、疗效甚佳的民族传统医

药,可以效仿云南白药等发展模式,对其加以保护和开发,重点发展、培育龙头企业引领当地经济发展,助推脱贫攻坚。

此外,更要坚持“扶志”和“扶智”同步进行,组织贫困人员参与学习传统工艺,激发内生动力,不断提升脱贫“造血”能力,让贫困人员在劳动中实现有尊严的致富,使“非遗”技艺真正实现其精准扶贫“造血机”的功能。

目录 CONTENTS

卷一　传统音乐

卷二　传统舞蹈

卷三　传统戏剧

卷四　传统技艺

卷五　传统医药

卷六　民　俗

附　录

卷一 传统音乐

省级非物质文化遗产

苗族三眼箫音乐艺术

苗族三眼箫音乐艺术流传于贵州省织金县阿弓镇官寨村、长地村和化董村。

阿弓镇距织金县城54千米，海拔在1600~1800米，这里气候温和，适宜居住，冬无严寒，夏无酷暑。阿弓镇东与少普乡，南与白泥乡，西与鸡场苗族彝族乡，北与三塘镇接壤。地处重山峡谷地带，从南向北有1100亩的田坝，是阿弓镇的主要产粮区。明朝时为彝族阿阻陇革家居地，故称“阿陇”（阿弓）。入清以后，高氏民族聚居于此，光绪年间，由高氏昌倡导修建文昌阁，并相继建立地母庙、龙王庙、山王庙等庙宇。民族文化发展较早，气息浓厚。阿弓虽距县城较远，但与六枝特区、普定、安顺距离较近，这几个地区的商业文化均受到织金文化的影响。

阿弓镇由于地处边远山区，文化不发达，交通较为闭塞。改革开放后，县城至水城的公路修通，阿弓镇才日渐繁荣起来。小镇境内河流较少，仅有两条3千米和1千米的小河，都流经阿弓田坝、以麦田坝注入溶洞中。全镇辖159个村民组及1个居委会，4个居民组，境内主要居住着苗族、布依族、彝族、穿青人、仡佬族和汉族等民族。全镇共8591户，34710人，其中少数民族人口11315人，占全镇总人口的33%。

阿弓镇内的官寨村、长地村和化董村为典型的喀斯特地形地貌，境内多山，风景优美，气候宜人，植被保存较为完好。官寨村、长地村、化董村共有箐苗498户，人口1970人，居住较为集中，均为长角发苗族，占世界上仅存的4000多长角发苗人口的1/2，另一部分长角发苗居住在六枝梭戛。据寨老介绍，该苗族在远古时期，从黄河流域一带，经过上百年的战争，不断迁徙，最后定居于此。为了生存，该民族垦荒拓野，发展农业生产，繁衍子孙。在长期的生产和生活中，苗族同胞们在农闲时，为解除一天的疲劳，演唱本民族传唱已久、反映该民族迁徙、婚丧嫁娶、爱情、生产、生活的原生态民族歌曲，并用自制的三眼箫伴奏，世代传承至今。

苗族先民是黄帝时期的“九黎”，尧、舜、禹时期的三苗，商、周时期的“荆蛮”，秦汉时期的“五陵蛮”（亦称“五溪蛮”）中的主要部分。唐宋之后，清王朝对苗族的认识日渐加深,便把苗族从“蛮”中区别出来。中华人民共和国成立后,根据苗族自愿,统称苗族。织金县阿弓镇苗族是从西晋王朝征剿掳掠五溪之时起陆续迁徙来的,他们到达时,彝族成为水西统治民族。苗族有本民族的语言,属汉藏语系苗瑶语族苗语支。苗语有三大支系即湘西(东部),黔东(中部)和川、滇、黔(西部)三大方言区,七种次方言和十八种土语,织金苗族属川、滇、黔方言次方言织金土语。

阿弓镇风景优美,尤其是化董村,走进化董村,呈现在人们面前的便是一幅美丽的山水画,在这里山与人共舞,人与水和声,灵动飘逸,静谧和谐。从喧嚣的城市来到这里,你会觉得仿佛进入了世外桃源,绿树环绕的溪水边,“冠者五六人,童子六七人,浴乎沂,风乎舞雩,咏而归”,苗族儿女世代居住这里,安居乐业。优美的环境,淳朴浓郁的风土人情,孕育了苗族独特的民族文化,他们乐观豁达,能歌善舞,吸引着中外游客到此访古探幽,寻觅那一份超然的宁静。

苗族因世世代代沿袭其独特的服饰留存而著称于世。集会或喜庆节日,苗族女子会头戴长30~60厘米的块状弯月形大木梳,再以2~4千克掺有已故亲人头发的黑色细毛线挽成横8字形缠于木梳上呈“⌒”形,最后用一股纤维加工制成的白细线缠绕于头加以固定,这道头饰梳妆工序耗时2个多小时,在世界上是独一无二的,长发苗族也因此而闻名。除了特殊的头饰梳妆,每逢节假日,苗族女子还会颈戴2~12个铜制项圈;身着自织、自染、自绣、自缝的前短后长大领对襟长花上衣;面前佩戴自制两边吊着四方形刺绣花的藏青色羊毛毡围腰;手戴铜或银制手镯;下穿蜡染刺绣相间多条横花带镶嵌而成的“折伞式”百褶裙;腿捆绑白色羊毛毡筒袜;脚穿绣耳花鞋或花耳凉鞋;肩上斜挂装着雨伞的刺绣布袋伞套;身背白麻绳编织的网状行李袋。男子头饰与女子相似,也可呈“⌒”形,不同的只是缠法和走向而已,有的头上也可系绸丝青帕呈现锅圈型,颈戴项圈;身着前短后长无领对襟青色麻布上衣;下穿白麻布百褶裤,腰束花带;腿束绑白色羊毛毡筒袜;脚穿花鼻布鞋或花耳凉鞋;肩挎芦笙、绣花伞套和绣花电筒套,背上背有行李袋。苗家儿女如花似锦的装扮,常常令世人眼花缭乱,赞叹不已。

苗家儿女自幼能歌善舞。来到化董,你会不知不觉地融入这个古老民族那片音乐与舞蹈相依相伴的海洋之中,尽情地享受着音乐与舞蹈的沐浴,这里的音乐分为歌曲和乐曲两大类。歌曲类有情歌、酒歌、酒令、丧葬歌、婚礼歌、跳场歌等。每种类型的歌曲根据演唱形式和表达内容的不同,又可分为若干小的种类,如情歌就有见面歌、问答歌、褒贬歌、定情歌,私奔歌等。乐曲类有芦笙曲、三眼箫谱曲、口弦谱曲、口琴谱曲、唢呐谱曲、笛子谱曲等。

三眼箫是长角发苗的一种乐器,关于三眼箫的历史神话传说,讲述了苗族先民历经心酸的发展历程。

三眼箫

相传很久以前，一财主有女貌如花，四方八里的青年都钦慕其美貌，求娶者数不胜数，老财主一门心思要让女儿嫁给与其门当户对的人家，但小姐对那些无所作为的富家子弟却一直没看上眼。相传老财主有一神扇，许多钦慕小姐的贫穷青年都被狠心的老财主扇到一座四面绝壁的大山之上，最后凄然死去，大山之巅白骨累累。一天，一个四处流浪的苗族青年男子来给财主家做工，美丽的小姐顿时被苗族青年即使贫困却仍然掩饰不住的高贵气质所深深吸引，而潦倒的苗族青年也被小姐的雍容雅致所折服，两人很快坠入爱河。但好景不长，便被老财主发现了，他狠心地抡起神扇，把青年扇到大山上去了。每当夕阳西下，呜咽的风中，青年总听得到恋人那哀婉的情歌，在累累的白骨中，青年拾到一根有着三眼的骨头，试试竟可以吹奏。伤感的青年于是用这骨头满含悲怆地吹起忧伤的恋曲与心仪的姑娘互答。歌声曲调如泣如诉，惊动了天上的神鹰，神鹰寻到一块丰腴的土地，把青年驮了下来，又从财主家驮来了小姐，让他们幸福地生活在一起，生儿育女……

三眼箫的传说，不乏动人的神话色彩。但正是这些传说，道出了苗族音乐的精华，缠绵悱恻，感人肺腑。从三眼箫动人的故事中，我们仍能窥见苗族大迁徙历史的星点印迹。在群雄逐鹿的中原大战中，苗族的先人失败了，他们四处逃逸、迁徙，他们逃进大山后四分五裂成若干支系。即便如此，他们仍然创造了精彩绝伦的民族文化，如令世人瞩目的苗族服饰文化，世代传承的原生态歌舞文化等。也许就是在那艰苦的大迁徙的逃亡路上，在那场灾难里，多情的苗族先人，在发明三眼箫之初就赋予了它几分悲情的元素。

作为一种音乐器具，三眼箫是情窦初开的苗族青年男女传情达意的一种音乐

吹奏三眼箫

媒介，青年男女恋爱中都用它来一问一答地吹奏以互传心意，缠绵之情如倾如诉。因此，它是苗族尤其是青年男女之间名副其实的“传声筒”，是“会说话的乐器”。苗族人民中有这样一首古老的歌词：“擀冉有七节，七节三个眼；擀冉说不尽心头话，把它撇断当柴烧。擀冉随哥去窜寨，擀冉跟妹去花坡，哥妹要讲悄悄话，擀冉就是传声筒，阿哥阿妹定终身，全靠擀冉当媒人。”歌词浅显却也不乏深邃奥妙，它的深邃在于三眼箫所承载的苗族先人璀璨的文化，它的奥妙就在那箫管里流淌出的天籁般的旋律里。三眼箫及其曲调的吹奏，使苗族同胞们得以自娱自乐，充实生活。尤其是每年农历的正月初四到十五，白日夜晚都有三眼箫轻柔优美的乐声飘入天空，给苗家小寨增添了新春来临、万物更新、生动活泼的无尽情趣。

三眼箫的演奏总是与演唱苗族原生态歌曲紧密结合。其表演的内容主要反映了苗族人民的迁徙、婚丧嫁娶、爱情、生产、生活等习俗。用三眼箫伴奏演唱时，地点可在山野田间，也可在沟旁路边，自然、惬意。表演时间多在晚上，亦可在白天。用三眼箫伴奏时演唱的形式有独唱、对唱、合唱，其曲调依歌曲旋律而定，演唱人数不固定，可多可少。伴唱表现为女生用苗语演唱，男生用三眼箫伴奏，一曲完毕，女生用箫伴奏，男生演唱，交替进行，直至尽兴。对吹则是指男女以站姿吹奏为主，吹奏一曲完毕，由对方另选新曲吹奏，不可重复，不得错乱。独唱则比较随意，男女可根据情感表达的需要，自由选择曲目歌唱。

关于三眼萧的来历，因无文字记载，现无法考证。但据阿弓苗族说，他们祖祖辈辈都会吹奏，足见其历史悠久。三眼箫音乐艺术在其发展的过程中，具有如下特征。

地域特征。长角苗支系分布在织金县阿弓镇的官寨村、长地村和化董村。人口居住十分集中，再加上其独特的自然环境和人文环境，具备了三眼箫音乐艺术演奏和传承的人文条件。

大众化、民众性特征。苗族历来以能歌善舞闻名遐迩。不管男女老少，人人会唱歌，人人会跳舞，三眼箫演奏是长角发苗男女老少均会演唱和演奏的音乐艺术。

吹奏三眼箫表达心中爱恋

和谐、纯真、古朴的民族特征。几千年来，歌舞伴随着苗族的历史发展过程，生动地反映出苗族人民的生活。苗族同胞用歌舞的形式，表达他们真挚、纯朴的思想情操，使人感受到民间艺术的真、善、美。三眼箫音乐艺术以其独特的魅力，显现出当地苗族人民的善良、纯朴的民族品格特征。

与此同时，贵州的民族民间音乐文化资源丰富，文化内涵厚重。织金县阿弓镇厚重的农耕文明，孕育了三眼箫音乐艺术的文化、民俗和历史等方面的重要价值。

一是文化价值。任何一件优秀的音乐创作作品，要么张扬地表现出某一地域民族音乐文化的母语性征、民俗风情和风格独特的音调、节奏、调式等形态特征；抑或隐喻地蕴含着某一地域或族群心理、人文品格和民族性格、生活智慧文化等。三眼箫音乐艺术主要反映该民族的迁徙、生产生活方式、婚丧嫁娶、谈情说爱、民风民俗等内容，为民族音乐的研究提供翔实的佐证，因而具有较高的文化价值。

二是民俗价值。三眼箫音乐艺术对于民俗学研究有着重要的价值。其演奏时自然形成两个或两个以上声部的规律，对音乐学研究有重要的参照价值，而且三眼箫作为一种独特的乐器，其产生和发展对于音乐发展史有着重要的参考价值。

三是历史价值。三眼箫是民族乐器中的活化石。从中国的竹子来讲，有南竹、北竹、水竹、紫竹、黑竹、金算竹、实心竹、大金竹之分，而三眼箫的取料都是地方生长的苦子竹，三个发音不在同一线，其错位的长度正好够手指的相应距离。吹口为刀削自然偏口，加安上簧片，制作者把握簧片厚薄较为关键，多次试吹以调试至最佳，三眼箫在中国民族乐器史上空无前例，可谓当今一绝。

目前，除村内苗族师传徒授外，三眼箫音乐艺术经常在中央电视台、多彩贵州及不同场合展演，并且阿弓镇中学还专门开办了三眼箫音乐艺术培训班。三眼箫的传承形式不断多样化,传承地域也在不断扩大,三眼箫音乐艺术传承和发展前景良好。

三眼箫音乐艺术演绎的是一种美轮美奂的天籁之音,其音乐承载了长角发苗的古老文化精髓,2007年化董县人民政府公布“苗族三眼箫音乐艺术”为县级非物质文化遗产,2009年被列入贵州省非物质文化遗产保护名录。

彝族《莫蒿亩》

赫章县位于贵州省西北部乌江北源六冲河和南源三岔河上游的滇东高原向黔中山地丘陵过渡的乌蒙山区倾斜地带,总面积3245平方千米,平均海拔1996米,有“贵州屋脊”之称的小韭菜坪即坐落在赫章县。县城距省会贵阳300千米,距地区行政公署所在地96千米。全县辖27个乡镇457个行政村,共有人口66万,有汉、彝、苗、回、布依等18个民族。各民族交错杂居,和谐共处,创造了丰富的民族文化。民族文化底蕴深厚,民族风情浓郁多姿。其中民族风情尤以彝族和苗族保存得最为完整。原生态的民族舞蹈、色彩艳丽的民族服饰、巧夺天工的传统民族手工艺品与彝族火把节、苗族跳花节等民族传统节日相结合,营造出赫章民族文化与民族风情瑰丽的灿烂空间。在全县彝族村寨流行的《莫蒿亩》便是这灿烂文化中浓墨重彩的一笔。

唢呐、锣、镲

《莫蒿亩》流行于全县的各个彝族村落,其中珠市乡、雉街乡、结构乡、古基乡、河镇等乡镇最为盛行。据悉,《莫蒿亩》自兴起,时至今日已有4000余年了,它是君王制定的礼乐曲,有正谱之说(飞谱是后人即兴演奏的个人作品),它因祭祀君王而兴起,模拟兵队护送亡灵到“翁米”,一直在祭祀场中由唢呐手传承。《莫蒿亩》的伴奏乐器主要有唢呐、鼓、锣、镲等,其中又以木唢呐为主。木唢呐的发声部分由麦管依次连接鸭翅管、竹管、木管。共鸣部分为木制的喇叭形,总长90~100厘米。相传在唐朝以前(南诏国之前的彝族笃弥王时期)只有7个眼,用此7个眼吹奏出的叫彝唢呐调(彝族谱术)。唐时在靠后下方加了一个眼，俗称姑娘声，吹奏出的调子叫汉唢呐调（彝族啥木）。其实两调皆为彝调。彝唢呐主吹阴谱（也叫营上谱，长谱），汉唢呐主吹飞谱（也叫花谱）。

其中，阴谱（营上谱）分假营上、细营上、营上三扣、营上四扣。假营上悠远沧桑，大气磅礴；细营上婉约悠扬，有叙事性韵味；营上三扣、四扣的和声明亮有力。而飞谱分为筒筒腔、三横腔、现代腔三种腔调。筒筒腔轻快活泼，气氛热闹；三横腔在轻快中突然高扬或转调，变化性强；现代腔是年轻新手们在老谱上自由发挥，或加快节奏，或转调，或倒扣等，因此情绪剧烈的调子多，有“摇滚乐”韵味。

飞谱演奏

彝族《莫蒿亩》流传于赫章县内彝族群众聚居区，主要用于丧事活动，根据严格的丧礼仪式程序进行吹奏。祭丧队彝语称“玛邀”，从本家出发时吹“曲诺叟”（出门调），经过路边寨子时吹“搏达曲”（过山调），到逝者家寨门前时吹“炯写曲”（迎接调），进入祭场时吹“曲卓曲”（阅兵曲），紧接着到指定的火塘“安营扎寨”吹“妈姑曲”（屯兵曲），之后吹到主客全部用餐完毕，并到灵堂边吹“昌抖曲”（献牲曲），同时在跳铃铛舞时吹奏彝曲（征战曲），在轮流到灵堂前吹征战曲时，留在各营的又相互吹“纠曲”（斗唢呐曲，也叫逗谱曲），到天快亮时为亡灵指路时吹“禽商姻曲”（指路曲），到发丧时吹“托差曲”（发丧曲），在抬丧途中吹

过山调演奏

“角醸曲”(征途曲),埋葬完毕后吹“格彝曲”(胜利狂欢曲)。其中每一阶段可吹十几曲,因此可吹上百个曲子。吹奏时公母声扣的和声调富有立体感和力量感,曲调悲壮沧桑,热烈激荡。

正谱演奏

《莫蒿亩》只是彝族丰富的丧葬文化中的小小一隅,但其传承历史悠久,是研究彝族传统音乐的活态实物,具有极高的文物价值;同时,《莫蒿亩》分正谱和飞谱,正谱是师徒口传心授的古老曲调,比较固定,飞谱是流传过程中后人经过加工提炼后的即兴演奏乐曲,同样精彩丰富,艺术价值极高;另外,彝族《莫蒿亩》是古代彝族君王定制的礼乐曲,在红、白事中吹奏,是研究古代彝族史的珍贵材料。

遗憾的是,随着社会经济的发展,新媒体传播迅速占领了青少年一代的生活,学习唢呐的人越来越少,导致 4000 年前的古乐内蕴已经鲜有人解,这种两人吹奏另一人扣眼的“三人扣”技巧绝活将面临失传,对其进行保护已是刻不容缓之事。近几年,赫章县政府在对《莫蒿亩》的传承保护中做出了一定贡献,主要有如下几点:一是为了抢救和传承文化遗产,赫章县委、县人民政府提出了“历史文化兴县”战略,并成立了赫章县“历史文化兴县”领导小组和非物质文化遗产保护领导小组;二是 2005 年启动了全县民族民间文化资源调查,承办了贵州省民族民间文化抢救及传承工作会议;三是 2007 年全面启动赫章县文物普查工作;四是 2008 年由政府主导,宣传、文化、文物、民宗等单位组成 4 个工作组,对全县民族民间文化资源进行系统调查,基本摸清全县彝族唢呐调《莫蒿亩》资源,并进行整理归档,赫章彝族唢呐调《莫蒿亩》已纳入县级保护名录并制定了五年保护规划。2009 年,《莫蒿亩》被列入省级非物质文化遗产保护名录。

苗族飞歌

苗族飞歌是苗族的标志性民歌之一，历史悠久绵长，是一种古老悠扬的歌腔。它产生于青山绿水之间，明亮高昂，大气磅礴，热情奔放，粗犷中藏着细腻。内容充实丰富，曲调悠扬动听，形式多种多样。它描述着苗族人民生活的点点滴滴，表达了苗族人民热爱生活、热爱大自然的真情实感。它是苗族人民丰富的精神文化的缩影，具有独特的艺术魅力。

纳雍苗族飞歌主要流传于纳雍县西部、西北部和中部，包括羊场乡、姑开乡、维新镇、昆寨乡、猪场乡和龙场镇等乡镇。这几个乡镇为民族杂居地带，其中苗族主要以小花苗支系为主。纳雍小花苗居住在高山箐林中，种植玉米、洋芋、苦荞等农产品，过着自耕、自织的男耕女织生活，静谧、安然、古朴、纯真。他们在大自然中翩翩起舞，执着的追求着幸福，用音乐和歌声表达内心的满足，创造出了这独具魅力的“飞歌”文化。

据有关文献记载，纳雍小花苗是“三苗”，即一部分从陕甘一带南下进入今川、滇、黔，流徙、定居于包括纳雍在内的黔西北等地的苗族。具体而言，迁徙到纳雍的苗族最早在南北朝时梁、陈年间（522—555 年），其次为元末、明代及清康熙、咸丰、同治年间，大批苗民因官府征兵或起义失败逐步迁徙到今纳雍境内。苗族飞歌在苗族人民不断迁徙的途中应运而生，不断的迁徙和背井离乡，使得这支苗族的飞歌听上去让人更觉高亢和悲壮。关于苗族飞歌的来源，还流传着这样一个传说：相传远古时候，苗族的一个村寨，一边住着人群，一边住着老虎。榜香（苗女）和略善（苗男）是一对志同道合、恩恩爱爱的夫妻，村边的一虎姑娘看略善长得秀美帅气，思念得垂涎欲滴。一天，虎姑娘竟然把略善抢过去关在岩洞里。榜香发现心上人突然失踪后，到处寻找他，却毫无踪影，无奈之下，她只好爬上山头，效仿蝉鸣，大声呼

花苗少女（李小毛　摄）

喊略善的名字，声音在山谷间回荡，也传到了略善的耳朵里，他听到喊声后，立即在岩洞里呼喊榜香的名字，榜香和村民听到略善的喊声后，循着声音，救出了略善。从此之后，苗族先民便意识到，嘹亮的歌声不仅可以抒发情怀，解除苦闷，舒心惬意，更能够传递信息，也正是因此，这种富于激情和节奏的歌声在苗族世代延续下来。

自古以来，苗族就是一个热情好客的民族，每逢会客宴饮，必以唱歌跳舞来烘托气氛，劝客饮酒，"客有歌于郢中者，其始曰《下里巴人》，国中属而和者数千人"，便是这种场面的真实写照。

纳雍苗族飞歌以叙事、歌颂、赞美、抒怀为主，语言丰富，通俗易懂。在内容方面，往往睹物思人，借景抒情，凡草木凋零之感伤，会客宴饮之欢乐，季节变换之苦恼，人生苦短之感叹，零星地叙述苗族的历史，皆被苗族人民唱进歌曲里，融入歌声中。有时候，苗族也会通过飞歌歌颂党的方针政策和伟人的丰功伟绩，通过歌声赞美家乡的美好生活，祖国的秀丽河山，抑或是抒发个人的内心感受。

苗族先民的不断迁徙，虽然增加了后代子孙苦难的记忆，但同时也塑造了他们顽强不屈的性格。苗族飞歌中有一部分的歌曲便是思念故土，诉说这段苦难历程的，歌声或豪迈或悲壮。由于苗族历代居住在崇山峻岭、深山箐林中，所以飞歌也主要是在荒无人烟的山头或者箐林中演唱，通常演唱者的歌声声震山谷，响彻九霄，五六里远的时空余音袅袅，飞扬荡漾的气势有强烈的感染力。苗族飞歌，旋律起伏性大，句中的长音处尽量使气息延长，句间可以任意休止，演唱时句内用上下滑音连续级进，句尾收腔都用甩音，终止时运用假嗓，附加一声高昂的呼鸣声"啊呼"更显奔放热烈。

正在唱飞歌的苗族姑娘

飞歌的歌词，每首一般在三十句左右。一首歌中，常有三字句、五字句、七字句、八字句等，但多数是五字句。曲调有大致固定的谱子，节拍的长短与快慢有大致固定的格式，但有时可以在原有的基础上进行发挥。在一首歌曲中开头较慢，第一句先快后慢，拖音渐高而长，第二句先快后慢，但拖音渐低而长，从第三句或第四句起，开始用中速唱下去，逐渐加快，唱到主要部分时，用快速连唱。高潮唱完之后，用渐慢渐拖音唱一小部分，即接近尾声了。唱到最后一二句时，拖音渐低而长，飞歌开头一二句，中间接近高潮前的几句，收尾的一二句，一般都有拖音。歌唱者可以尽情拖唱，拖音的长短，凭歌唱人一口气的长短而定。飞歌曲调有挂丁、凯棠、湾水三种。挂丁飞歌流行于巴拉河流域，四声微调式民歌，性格刚健，爽朗、热情、奔放。凯棠飞歌主要流行于凯棠、翁项、地午一带，属四声音阶羽调式民歌，用大体相同的一个旋律，两个声部一先一后出现，模仿式二部重唱、合唱。高音区放在任意延长位置，高昂明亮，开朗激扬。湾水飞歌流行于清水江以北的湾水、万潮、炉山一带，属四音阶宫调式民歌。旋律进行连续四度、五度大跳，音型贯穿全曲，乐曲终止音低。

在调式方面，纳雍苗族飞歌主要有三种调式。第一种调式最为典型，其曲调属三声角调式民歌，调式音列为“3 5 1 ”，也就是说整个旋律中只用一个大三和弦音“1 3 5 ”，该旋律习惯在“3 ”和“5 ”上自由延长，其节奏自由缓慢。第二种调式属四声徵调式，调式音列为“5 6 1 3 ”，旋律进行中以五度、六度大跳跃出现，使其更加明朗，奔放，该种曲调下滑音出现的次数较多。第三种调式和第二种调式差不多，明显的区别只是节奏比第二种调式更明快清楚，体现了苗族人民开朗豪放的性格特征和真挚流露的思想感情。

纳雍苗族飞歌被列入贵州省第一、二批非物质文化遗产扩展项目保护名录，它具有大众、娱乐和艺术等多方面特征。

首先，苗族飞歌具有大众性，群众基础广泛。在纳雍苗族聚居地区，无论是在山间田头还是大街小巷，你都能听到悦耳动听的民族歌曲，或歌颂生活，或赞美自然，或迎接远方的朋友，无论男女老少，几乎都会唱飞歌，也都喜欢通过歌曲来抒发胸臆，表达感情。苗族飞歌是苗族人民最广泛、最普遍的文化生活方式。

其次，苗族飞歌具有娱乐性。苗族的飞歌文化，已经渗透到苗族日常生活的各个方面。逢年过节、亲友聚会，人们都会演唱苗族飞歌，活跃节日气氛，表达心中的喜悦，它是苗族同胞不可或缺的娱乐活动之一。

最后，苗族飞歌具有艺术性。飞歌歌词简短，内容丰富，主题鲜明，演唱者把真声、假声、真嗓、假嗓、滑音、甩音熔于一炉，旋律悠扬动听，富于感染力，打动人心。小花苗飞歌曲调高亢、嘹亮、悠扬，节奏起伏跌宕，偶尔有装饰音，字少腔长，饱含着对大自然的感悟、对爱情的追求和对美好生活的向往，颇具艺术造诣，具有一定的研究价值。

除此之外，在苗族地区，苗族飞歌还具有十分重要的历史和现实地位，它是苗族民歌中的典型代表，在民俗学、语言学、美学、历史学等方面具有重要研究价值。

民俗学价值。纳雍苗族飞歌世代相传，口口相授，具有鲜明的地方特色，体现了苗族人民在劳动过程中杰出的创造力。每逢苗族跳花节，苗族青年男女呼朋引伴，到花场上争相亮嗓，或者在“坐月”之夜，苗族年轻人用飞歌互相传情示爱。苗族飞歌是苗族音乐的重要体裁之一，它直接反映苗族的历史、社会、风俗等，是认识纳雍苗族的历史、社会、民风民俗的宝贵资料，具有重要的民俗学研究价值。

语言学价值。纳雍苗族飞歌语言通俗易懂，多运用诗化语言，夹带古语、俗语和俚语，采用“比”“兴”传统诗歌手法，使得语言生动具体、鲜明浅近，便于人们联想。因此，苗族飞歌歌词为苗语语言学和民间文学提供了研究材料。

美学价值。歌曲见物即兴，现编现唱，歌词内容以思念和抒怀一类为主，其语言简洁凝练，感情丰富，音调高亢嘹亮，豪迈奔放，旋律起伏跌宕，优美动听，形成了小花苗独特的音乐艺术形式，具有很高的欣赏价值。

历史学价值。飞歌使苗族在迁徙过程中，能够互相用暗语在山间箐林呼喊、交流，不至于走散失踪，后来逐渐演变成苗族青年男女情感的交流，老人们追述和怀念故土和祭祀祖先等唱词，成为苗族民歌的经典之作，是值得探讨和研究的苗族历史文化。另外，飞歌在小花苗族不断的迁徙过程中定型，表达了小花苗对故土的怀念和对美好生活的向往。有的歌曲叙述苗族先民迁徙途中的苦难，有的则描述先辈们怎样历尽艰辛来到纳雍这块土地上，又怎样披荆斩棘地开辟新家园的艰难历程，是研究苗族迁徙史的重要材料。

增强民族凝聚力。纳雍县属多民族杂居县，居住着 20 多个少数民族，挖掘和保护苗族飞歌，有利于保护苗族传统文化，加强民族团结，增强民族凝聚力。

开发价值。纳雍小花苗飞歌不仅仅停留在音乐的表面层次上，它还是纳雍小花苗社会结构、婚恋形态、文化传承，以及精神生活的重要组成部分，在研究苗族社会发展史、婚姻史、思想史和教育史方面具有重要价值，是本土文明延续生长最基本的精神要素，是苗族音乐艺术的根，具有很高的开发价值。

随着社会的发展，经济大潮和流行文化的不断冲击，这一区域苗族的生产和生活方式发生了变化，苗族飞歌的环境遭受到严重破坏，一些传统的歌曲失去了生存的土壤，传统民歌也因此逐渐丧失原始的文化功能。主要体现在苗族年轻一代对自己的传统音乐知之甚少，且不想去学习和传承；随着老歌手的相继辞世，不少优美动听、内容丰富的苗族歌曲随之消失，纳雍苗族飞歌面临失传的危机，搜集、整理和保护这一地区的苗族飞歌已势在必行。

普宜乐都莫箦

莫箦是彝族人民世代相传的古老双簧吹管乐器，历史悠久，曲目丰富，吹奏时曲谱结构规律、转调频繁、旋律高亢流畅，演奏程序十分讲究，具有制作工艺独特，吹奏曲式独特，音域宽广浑厚的特点，是彝族人民的本源产物，比唢呐早 2000 多年。普宜镇乐都莫箦艺术是黔西北彝族莫箦的典型代表。

普宜镇位于毕节市七星关区东北部，赤水河上游，东临七星关区大屯乡，南与大方县长石镇毗邻，西与七星关区阿市乡和清水铺镇接壤，北与四川省叙永县和古蔺县隔河相望，处于两省三县接合部。全镇总人口 31164 人，少数民族占 22.7%，少数民族中彝族人口 4526 人，占少数民族人口的 63.98%，彝族主要聚居在普宜镇乐都村、道角村等 6 个民族村寨。据统计，普宜镇能从事彝族莫箦艺术吹奏的艺人近百人，2006 年被列为毕节市（今七星关区）首批非物质文化遗产保护名录，为了保护传承好这一非物质文化遗产，普宜镇已成立了 26 人的乐都莫箦艺术团，并且规模在不断扩大。

莫箦历史渊源

自古以来，莫箦一直是彝族丧事场中的不可缺少之物。著名彝文翻译家王继超先生介绍，现存毕节地区彝文翻译组待译的古彝文献《那史纪透·莫箦纪透》《那史纪透·毕礼纪透》（“毕礼”，彝语，意为能发音的草管管）、《凯讴数》中记载，莫箦是彝族先祖听到岩洞中各种好听的声音后，自己制作出来的。先用竹子做，后用木头做，最后木头做的莫箦一直沿用至今。凡彝族传统的丧事活动，或隆重或简朴，有三件事是必须要完成的，即布摩念诵经文、演奏莫箦、跳恳洪呗。这三个活动必须同时起事，缺一不可。布摩是彝族历史上有祭祀活动以来相传至今专司祭祀的人物，所有祭祀程序是相当严格的，如果要问他们莫箦是什么时候产生的，他们会异口同声地说，什么时候有了祭祀，什么时候就有了莫箦。彝族在祭祀场中会悬挂一种古老的图画，彝语称“那史”，主要作用是“传祖布摩旨意，以告慰亡灵”。最早的图画是用牛羊血画在岩石上，随着时代的进步又画在牛羊皮上、丝绸上、纸上等。在现存的那史图中就有演奏莫奤的专画，画面上有布摩诵经、跳铃铛舞和演奏莫奤的场景，由此可看出，莫奤与彝族祭祀活动渊源颇深，它是伴随着彝族先民宗教祭祀活动而产生的，是至今仍在广大彝区广泛流传的彝族古老吹管乐器。

莫奤曲主要内容

古彝文献《西南彝志·论歌舞的起源》载，每逢彝家重大祭祀活动，三亲六戚均要"口吹莫奤，手弹月琴"前来参与。特别是在丧葬活动中，舅爷家、姑妈家、姐哥妹弟家、表弟表兄家、女婿侄女婿家都要带领一班人马吹着莫奤，赶着猪、牛、羊等牲畜，放着礼炮前来祭奠、送葬。《西南彝志·论窍舍的歌场》中就有对莫奤曲特点的记载："斋场的四周，来的有歌舞的男女，还有伴奏的乐师……莫奤的声音，清脆如松果爆炸……"如今，这一习俗仍然在彝族地区完好地保存着。

莫奤曲分哀调和喜调两大类，在彝族丧葬活动中，只能吹奏哀调莫奤曲。哀调唢呐曲分为新谱、草谱和老谱三大类，其中新谱又分新谱、营上谱、新谱夹草谱、新谱三合、新谱四路、新谱到点、新谱倒四路、新谱八扣等；草谱分为新草谱、老草谱、纯草谱、草谱夹新谱四类；老谱又名献酒曲，分老谱、老谱三合、老谱四路、老谱倒四路、老谱八扣、叫谱、唱谱等。这些种类繁多的莫奤曲谱，均由"低、咚、歹、外、罗、夺、嗨、乃、立、哦、呆、唤、辉、陇"等音名组合而成，有系统的莫奤口谱及莫奤词，只有在彝族古书里还能看到，而且这是任何一种唢呐流派所没有的。

亲戚来下祭，吹师在灵堂前吹首新谱，以表达对死者的哀悼之情

哀调莫轰曲的演奏程序受祭祀活动程序的制约，十分讲究。布摩在亡灵周围掌管室内的祭祀仪式，众多莫轰吹奏者则在室外围着火堂吹奏，什么时候吹什么曲调受布摩主持的祭祀程序约束。如丧葬程序中有铺胜（落笔）、蔺海（接灵）、尺主（献晚宴）、肯也弄（圈丧）、以陡打（上云梯）、启启以哼（献洗脚水）、通启以哼（献洗脸水）、罗胜（牺牲）、纸抹灭（献牲）、宜车（献酒）、觉摩（指路）、以陡杂（下云梯）、楚陡恨（祭牲）、启夺（献药）、蔺车（送灵入祠）等仪式环节，均有一定的莫轰曲与之相对应，甚是严谨。丧礼莫轰通常 4 人一队，两个吹莫轰、一个打鼓、一个打镲。两支莫轰形成八度音高关系，在吹奏过程中可自由置换。也就是说，当吹高音者觉得吃力时可降而吹低音，而吹低音者会立即升而吹高音。两人配合默契，相映成趣。无论乐句长短，鼓和镲节奏雷打不变。丧礼莫轰音色浑厚，曲调缠绵、婉转、哀怨，代表曲目有《草谱》《老谱》《老草谱》等。

而喜庆莫轰通常每队 7 人，其中两人吹莫轰，3 人分击小鼓、锣、镲，两人用大、小点子（兜锣）伴奏。伴奏采用上密下疏的方法，音高的乐器击奏次数多，音低的乐器击奏次数少，多形成四对二、四对一的固定节奏型重复。由于人少可以多分红，所以莫轰队提倡一专多能，每个队员都不仅能吹奏莫轰，还都能使用其他伴奏乐器，有的队员甚至能同时演奏两三种乐器。喜庆莫轰音色高亢，曲调明亮、欢快、热烈。代表曲目有《过山调》《过河调》《早朝调》《将军挂印》《元宵调》等。

向吹师敬酒

吹师吹起《过江调》送新郎新娘过河

莫轰的重要价值

一是作为黔西北彝族莫轰的代表，具有浓郁的民族特色，属非物质文化遗产，有传承保护和开发价值，对旅游产业的发展有着积极的推动作用。

二是具有研究价值，对研究彝族文化，尤其是彝族喜庆文化和丧葬祭祀文化有着很强的代表意义。

三是具有民族学和民俗学价值，尤其是研究莫轰与彝族祭祀的关系。

传承现状

随着信息化时代的来临，民族民间音乐的生存土壤和生存环境在悄然发生变化，这种变化在西南边远、偏僻的少数民族地区尤其明显。广大封闭落后的西南少数民族村寨与外界的接触逐渐增多，原有的风俗习惯随着城市化生活方式的渗透而逐渐减少甚至消失，对民俗活动依赖性很强的民间音乐活动也因此而逐步淡化乃至衰亡。据统计，目前，乐都莫轰艺术只有近百艺人，50岁以上的有40多人，40~50岁的15人，30~40岁的10人，30岁以下的还不到5人。大部分吹奏技术好的年轻人选择外出打工，很少有时间学习和从事莫轰吹奏活动，而20岁以下的年轻人更是没有继承和学习莫轰吹奏的。已经成立的26人的乐都莫轰艺术团，由于没有传承经费，人员流动比较大，现也面临解散的危机，对乐都莫轰艺术的保护已刻不容缓。

薅秧歌

金沙属农业大县，土壤肥沃，水田面积宽广，适合水稻等农作物生长。金沙乡茶园镇位于境内东北部，离县城35千米，该乡所辖的永丰村岩石组、新明组、场背后组、茶园村的太平组和齐心村联合组绝大部分是仡佬族，现有仡佬族181户，562人。属于北亚热带温度季风区，多年来平均气温14.6℃，降雨量1016毫米，气候条件良好，土壤肥沃，水稻等农作物生产产量高，质量良好。明清时期，汉族同胞从各地大量迁入，把唱薅秧歌的习俗及其曲调传到金沙县，经过民族之间不断的融合与发展，形成了如今独具民族特色的薅秧歌。

薅秧，是指我国水稻种植地区，人们为了给秧苗松土除草而进行的田间劳作方式。时间一般在每年的3月、4月、5月，即薅秧季节。薅秧的动作简单机械，或用脚踩，或用手拔，在劳动过程中，人们为了缓解疲劳、愉悦心情，常常一边薅秧，一边拉家常、谝闲话，或者打情骂俏，或者高歌一曲营造气氛，传达情意，渐渐地，这些相互的交流就成了简单机械劳作中不可或缺的一部分，到后来慢慢演变成了现在的“薅秧歌”。

据传，薅秧歌在南北朝时期就在江南一带流行，并逐渐向南方各地流传，与各地民歌融合后，形成了具有各地特色的曲调和唱词。例如，唐代诗人刘禹锡曾根据隋唐时期流行于川东地区的《竹枝歌》改词并揉入一些其他曲调后在川东北一带广为传唱，后经历代歌师的传唱和修饰演变，逐渐形成具有当地浓郁地域特色的薅秧歌。

姑娘们在田间唱薅秧歌

薅秧歌歌词不拘一格，完全根据叙事或音乐的需要，既有七言四句式，又有长短句式。曲调上既有高亢辽远、明朗奔放之声，也有轻快婉转优美动情之音。唱法上有“提腔人”高音领唱，众人假声帮腔的特色，充分调动地方语言的发声特点，将各种象声词、感叹词作为衬词合理地运用其中，产生妙不可言的效果。音乐曲调上兼收并蓄、海纳百川，作为一种劳动歌，吸收多种民间音乐元素，对研究黔北民间音乐具有参考作用。薅秧歌在农民的生产劳动中产生，是一种口头流传的农耕文化，是中国丰富民歌中的一部分，同时也是农村老百姓精神文化的一部分，是社会主义精神文明建设的重要组成部分。

目前在茶园乡永丰村及其他一些地方传唱的主要有两个曲调。即“老鸹调”和“薅秧调”。“老鸹调”在每一句的末尾模仿老鸹（乌鸦）的叫声，惟妙惟肖，极其动人；歌词一般是四句为一段，中间有规律地加入衬词，帮腔的人唱的就是衬词，帮腔一般在领唱的后半句开始，歌词的内容都是歌唱田间的植物；“薅秧调”是薅秧歌的主体曲调，又称“合闹”，并分“合闹一”和“合闹二”，当歌词中唱到“吔”时，全体歌唱人员把本嗓变为假嗓，自由延长，然后再向下滑至本嗓，这一特点在歌中产生两次，极具特色，是薅秧调的亮点和高潮，表现了众人热情欢乐的劳动场景。

金沙境内历代流行薅秧歌，形成了浓厚的民间氛围，曾涌现出很多具有高超

激情昂扬的演唱薅秧歌

歌唱技艺和独特艺术风格的民间歌手。如崔正昌(男)和马世珍(女),因二人自幼喜爱唱歌,从小就向当地数十名歌手学歌,博采众长,形成了他们独特的演唱风格,被当地人誉称为“高山上的一对阳雀”。他们曾在1958年当地100名歌手参加的民歌比赛中双双夺冠,还多次到遵义、鸭溪等地的民间歌场对歌,受到人们称赞。由于他们志趣相投,用歌声歌唱劳动、赞美生活、倾诉爱情,最终结为夫妻。尤其是马世珍那响亮甜美、充满灵性的歌喉,只要一唱,定会跃立群芳,独占鳌头。人们说:“田头的秧鸡听到她唱歌都不想走了”。他们除了唱薅秧歌外,还会唱很多山歌和民间小调,如连子歌、盘歌、花灯歌等。由于他们不断学习,长期积累,再加上自己即兴的灵机巧变,可以在一起你一首我一首地唱三天三夜。

就薅秧歌产生和存在的社会条件来说,它是传统农业生产时期的产物。由于农业生产技术比较落后,对土地的经营粗放,基本上属于广种薄收类型,薅秧歌产生于这样的生产条件中,有其存在的积极意义,一方面,它不仅可以愉悦心情,丰富农民的精神生活,另一方面,还可以集中劳动力,提高劳动生产效率。但不足之处也比较明显,唱薅秧歌容易分散注意力,使得劳动质量不高。在今天现代农业生产时代,除草剂的使用已逐渐取代人工薅秧方式,薅秧歌已经失去了其赖以生存的环境,作为一种农耕文化,正逐渐成为历史,面临失传的危险。

卷二 传统舞蹈

国家级非物质文化遗产

苗族芦笙技巧舞“滚山珠”

苗族芦笙技巧舞“滚山珠”原名叫“地龙滚荆”（苗语叫“子落夺”），是苗族人民世代相传的芦笙舞蹈之一。“滚山珠”是集芦笙吹奏、舞蹈表演、杂技艺术为一体的舞蹈。演出时，舞者头戴野鸡翎帽，身着绣花白褂，脚着麻耳草鞋，或时以头为足，或时以人攀肩，在盛满水的碗与碗之间，边吹芦笙边进行舞蹈技巧表演，动作难度大而优美，因而被誉为贵州的“高原明珠”。

“滚山珠”的原生生态

“滚山珠”流传在贵州省纳雍县猪场苗族彝族乡。纳雍县位于贵州省西北部，在毕节地区东南部，属乌蒙山系南麓，而猪场苗族彝族乡位于纳雍县西北角，距纳雍县城65千米，总面积93.18平方千米，海拔最高2213米，最低1752米。全乡坐落在“开门见山，出门爬山，赶场翻山，种地开山”的群山环抱之中。这里箐竹丛生，环境优美，气候宜人，为“滚山珠”提供了良好的生态环境。

黔西北苗族在秦末汉初时，由黄河流域迁徙于洞庭湖一带和五溪地区而辗转跋涉于大西南，由于社会动荡、兵荒马乱，移居在群山峻岭的乌蒙山中，开始刀耕火种、朝出晚归的原始游牧生活。苗族是一个聪明智慧的民族，他们信奉多神，风云雷电、鸟兽鱼虫、树木花卉无不皆神。庆典活动和婚丧嫁娶都要以歌舞来庆祝，舞蹈成为日常生活的一个组成部分，时时讴歌，日日舞蹈，曲不离口，笙不离手。而且，他们处于一种封闭隔绝的自然区域内，少与外界交流，兼之习性又守旧，认为祖先遗留的文化，儿孙继承，神圣不可侵犯。也因此苗族的舞蹈和音乐，保存着古朴、淳厚、纯真无邪的风格和原始凝重的艺术风貌，忠实地体现了苗舞的造型和古代社会苗族的心理结构。

在迄今为止的一个相当长的历史时期内，苗族的族内婚姻是一个普遍的社会现实，由婚姻组建家庭，家庭组成村落。以婚姻为基础的家庭和以家庭为基础组成聚族而居的村落，有利于继承和发展民族文化。苗族有敬重老人，敬重师长，敬重芦笙艺人的优良传统习惯，这使得芦笙舞的学习和传承能得到老人的关心、师长的支持。而每一次学习和演出，都是老人们通过讲述本民族迁徙的历史来教育后代学习先辈们的英勇壮举和自强不息精神的过程。艺术化的历史复述能更加生动地教育年轻人热爱自己的民族，激励青少年奋发图强。爱好狩猎和竞技则是判断一个人是否强壮、有智慧的重要方法。如能自己去猎获雉鸡的尾羽，又能吹奏芦笙跳起技巧极高的舞蹈，这样的青少年必定赢得社会的敬重、姑娘的青睐。

综上所述，"滚山珠"产生和流传于群山环抱、层峦叠嶂，比较封闭的边远山区。这里山深林密，野兽丛集，自然资源极为丰富。因此，在这样良好的生境中，加之生活安定，形成了"使亲疏贵贱长幼男女，皆形见于乐"的太平现象，这使得苗族舞蹈、笙歌起舞在此繁衍生息，也使得苗族文化如刺绣、蜡染等都逐渐形成和传播开来，促进了苗族文化的繁荣发展。

"滚山珠"的艺术特色

"滚山珠"是集芦笙吹奏、舞蹈表演、杂技艺术为一体的苗族民间舞。表演时用 6 支长约 20 厘米的木制梭镖头，镖头插入地下，围成一个直径约 0.7 米的圆圈，或用 6 只对顶的饭碗装满水摆成圆圈代替梭镖亦可。表演者手执芦笙，一边吹奏，一边跳跃，围着梭镖或水碗翻滚，表演的技巧性强，且异常惊险。"滚山珠"在长期的发展过程中逐渐融进各种技巧，不断完善，由以往的单人表演发展成为 6~8 人同时表演的舞蹈。表演者手执六管芦笙，头戴箐鸡翎帽，身着绣花白褂，吹奏着世代传承的芦笙舞曲，围绕梭镖或盛满水的碗进行舞蹈表演，时而以头为足，芦笙舞步与技巧运用难度随表演进程不断增加，表现苗族同胞在迁徙途中不畏艰险、勇往直前、排除万难的惊险场面。

苗族绝技"滚山珠"

"滚山珠"是苗族舞蹈中高技巧的舞种，要具有优质的体力和武功素养，表演时才能出神入化臻于妙境。"滚山珠"是祭祀舞与巫舞、杂技艺术的融合体。舞蹈进行时，先要在场地上布一个 3 米见方的圆阵，在圆周上按比例插下 8 柄锋利尖刀，或者摆放 8 碗清水，形成八卦图案，表演者身着苗族盛装（礼服），手握芦笙，吹奏着庄严肃穆的典祭舞曲，欢快地跳入圆阵，然后在圆周中找到直径交叉中点，以头点地为力点，双足着地为支点，腰部形成弧形，全身重量集中头部，进行时在刀丛（水碗）之间连续翻滚，手握芦笙吹奏不停，要求翻过8柄刀尖（或8个水碗），刀不碰翻（水不溢流），才算表演成功。诀窍在于精确地计算滚翻角度，掌握精确数据，表演者往往熟能生巧，很少出现差误。“滚山珠”舞中出现的刀和水便是从古老的巫舞中蜕化而来，也含有原始宗教色彩。巫舞为了迷惑人们，在舞蹈过程中用尽新奇、惊险、刺激性的舞姿以取悦观众，做出许多疑难、怪诞、豪迈的舞姿和杂技动作，变换层出，引起观众的兴趣。“滚山珠”荟萃了一些杂技性的动作，不仅体现了巫舞和杂技的元素，还提炼了精华，尤其是以芦笙作为伴奏，旋律美妙，音韵和谐，而表演者又像只孔雀，在刀丛水碗中曼舞，形成一种特殊的文艺形态，这就是苗族舞蹈的艺术成就。表演结束，一跃而起，再围绕圆场跳跃，伴舞的苗族姑娘也吹笙跳跃，进一步丰富舞蹈内容。

苗族儿童表演“滚山珠”

“滚山珠”的多方面功能

苗族芦笙舞“滚山珠”以其粗犷豪放的风格、高难惊险的动作和深厚的文化内涵成为少数民族民间艺术中的一朵奇葩，流播广远，享誉中外。这个舞种中蕴含着的坚忍顽强、不屈不挠的民族性格，是一份宝贵的精神财富，它激励和引导人们不断前进，永不为困难所压倒，因而具有舞蹈、审美、娱神等多方面的功能。

舞蹈功能。它既是苗族文化艺术的高度升华，又是自我表演的艺术形态，是一种社会交谊的文化沟通工具。每当芦笙一响，就发出召唤的艺术音波，意味着要结社集会。通过音调来识别是求偶的、祭祀的还是结社的，心中已有数后，便按各自的需要而开始活动。纳雍县的神仙坡、跳花坡，是他们最大的结社集会地址，每次活动都要以数万人计。而这些结社集会活动的主要文娱形式就是跳芦笙舞蹈，“滚山珠”便是其中一项精彩的艺术形式。当然，不仅舞蹈吸引群众，更重要的是同行们要进行一番艺术形态表演技巧之类的评论。这是以文会友、提高技艺、交流心得、指出瑕疵的一种最好的文艺评论。

审美功能。在整个舞蹈进行中要出现一些高难度动作，主要动作是翻滚，苗

“滚山珠”艺术演出

族称其为“懒龙翻身”。“懒”表示动作不急不慢,横空轮转,双脚交叠着力,同时动作要和芦笙节奏相吻合,不致错乱。八段音节刚好轮番八个障碍物,不致失误。舞蹈者要充分掌握好自己的身段和脚的姿态,头部的移位等,都要表现出舞蹈的美感,令人观赏起来像珠滚玉盘。姿态不美,就会失去舞姿的审美作用。又如,猛地一下从地上跃起这个舞姿称为“蛤蟆亮肚”,虽一跳一弹,但挺身而起又翻转的舞姿,使人目不暇接,动作显得轻快、活泼、旋转多变。而这些舞姿是源于生活、高于生活,长期锻炼的升华,形态优美自然。苗族是大自然的崇拜者,在劳动生产、狩猎、捕鱼中观察着自然物的动作,融会于舞姿中。如“懒蛇翻身”“蛤蟆亮肚”“猴子翻跟斗”“鲤鱼跳跃”“箐鸡闪翅”“狐狸耸腰”等动作,都是从动物的举动中提炼而出,加以提高美化,成为他们的舞姿形态。这足以说明苗族对动物的审美能力,把动物的姿态美化于自己的舞蹈中,变成他们的文艺创造。

娱神功能。也就是用跳舞来祭祀祖先,娱乐山神。祭祀宗祖是不忘根本,祷祀山神是祈求风调雨顺、五谷丰登、鬼神感应、保佑一方,场面紧张热烈、奔放豪迈。主演者宛若游龙在波涛浩瀚中翻滚。伴舞者又如惊鹤翻飞,雏鹰展翅,数只芦笙轮番伴奏,又如丹凤鸣晴,泉响幽谷,体现出苗族高超的舞蹈艺术和音乐魅力。在祭祀时,除三牲酒礼之外,还献上一场舞蹈,算是最高的礼祭。《毕节县志》记载“丧则宰牛感戚属,戚属各携酒食为博”,这充分体现了滚山珠的娱神功能。

彝族铃铛舞

彝族铃铛舞,又称“跳脚”,彝语称“恳合呗”,“恳合”即斋经,指祭祀礼仪中唱经的歌,“呗”即跳的意思,合起来就是通过舞蹈表演的形式加上歌师的诉唱来祭奠死者的意思,是彝族人民在祭祀场中演跳的一种传统民间舞蹈,主要流传在乌蒙山区的彝族聚居区。彝族铃铛舞是一种独具民族个性的、方便易学的自娱自乐和有健身功能的传统舞蹈，是彝族文化的典型代表和重要组成部分。

丰富多彩的原生环境

彝族是我国南方少数民族中重要的一员，目前彝族人口 700 余万人。彝族同胞大部分聚居在四川、云南和贵州，是典型的山地民族。彝族在长期的历史发展过程中，由于特定的历史社会背景、地理环境、生产条件等形成了本民族特有的社会生活、风俗习惯、价值观念、思维方式，创造出富有特色、独具魅力、具有区域色彩的彝族民间舞蹈和民族传统体育。其中彝族铃铛舞不仅是一种民族传统艺术，更是一幅史诗般的历史画卷。由于彝族有婚嫁、丧葬皆歌舞的习俗，铃铛舞又具有广泛的群众性，因而得以世代相传，并保持着完好的原生状态。

盛装跳铃铛舞的彝族男儿

彝族铃铛舞第一个动作“请神”（张天德　摄）

原始古朴的“恳合呗”

彝族铃铛舞是一种非常古老的舞种，其起源最早可以追溯到公元前 8 世纪彝族先民笃米所分封六侯的时代。据史书记载，赫章是我国大西南彝族古代发展的腹地，当时，乌蒙山区的彝族先民尚养良马，辔上骑鞍必配铜铃，世称良马圣地。为了争夺有限的资源，彝族先民经历了频繁的战争，各个诸侯氏族部落全民皆兵，组建战马队伍。相传彝族国王首领举行祭祀追悼先王时,部下都要组织 120 人的兵马队伍和数十人的歌舞队,在祭祀歌舞场上展示骑战风采。同时,为了抒发悲痛之情,跳起模仿战斗状态的舞蹈,舞蹈中要摇响手中的铃铛,"铃铛舞"由此得名。后来,祭祀歌舞制度普及到村村寨寨,成为彝族人民保存最完整、艺术价值最高、流传最广的民间艺术形式。总之,彝族的节庆、祭祖、祭丧场合均开展铃铛舞活动,一直活跃到今天,历经 2800 余年而不衰。

彝族铃铛舞的翻腾场面(张天德　摄)

祭祀时的铃铛舞,舞者右手执铃铛,左手执彩带。祭祀开始后,按主先客后、辈分大小的顺序,各家带领人马,扛彩旗,敲锣打鼓,吹长筒号、唢呐,举着灯笼火把,浩浩荡荡,围着灵房绕场,舞队随之边绕边舞,同时两人扛五彩纸马,在队伍中穿插。绕至灵前空地,绕灵队伍要绕成太极图形,鸡翅拐(之字拐),马蹄形(半圆拐),犹如古代军事检阅摆出的阵式。绕灵结束,歌舞者回到灵柩前跳舞,歌师对歌。在古代,"铃铛舞"表现的是战斗的场面,舞者用红、白、黑、黄象征四方将领,以手持铃铛表示骑马,同时也用铃声控制舞步。现在,铃铛舞的内容主要表现彝族先民在与大自然的搏斗中跋山涉水,逢山开路,遇水搭桥,勇斗豺狼虎豹等的壮阔画面;也用来表示男耕女织、生息繁衍等大迁徙的历史画面。其表现形式由官场祭祀变成了民间丧祭,场所虽然改变了,但是形式和内容并没有改变。

铃铛舞无音乐伴奏,靠鼓点及舞者摇响手中的铜铃声来统一动作。铃铛舞的器械很有特点,舞者手持的铃铛以铜为原材料制作,中间手握的部分是一直径约为 2 厘米的铜管状结构,其管状两端是 3~7 个小铜铃,整个器械的长度 25 厘米左右,中间扎有20~30 厘米长的红色绸带。铃铛舞的活动场地非常简单,没有严格的规则要求，一般是在一块平整的场地上进行。舞者主要以腰部为轴心，双手左右上下转腕摇铃并挥舞彩带，腰腹前后左右来回转动，躯干前屈后伸；手臂可在上、下、前、后、体侧并带有抖动的运动，使铃铛发出强烈的节奏声响；伴随着脚步的前、后、左、右移动，还有方步前倾、下蹲、单双脚跳等。节奏是一走一停，缓急有序。铃铛舞一般是多人一起进行，按同一节奏完成各种动作，所有参与者之间协调配合、身心一致地表达着本民族的情感和对生活的热爱。铃铛舞的演跳队形可以是圆形、一字形，或是矩形，没有严格的规定，视动作的组合而定。年长者可根据自己的能力选择难度不大的一些组合动作；技术熟练的年轻人有的可做出倒地翻滚、抱腰翻转、站肩造型等带有表演性质的难度动作；现代彝族男女还创编出一些精妙的组合，使原始粗犷的“恳合呗”更加绚丽多姿。

站肩（张天德　摄）

活态呈现文化功能

彝族铃铛舞现今多见于祭祀、节日庆典、婚嫁中，其将多种民族文化、民族特色等元素寓于一体，从而使得铃铛舞不仅拥有娱乐的本质功能，而且还活态衍生出丰富多样的文化功能。

一是具有传承彝族文化载体的功能。彝族铃铛舞活动不仅仅是一种单纯的身体活动，而是一种与精神、信仰、道德、审美观念、价值取向高度契合，与语言、民俗、民族性格、生活方式等文化个性密切相关，以认识、理论、方法、技巧为基础的，有着极为丰富的文化内涵的一种舞蹈形式。在这种舞蹈形式中，多种文化共同发生着重要作用，反映了彝族文化的内涵。彝族铃铛舞文化是集彝族民族舞蹈、民族服饰、民族道具等有形文化和民族信仰、民族精神心理、民族传说等无形文化于一体的综合性民族文化，通过铃铛舞这种活动的外在表现形式，丰富多样的民族文化得以保存并展现，成了彝族民族文化传承的载体。

二是具有增强民族凝聚力的功能。彝族铃铛舞文化蕴含着巨大的民族凝聚力，是维系民族感情的纽带。彝族铃铛舞是彝族社会文化的重要组成部分，代表着彝族人民的文化符号，是彝族文化的表征，凝聚着浓厚的彝族民族意识和价值。通过长期参与铃铛舞活动，都能自然而然地从文化层面上发现和确认自己的彝族身

彝族铃铛舞传承人杨智(女)在教授学生铃铛舞
(何酉食　摄)

份,可对铃铛舞深层次的文化内涵有全面的了解,能引起本民族文化认同感,激发民族情感。所以独具民族特色的铃铛舞活动成了彝族的重要文化标志之一,成为在更为广阔的时空下实现民族认同的依据之一。而且,铃铛舞能促进参与者的相互配合与协调,促进人与人的相互了解与信任,加强人与人的相互关爱,以形成良好的人际关系,促进本民族的团结。所以,铃铛舞成了彝族团结凝聚的动力。

三是具有促进彝族人民身心健康的功能。铃铛舞经历了长期的文化积淀之后,逐步形成了有节奏的铃响、有节奏的各种肢体活动,以及有多种方式变换的队形。不管男女老少都可以参与铃铛舞的活动,并可根据自身的情况调节运动量的大小。铃铛舞不仅具有良好的健身、健心效果,而且促进了民族的认同感,使人充分体验和享受到同一群体之间的相互协调、相互配合、相互关爱的友好的人际关系。在过去,由于彝族人民的物质生活和精神生活相对贫乏,铃铛舞突出的自娱自乐和健身功能,有效地丰富了彝族人民的文化生活,有利于彝族人民的身心健康,铃铛舞已成为彝族人民生活中的重要组成部分。

四是具有促进地方经济发展的功能。随着非物质文化遗产名录的公布,非物质文化遗产成为官方、学界热议的话题,促进了民间的文化自觉,充分利用本土特色文化资源发展地方经济,已被各方普遍认同。彝族铃铛舞作为民族传统舞蹈,能较全面地反映彝族文化的个性与特征,成为了解和探寻彝族传统文化的最佳窗口之一。同时,铃铛舞又突出地兼具表演性、观赏性等重要特征,成为旅游开发的资源要素。其投入成本低、易于开发,具有可持续性,极具经济发展的价值功能。当这种旅游文化资源被充分挖掘出来以后,就会通过促进旅游业发展而有效地推动当地的经济和社会发展。

总之,彝族铃铛舞既是彝族文化构成的要素,也是彝族的精神象征。它所蕴涵的深厚文化内涵、勇敢向上的精神风貌和团结力量,成了振奋民族精神、发展民族经济的积极动力。

省级非物质文化遗产

彝族酒礼舞

威宁彝族回族苗族自治县，地处贵州省西北部乌蒙山区，是毕节地区唯一的民族自治县，县境东西长116千米，南北宽105千米，总面积6295平方千米，系贵州面积最大的县，县境四周多山谷，中部以平坝为主，平均海拔2200米。境内居住着21个民族，3个未识别民族，总人口约110万人，其中汉族占75.23%，少数民族占24.26%，未识别民族占0.51%。11余万威宁彝族人口分布在全县各个乡镇，聚居于凉山半凉山地区龙场、黑石、观风海、大街、雪山、龙街、盐仓、新发、板底等乡镇。据《西南夷志》载：贵州彝族属笃慕后裔武、乍、糯、恒、布、默六祖中的布、默两系的后代。六祖分支后，布、默二系由云南东川经宣威进入威宁，然后逐渐向贵州西部和广西北部发展，布系发展为播勒、乌撒两大君长宗法体系，威宁彝族为麦遮俄索后裔。彝族的各种生产生活习俗也通过不断发展演变传承下来。彝族进入威宁的历史很早，据威宁《民族志》记载，最迟在两汉时期，并且多数从云南迁徙而来，自称“喽素”或“聂素铺”，在彝族内部再分为若干支系。随着彝族先民在生产生活中的不断发展，彝族逐渐创立了本民族独特的民族文化。酒礼舞就是彝族先民在婚礼过程中创造出来的歌舞演唱形式。

酒礼舞彝语称“阿卖肯”“阿说肯”“曲姐”“曲昨”（译意为酒礼）等，属婚嫁礼仪过程中边歌边舞的舞蹈。整个酒礼舞的起始和终末都服务于彝族婚嫁礼仪的过程。

酒礼舞因支系和地域不同，表现出明显的地域差别。舞蹈的基本动作因地而异，表演风格也各地迥异，在曲调、唱词和人数上各地也表现出极大的不同。如在威宁彝族村寨，今板底、兴发乡的俄嘎、云贵乡的马街村等就各具特色，马街村彝族（青彝）酒礼舞由男性表演，板底村彝族酒礼舞和俄嘎村彝族（红彝）酒礼舞由女性表演，地域特色鲜明。

马街村岩脚、青山、石水三个组的“酒礼舞”称之为“扯嘎模朵”，“扯嘎”意为总管，“模”意为老人，“朵”即起，扯嘎模朵是“总管老人起来”之意。通常在室外的火堆周围跳“酒礼舞”，从扯嘎老人面前开始，由扯嘎老人打起火把带9个男士，手牵手地从厨房出来，边走边唱边跳边学娃娃哭喊，9 个男士中，第一个手持火把，意为烧火者；第二个手提猪脚，意为屠夫；第三个的头帕里插一木勺；第四个头顶高脚饭篼（用篾竹编成），此二人指做饭人；第五个背着一个假孩（用披毡裹成），意指妇女；第九个提猪尿包，意为厨师；其余三个人空手，意为帮忙人。领头和结尾者各持一块手帕，列为半圆，手牵手，肩并肩，由一人领唱领舞，舞毕后，依次到其他客人住处唱、舞，直至走完所有客人住处而结束。舞蹈刚劲有力、热情洋溢，以此来慰问所有前来贺喜的客人。歌词中告知客人，我家这场婚礼是杀猪招待贵客，问客人们吃饱没有、喝足没有，并在酒礼舞上与愉快的歌声、客人们的笑声、欢呼声融为一体，热闹非凡，宾客们往往通宵达旦，彻夜不眠。

跳酒礼舞的马街青年（孔宁康　摄）

板底一带的酒礼舞称为“阿卖肯”，意为“出嫁歌”。音乐忧愁悲伤，舞蹈以妇女为主。由九支曲子组合而成，领头和结尾者各持一块毛巾，互相牵手，凡会唱者均可参加，新娘也可参与其中，人少就排成一弧形，人多则列成几排，每排的头尾二人，手持舞帕领唱和指挥动作协调，由一字形变成圆形，全体两膝下蹲 30 度左右，向左或向右，全体舞伴往统一方向缓慢地摇动，两头的两个人手持毛巾向外或向内甩手 90 度，如此反复扭动腰肢，边歌边舞，直到发亲为止。整个酒礼舞伴随着婚礼“初楚猴”“克伍克左”“鲁过朴”“许古”“妻多”等各项礼仪而进行。酒礼舞上需要唱酒礼歌，歌词内容十分广泛，统称为“出嫁歌”：有梳妆打扮的，有表现姑娘与父母难舍难分的，有训世的，有唱述养育之恩的，也有表现劳动生产的等。由于出嫁女沉浸在与父母的分别当中，音乐大多低沉忧伤。

俄嘎彝族的酒礼舞，舞蹈也以妇女为主。酒礼舞称为“曲姐”，音乐欢快跳跃，由五首旋律不同的曲子组成。舞蹈者每人手持一块毛巾，舞伴可以牵手，也可不牵手，随着舞姿动作变化，基本动作以腰和头部左右摇摆为主，脚以普通踏步为主，手舞足蹈，动作随时变化，音乐旋律较大，节奏性强，给观者轻松愉快的亲身感受。

板底的酒礼舞以女性跳为主

威宁彝族酒礼舞的传承比较松散，以老艺人的言传身授为主要的传承方式。但它历史悠久，产生于“代措芍嘎”（云南境，详址无考），其形式、内容丰富多彩，与婚嫁礼仪相混相协，哺育着彝家人一代又一代的美好心灵。有一首酒礼歌唱道：“今晚酒礼的歌场，像个什么样？今晚酒礼的歌场，像平整的绿毯。今晚酒礼舞的帕子像个什么样？今晚酒礼舞的帕子像白鹤展翅飞翔。今晚酒礼歌的声音像个什么样？今晚酒礼的歌声像蝉儿叫得响亮。”这是彝家酒礼歌舞升平的真实写照，闪烁着彝族人智慧的结晶。其具有以下三个特征。

一是多样性。酒礼舞的多样性特征主要体现在三个方面。其一，种类多样。在威宁，酒礼舞因地域差异形成了多种多样的形式，主要有东北部板底乡板底村的“阿卖肯”，东南部新发乡俄嘎村的“曲姐”，以及北部云贵乡马街村的“扯嘎模朵”；其二，内容多样。主要体现在酒礼舞中的歌曲唱词，唱词中有歌颂爱情的、歌颂劳动的，也有情感及景物描写的，尽显彝族儿女善歌善舞、能说会道的优秀品质。其三，体现在音乐形态和舞蹈风格方面。跳酒礼舞时，配以酒礼歌，唱腔及音乐形式组合多样，不同的酒礼舞也具有不同的舞蹈风格，或活泼或奔放或粗犷或豪迈。

二是综合性。酒礼舞集歌、舞于一体,用彝族语言演唱,以齐唱为主,边唱边舞,也有一领众合,真假声相间等形式。

三是完整性。威宁彝族酒礼舞,虽然各个地方的舞蹈表现不同,音乐的调式、调性不同,但旋律、节奏、速度、结构都相对规范。

总之,威宁彝族三种不同风格的酒礼舞,歌词内容都十分广泛,是彝族文学的重要组成部分和文学遗产,具有鲜明的地域特色和民族特色。其涉及彝族的婚嫁习俗和礼仪等方面,具有民族学、民俗学研究的特殊价值,也是研究彝族民间音乐、舞蹈发展的重要素材,是艺术创作的源泉。2005 年,彝族酒礼舞被列入省级非物质文化遗产保护名录。

四桐鼓舞

在威宁县中水镇高坎子管理区友光村四组王家水塘,传承着古老的汉族打击乐舞——"四桐鼓舞"。中水镇有四个管理区,东南距威宁县城 110 千米,北距昭通市区 22 千米,中水盆地由高原原面、湖积台地和河流阶地构成,总面积 100 平方千米,人口 38000 余人,主要为回族和汉族,其中回族占 52%。盆地海拔 1800~2000 米,河流属长江水系,有前河、中河、后河等由东西或由东北向西南穿过,交汇于西南端的玉龙峡谷,流入牛栏江,最后在昭通境内汇入金沙江,地势开阔,环境优美,山川秀丽,气候宜人,主要农作物有玉米、稻谷,经济作物有蔬菜、苹果、黄梨等。良好的生态环境为四桐鼓舞的产生创造了重要条件。

相传,明朝洪武十四年(1381 年),朱元璋调北征南时,王纯武将军率兵南征,日打八寨,夜踏三江。老祖宗们为了作战方便,砍下了一棵梧桐树,锯成四截,抠空做了四个鼓,命名为四桐鼓。鼓身长 80 厘米,鼓面直径 35 厘米,用牛皮蒙鼓面,每个鼓配小木棒一根,长一尺二寸,一端挂小红布一条,表演者身着长衫(青或蓝色),系蓝色腰带,脚穿布鞋,头系青色包头,根据击鼓节拍舞蹈,称为"四桐鼓舞"。古时,"四桐鼓舞"只限于战争中用,后来用于丧葬、祭祀场合。中华人民共和国成立后,"四桐鼓舞"通过县文化馆段鸿祥、杨光勋等人的挖掘、整理,恢复原样。

"四桐鼓舞"表演不受场地限制,一般只要有 100 平方米左右的坝子就能表演,平时表演都是在晒坝或院坝当中进行。表演为男性 4 人,一般用时约 20 分钟,但表演时可以反复。

四桐鼓舞表演（孔庆达　摄）

表演时，舞者边击鼓边跳舞，每人腰挎桐鼓一个，右手执鼓棒一根，敲击咚咚节奏，踏着健壮稳重的矮蹲步，两脚膝下交换蹲踏，上身向前倾斜，腰弯 100 度左右，全身与头部左右摇摆晃动，动作粗犷有力、古朴、活泼诙谐、幽默风趣。“四桐鼓舞”由十二个动作造型组成，即“十字过江”“老蛇蜕皮”“凤凰抱蛋”“蛤蟆晒肚”“喜鹊登枝”“鲤鱼扣腮”“二龙抢宝”“龙摆尾”“公鸡啄架”“苦竹盘根”“犀牛望月”和“黄莺展翅”。十二个造型均栩栩如生，十分形象。“四桐鼓舞”反映了古代行军布阵及行军过程中的队形变化和战士们相互嬉戏、追逐、逗乐的场景，表现了军队的屯兵生活，“四桐鼓舞”也是人们用来悼念在战争中牺牲的英雄们情感的表达方式。在威宁县，此舞传承已近 700 年，是民间舞蹈的珍品，具有极强的生命力，广受青睐。

“四桐鼓舞”经历了漫长的历史过程，折射出明代朱元璋调北征南屯军的历史片段，反映了汉族大规模迁徙进入乌撒地区的过程，不失为 700 年经典。“四桐鼓舞”节奏粗犷有力，干净利落；其表演完整，有头有尾，十二个组合动作在表演过程中巧妙配合，衔接自然，表演者的节奏、速度也各有一定之规，整个舞蹈比较规范；且其风格独特、历史悠久，历经一代又一代流传下来，形成了舞蹈和武乐并存的特征，在多民族聚居的区域，汉族“四桐鼓舞”独树一帜。另外，“四桐鼓舞”具有一定的历史价值、民俗学价值、艺术价值等。它与汉族的生活、习俗、文化史息息相关，全面、完整、生动地体现着威宁地区的文化传统，是威宁汉族民间舞蹈的代表作，也是研究汉族民间舞蹈的重要素材。

苗族芦笙蹉步舞

毕节市燕子口镇大南山苗寨坐落在川黔公路旁,地处三省交界处,即云南省镇雄县、四川省叙永县和贵州省毕节市北边。离市中心36千米,背靠巍峨的大山,海拔约1500米,平均气温12.8℃,冬无严寒,夏无酷暑,是休闲避暑的胜地。全村辖堰塘、大南、小兰、田埂和堰沟5个村民组,占地12平方千米。耕地面积约900亩,全寨无一杂居民族,共有247户人家,总人口数1047人。在漫长的历史发展过程中,他们以自己的勤劳、勇敢和智慧,创造了光辉灿烂、丰富多彩、独具特色的大南山苗族文化。苗族芦笙蹉步舞(苗语叫"哽搭滴")便是这灿烂文化中最具特色的一颗璀璨明珠。

苗族是一个历史悠久的优秀民族,与其他50多个兄弟民族共创了几千年灿烂的中华文化。在这悠悠的历史长河中,苗族先民们为了寻求新的生活,与大自然展开了不屈不挠的斗争。苗族历史上的三次大迁徙,造就了苗族人民更加坚强的意志。大南山苗族芦笙蹉步舞的传承记叙了苗族先民们这段触目惊心的迁徙历程。其舞型属群舞(46~100人均可跳),气势恢宏、雄壮豪迈,展示了先民们不畏艰难险阻,披荆斩棘,告别了一个个家园,离散了一垄垄沃土,舍弃了一丘丘良田,踏破了一座座青山,越过了一条条大河,去寻求自己向往的自由乐园的传奇经历。蹉步舞舞姿强健粗犷,优美和谐,具体步法有勾步、踏步、蹉步,每一个舞步都是苗族先民们在大迁徙过程中的历史脚步,而忧郁、悦美的芦笙声则诉说着那段艰辛的历程。

大南山蹉步舞场景

大南山苗族蹉步舞,历史悠久,自先祖们移居大南山至今已有上百代人的传承。蹉步舞历经上千年的沧桑,仍然保持着先祖们原汁原味的舞姿,它是大南山苗寨传统苗文化的突出表现形式，记录着苗族先民们在大迁徙过程中的艰难历史，象征着苗族人在历史长河中不屈不挠的伟大精神。其活动内容涉及苗族人民多方面的生活，具有民族学、历史学、民俗学的珍贵价值，对研究苗族的历史有重要的意义。

20 世纪 80 年代后，很多年轻人受经济大潮的影响外出打工，很少有人学吹芦笙，芦笙蹉步舞基本上没有人再跳。若不加以保护，大南山苗族蹉步舞将面临后继无人，濒临失传的危险。

苗族大迁徙舞

赫章县位于乌江北源的六冲河和南源的三岔河上游，总面积 3245 平方千米，平均海拔 1996 米。最高处是位于珠市乡的小韭菜坪，海拔 2900.6 米，是贵州最高峰，被称为“贵州屋脊”。县境属黔西高原中山峡谷区，山高坡陡，峰峦叠嶂，峡谷幽深，属典型的喀斯特地貌。气候冬暖夏凉，降雨充沛，四季分明，属温带高原山区气候。赫章县历史悠久，早在新石器时代境内就有人类活动。赫章可乐镇是秦汉时期夜郎古国的政治经济文化重镇。彝、苗、布依等少数民族的文化积淀深厚，民风淳朴，服饰精美绝伦，歌舞艺术绚烂多彩。苗族大迁徙舞分布于该县的河镇、可乐、得卓、结构、双坪、铁匠、平山等乡镇，是赫章苗族记载苗族大迁徙历史过程的民间舞蹈。苗族人民在节假日、婚礼场、除发剃头、生日祝寿等欢乐场合，一般都会欢跳大迁徙舞。大迁徙舞的舞台比较灵活，村头、野地、荒坡均可。

据载，早在 5000 多年前，苗族就居住在黄河流域，由于与黄帝斗争失利，苗族才被迫逐渐南移。直至南北朝时期，肯蚩尤扬鲁仍是当时居住在北方宁告（浑水河）一带的一个强大的苗族部落，与其毗邻的是沙鲁部落。两个部落之间的关系原本一直十分友好，后因一次误会，造成两个部落之间长期相互厮杀，最终迫使肯蚩尤扬鲁部落南下迁徙。在迁徙中经历了千辛万苦，最后定居今贵州赫章县。赫章苗族古歌中记载，苗族是从盛产稻谷、棉花的很遥远的直米力（今河北）地方迁来的，在漫长的迁徙过程中，不知经受了多少折磨，多少困苦，跋涉了多少山川河流，才到达贵州的黑羊大箐（赫章）。后人为了纪念祖先的这段苦难史，将迁徙的史绩绣进服饰，编进芦笙调和芦笙舞蹈中，以表达对故土的留恋，对祖先的缅怀。

苗族大迁徙，在苗语中被称作“够戛底戛且”，意为“寻找居住的地方”。其舞正如其名，运用了舞蹈、芦笙、古歌等综合手段，叙述了苗族大迁徙的途中生活和对

迁徙途中的行路舞

敌作战、突破封锁、翻山越岭、横渡江河到达贵州黑羊大箐（赫章）后安居乐业等主要历史事实。舞蹈内容与多方考证的苗族迁徙历史惊人的一致，被人类学、社会学家们认为是无字民族用非文字的手段“写成”的民族历史教科书，具有非凡的文化创造力与想象力。中华人民共和国成立前，该舞曾被统治阶层斥之为“反舞”并禁止吹跳，这也正好佐证了迁徙舞具有深刻的历史叙事事实。

迁徙舞

苗族大迁徙舞共分三场。第一场为鸡叫舞，表现苗族先民群迁的场面。步伐主要有踮脚步、踢走、爬坡三个动作。在鸡叫黎明时分，由部落首领带领，怀着沉痛的心情，步履艰难地踏上迁徙的征途。第二场为行路舞，表现苗族先民迁徙途中的场面。动作有留恋、回望、强身、射弩、探河、站立、甩腿欢跳、向山神河神敬酒、喝壮行酒等，反映了苗族先民在恶劣的迁徙途中，虽过着以兽鸟充饥的艰苦生活，但仍团结一心、艰难前行，其中回望等动作更是表达了苗族先民对故土的无限留恋。第三场为天亮舞，主要是以芦笙手的技巧性动作追忆往昔艰难的迁徙过程和胜利渡河摆脱追兵后的喜悦之情。这部分由十几种套路动作组成，是整个大迁徙舞中最重要的组成部分，每一套路都具有各自的象征意义。一是黄天狸捅蜂窝，意为不畏艰险，捅敌老窝，体现了苗族人民的勇敢。二是瞎耗子通地路，表现了在迁徙的途中，为了队伍免于遭到敌人的偷袭，被迫钻进深山老林之中，就好像瞎耗子钻进了不见天日的地洞，前路漫漫，但是人们相信只要坚定信念，勇往直前，就会重见光明，到达目的地。三是公鸡捉虱，意为战争过后短暂休整，就好比公鸡经过一番激烈的搏斗后取得胜利，喘息之余啄除身上的虱子，同时眺望四方，加强防守，捍卫短暂的胜利，此动作亦带有休整内部成员的意思。四是滚追，表现苗族壮观的打猎场面，表明苗族自古以来就是擅长打猎的民族之一。此部分用"滚""追"等动作比喻凶残的敌人被战败之意。五是森林探路，表现群迁队伍在原始森林中的行进，险象环生，每一步都需要提前探路是否安全。六是游龙翻身，形容在战火中爬坡下坎前进后退迂回作战。七是二牛防虎，意为同心协力抗击敌人的袭击。八是仰头望月与倒立青石，抬头看明月中在砍树的老人，心中怀念失掉的城池，表达思乡之情。九是倒挂金钩，表现迁徙途中，攀悬崖、爬峭壁、互相搀扶、助力而上，犹如倒挂金钩一样。十是仙女背水，表现苗族妇女背水等场面，通过此部分动作赞颂苗族妇女勤劳勇敢的美好品质。十一是夜探悬崖，表现昼伏夜行，深夜还在悬崖峭壁间探路前进。十二是横渡险礁，表现苗族先民不怕困苦，互敬互爱，相互帮助渡过黄河的情景。十三是黄麂逛山，表现苗族先民们经历战争与迁徙的磨炼，终于战胜困难，取得胜利后的喜悦心情和欢乐场面，就如同黄麂狂欢，在青山野岭中奔跃一般。

苗族大迁徙舞是赫章县境内苗族人民的传统舞蹈，是苗族人民对祖先怀恋的有效表达方式，是赫章县少数民族舞蹈的代表，它充分展示出了强劲有力的艺术魅力，是集歌舞于一体的民间艺术。大迁徙舞在发展历程中，形成了自身独特的特点。

首先，笙舞合一，自吹自跳。表演者边吹芦笙边跳舞，芦笙既是乐器，同时也象征着迁徙过程中的武器，倒立吹笙等难度较高的舞蹈动作，体现出表演者平时训练的扎实基本功。整个舞蹈动作与芦笙的吹奏及古歌的穿插有机统一，舞者同时也是芦笙吹奏者。

其次，表现了民族地区无字民族用乐舞记事的方式。此舞不同的角色代表着迁徙途中不同的人物，比如，队中第二个吹长葫芦笙者是整个迁徙的总指挥；队伍过河前，先派两名勇士用羊角酒敬山神河神，以求平安渡河；整体表演者一步三回首的舞蹈动作，表达恋恋不舍怀念故土之情；三人一组的射弩则有阻击追兵之意；芦笙与古歌的悲壮部分，述说迁徙的艰辛和被赶出故土的悲伤，欢快部分则表现了渡河摆脱追兵后找到栖居之地后的欢愉。苗族大迁徙舞中的角色，从第三个直到倒数第二个的位置都是队员，最后一个持弩者为护卫，大迁徙舞的另一个重要角色，就是在队伍前面手持火把，嘹亮歌唱者。而队伍中的妇女儿童则体现了群迁时的真实场景。

最后，大迁徙舞中表演者穿的服饰，使用的器具等，都具有叙事的特征。大迁徙舞的舞蹈服饰蕴含深意，尤其是男女披衫，堪称“穿在身上的史书”。这种色彩鲜艳的披衫为苗族传统麻织品，以家种的麻为原材料，经渍麻、纺线、捶洗、织布、排绣、蜡画、织花等工序制作而成，完全是传统手工制作。这种披衫衣颈背有一块正方形的饰品，四周外沿图案象征着山，中部一块象征着直米力平原，即今河北平原，一层层城墙护卫着中间平原与城市，那里曾是苗族先祖居住的乐土。这种披衫又称城墙服。在正方形饰品两侧，有两条呈“八”字形的长条图案，此图案象征寓意男女不同。女式披衫的“八”字形长条多为深黄色，象征着苗族曾经在大迁徙途中渡过的浑水河，即黄河，河两岸的几何图案则象征着一望无际的山川田地。男式披衫的“八”字形长条则呈灰黑色，其间密布交错的符号充满神秘的色彩，据苗族老人介绍，那些图形隐藏着苗族先民大迁徙的一系列秘密信息，如今已经成了难以破解的谜。

另外，苗族大迁徙舞还具有祭祀的特点，表演此舞的目的之一在于祭奠在迁徙途中牺牲的将士，以及苗族祖先格蚩尤老等英雄。它是一部苗族历史活的教科书，以舞记史，传承舞蹈的同时，民族文化也被传承下去。它在苗族聚居地世代相传，由老一辈人对年轻人口传身授，不管是舞蹈还是唱曲都是未加雕琢的民间艺术，体现了大迁徙舞原生态的艺术特征。

苗族斗鸡舞

红林乡，位于黔西县北端，是彝族苗族自治乡。全乡海拔 1000~1810 米，属黔西境内海拔较高乡镇之一，其中海拔 1810 米的漆树村“小双山”堪称黔西之最。红林年平均气温 14℃，年均降水量 800 毫米，无霜期 230 天，雨热同季，干湿分明，夏无酷暑，冬无严寒，雨量充沛，气候宜人。全乡地表以喀斯特地质地貌为特征，境内集熔岩、溶洞、地下水景观为一体，形成了红林部分地区壑深山险、雄奇幽密的独特风貌，雷响孔村“一涧轰雷”的奇特景观位列黔西古八景之一，有诗赞为“一涧轰雷鸣亘

年轻男子们正在跳斗鸡舞

古，相思无限化云涛”。得天独厚的自然环境为红林斗鸡舞的产生提供了良好的生态环境基础。

生活在乌蒙山中的红林苗族，因群山逶迤、交通闭塞，受外界影响较小，至今仍保存着古朴遗风和原始的劳作方式，传承着纺织、刺绣、挑花等古老的手工技艺和山歌传唱的风俗。他们信奉多神，认为万物有灵，自然界的动植物都被赋予了生命和情感，和人类平等和谐地存在于世界上。人和自然的生态关系不是纯粹物质性的，它是一种精神性的存在。红林斗鸡舞是苗族人民在生产力极度低下、无法理解自然现象的因果联系的历史条件下，把鸡视作有生命、有意识、有灵魂的对象，赋予鸡人格化的内容并加以崇拜的结果。他们希望通过假设的宗教偶像和激烈的舞蹈形式，求得人的主观精神与客观世界的沟通，获得一种虚拟征服感，以及积极奋进的精神力量。他们认为鸡有呼唤光明，驱逐黑暗，消灾祈福的神秘力量，认为人与鸡存在某种血缘关系，因此，鸡成为红林苗族地区最重要的一种崇拜图腾。人们希望通过舞蹈的形式，借助这些偶像驱魔除邪，给人民带来和平安宁、风调雨顺、五谷丰登的好日子。

红林苗族斗鸡舞是将模仿动物的体态、特性与人的形体运动相结合，经过提炼、组织和艺术加工而形成的一种表达人们思想感情，反映社会生活的艺术表现形式。斗鸡舞在一声芦笙吹奏的鸡叫声中开始，舞蹈开场也是一人手持芦笙作鸡身状，拉开了舞蹈的序幕。整个舞蹈都是在一片欢乐声中进行的，一般是 8 人左右的舞蹈队，舞蹈动作大都与鸡的生活习性有关，诸如，两只公鸡相互打斗，或撞肩，或碰胯，或俯瞰，或跃起，或群鸡起舞，或一哄而散。仿鸡的动作惟妙惟肖，在此基础上时而夸张，时而细腻。给人以美的享受，充满了生活的乐趣，具有浓郁的乡土气息和民族特色。

手持芦笙作鸡身状

作为动物仿生类舞蹈，红林斗鸡舞是中国民族民间舞蹈的重要组成部分，是万物有灵的信仰在舞蹈中的遗存，体现着古老而深邃的民族文化及苗族人民渴望光明、百折不挠的坚强品质，具有较高的艺术价值，主要体现在以下几个方面。

首先，历史价值。少数民族大多没有自己的文字，民族文化无法以文字的形式传承于世，传统文化是以口头形式及歌舞形式得以传承的。红林苗族和其他少数民族一样，也是一个能歌善舞的民族，歌舞是其民族文化传承的主要载体。斗鸡舞源于对鸡的崇拜，模仿其动作而形成的舞蹈，表演套路不仅展现了苗族的图腾信仰，古朴的歌舞中更是蕴含人与自然和谐相处等生态伦理观念，保留着苗族最为原始的信仰，这种信仰支撑着几千年民族历史的发展与传承，具有较高的历史文化价值。

其次，图腾信仰价值。红林斗鸡舞是从宗教信仰、文化传统衍生出来的人体艺术文化，用舞蹈来强调并强化这种精神，旨在自娱并与它的生长环境融为一体的舞蹈形式。作为仿生类舞蹈，斗鸡舞本身就处处表现出宗教色彩，苗民们观察鸡的生活习性，模仿其走路、奔跑、觅食、打架等姿态，活灵活现地用极具民族特色的舞蹈表现出来，体现了他们对大自然万物的尊重和敬爱。鸡鸣则天亮，人们对鸡的崇拜寄托了人们对光明的无限渴望，鸡这种动物已经逐渐演变成红林苗族的图腾信仰，他们相信，鸡能驱走黑暗带来光明，为他们带来福音，使他们过上幸福生活。图腾作为民族感情认同与精神信仰的对象，不仅成为人们心目中最神圣和最美好的象征，也成为维系民族成员的纽带。这类舞蹈是原始艺术活动与生产活动最紧密联系的例证，它表达了苗家儿女渴望光明、渴望自由的美好愿望，表现了苗族崇尚自然，同大自然和谐相处，信奉神灵主宰世界、泽惠众生的宗教信仰。

撞肩和碰胯

再次，怡情强身价值。当人们对动物的模拟惟妙惟肖时，舞者本人和观众都体验到成功的激动和喜悦。当表演者对动物动作做出刻意的夸大和戏谑时，人们又体验到滑稽的喜悦。表演斗鸡舞时，表演者用芦笙吹出欢快的曲调，做出夸张滑稽的动作，如模仿公鸡相互打斗时，时而撞肩，时而碰胯，时而跃起，充分体现了红林苗族豁达开朗、喜欢热闹的性格，形成了红林斗鸡舞热闹的艺术感染力。人们在舞动的过程中感受生命的活力和自我的存在，愉悦身心的同时亦锻炼了身体。

最后，人文价值。从文化传播的角度上说，斗鸡舞植根于民俗深层文化之中，在特定的自然环境和人文环境中创造出来，保留着原始、形象、传神的独特体态动律，是苗族尊重自然，热爱自然，信仰自然万物有灵的真实写照。斗鸡舞独特的发展规律、演进轨迹和表演系统，展现了红林苗族的历史与沧桑，古朴生动的舞蹈动作表达了苗族虔诚的图腾信仰，对研究苗族生活习俗、宗教信仰、道德伦理、社会生活等具有重要作用。

素朴金钱棍

金钱棍是民间穷苦人民因为生计所迫而采取的乞讨技艺，于100多年前由四川传入贵州，在黔西等地广泛流传。目前，金钱棍主要分布在黔西县素朴镇，由最初的生存技能发展为纯娱乐功能，常在庙会、茶房、酒肆等喧闹之处表演，已成为广大民众业余生活的娱乐方式。

素朴镇位于黔西县东部，总面积111.9平方千米，其东面以六广河为界，与贵阳市修文县六广镇隔河相望，南临铁石乡，西连中山乡，北毗协和与太来两乡，距县城黔西31千米，距省城贵阳86千米，境内有贵毕等高级公路，交通便利。地处亚热带温暖湿润季风气候区，气候温和，因处于低纬度、高海拔的高原山地，有春迟夏短、秋早冬长、雨热同季、干湿分明等特征。年均温度在13.8℃左右，雨日188天，年均降雨量约1005毫米，年均日照1349小时，无霜期为270天。最高气温32℃，最低气温-3℃，冬无严寒，夏无酷暑，四季如春，适宜多种作物和林木生长，自然资源丰富。

中华人民共和国成立前，金钱棍就在黔西县域内广泛流传，多数百姓都会表演，群众基础雄厚。中华人民共和国成立后，金钱棍跟着秧歌队、龙灯队、腰鼓队一同沿街表演，后又在各种文艺晚会的舞台上演出，深受群众欢迎。

素朴镇金钱棍演出活动

金钱棍是以一根2尺8寸长的竹棍分节挖空，装上铜钱（方孔钱）有节奏地拍打，从而发出铜钱的撞击声，并辅以大竹板做的快板，其下有7个小竹块起到点缀声的作用，表演者随着节拍边舞边唱给人以愉悦的曲艺形式。它有唱词、有动作，常常给施舍的人带来快乐，能愉悦围观群众。金钱棍唱词分三字、七字和十字文等。其独特的唱腔有莲花落、传十字、腔板调（韵板腔）等。金钱棍打起来动作优美、节奏感强，集音乐、说词与动作为一体。金钱棍的舞蹈动作主要有雪花盖顶、黄龙缠腰、苦竹盘根、落地捡金等，一出戏根据唱词的长短而循环上述动作。打金钱棍一般为2~3人，要棍者可舞可唱，另有一人打快板助兴。金钱棍的主要流传曲目有《蟒蛇记》《梁山伯与祝英台记》《金铃记》《鹦哥记》《烟花告状》《苦媳妇》等，现代发展创新的曲目有《十唱党的政策》《赞素朴新貌》等。

作为民间自娱自乐的传统艺术，金钱棍具有雅俗共赏的魅力，是民间艺术中的瑰宝。在100多年的发展历程中，金钱棍几经波折，形成了自身独特的艺术特征，主要有四点。首先，表现在其演艺目的的变化。金钱棍原是为生计所迫而采用的一种曲艺形式，后演绎成纯娱乐的曲艺形式。其次，金钱棍表演内容丰富，观赏性强。表演者随金钱棍拍响的声音，有节奏地边舞边唱。同时，以右手摇动金钱棍，轻轻撞击身上的头、双肩、手肘、脚拐等部位，此时金钱棍便叮叮当当响声不绝，悦耳动听，节奏感强。再者，演唱的随意性很大，演唱时间和场合具有非固定性的特征。由于表演人员少，一般为2~3人，对场地的要求比较小。发展之初，由于是表演者的乞讨技艺，因此表演场地一般随着乞讨地点的不同而不同，没有固定的表演场地。最后，金钱棍表演具有渲染气氛的作用。金钱棍的唱词，或欢快，或悲伤，表演者随着音乐节拍手拿金钱棍舞出花样动作，观众往往或被音乐或被舞蹈所吸引，从而津津有味地在旁观看，现场气氛自然而然地被表演者们调动起来。

金钱棍在黔西的发展已有100多年，历史悠久，深深扎根于民间，富有浓郁的地方特色。它是传统文化的突出表现形式，蕴含着大众的精神、信仰和价值取向，具有人类学、民俗学的研究价值。另外，金钱棍愉悦大众的作用，对于当今的新农村建设和构建和谐社会具有积极作用。

但由于金钱棍发展之初是穷苦人用于乞讨的一种生计手段，所以受封建思想的禁锢和“文化大革命”的影响，金钱棍在民间一度锐减，改革开放后因大众娱乐的需要又重新活跃起来，但很快又受到外来文化的冲击，并随着打工潮的高涨，原生态的金钱棍出现了生态危机，又因现代青年价值取向的转变，在追求时尚的过程中，年青一代对金钱棍的热情逐渐消退，金钱棍的传承面临后继乏人的局面。

卷三 传统戏剧

国家级非物质文化遗产

彝族撮泰吉

撮泰吉是仅存于贵州省威宁彝族回族苗族自治县板底乡裸嘎寨的一种古老的戏剧形态，在全国仅此一例，具有唯一性和独特性。这种傩戏保留了原始的祭傩仪式，保存了人类初期的古老记忆，也传承了彝族远古的文化习俗，被国内外专家誉为“戏剧的活化石”，具有人类学、民族学、民俗学、戏剧学、舞蹈学等多方面的学术和研究价值。

生态脆弱的生长环境

“傩”产生于古老的巫文化，以消灾弭祸，驱鬼逐疫为特征，由傩祭、傩舞逐渐演变成为傩戏。“傩”的现象在古代较为普遍，许多民族都有，中原地区的傩戏则是由宫廷傩、乡人傩和军傩表演而来。据考证，威宁彝族撮泰吉孕育于东汉时期，以后经过不断修改、补充，到清代中期才基本定型。据当地传说，远古之时，连年大旱，庄稼枯死，人也死了大半，后又天降大雪，种子也没有了，人们正在绝望之时，天神派“撮泰阿摩”（祖先的魂灵）送来粮食、种子并帮助人们耕种，解救了人们。从此，人们凡是年景不好或天灾人祸，便在古历十月初一至正月十五（彝族古历为十月太阳历），扮为撮泰阿摩，表演此过程，以此驱除邪祟，祈求人畜兴旺，风调雨顺。

彝族是一个古老的民族，文化底蕴深厚，主要聚居在云南、四川、贵州三省毗邻的地区，贵州威宁处在彝族分布区的中心位置，这为撮泰吉的产生和保存提供了良好的生态环境。撮泰吉如今只流传在贵州威宁彝族回族苗族自治县板底乡裸嘎村。该村地处海拔 2800 多米的芦虹山区，这里山高箐密，气候寒冷，霜冻期长，主要农作物有玉米、洋芋、荞麦等，单产很低，当地人民生活十分清苦。全村 61 户，住的都是低矮的草房，没有一间瓦房。由于医药卫生和科学文化落后，加之地处偏远，交通不便，当地村民遇上天灾人祸时习惯用祭山神、打粉火、滚鸡蛋、念鬼等手段驱灾除疫，祈求平安。裸嘎村彝、苗、汉杂居，13 个姓氏 61 户人家中，文、周二姓为大姓，各有 12 户。撮泰吉的戏主为文道华，彝族，从父亲上溯五代都是毕摩，都主持并参加撮泰吉的演出。

神秘的表演

撮泰吉是威宁县板底乡一带彝族群众世代相传的一种独有的戏剧形态，因民间信仰和祖先祭祀的功能而成为当地民众祭祀祖先、护佑人畜兴旺、风调雨顺的重要方式，深深植根于当地民众的生产、生活及文化历史之中。其风格稚拙、怪诞、夸张。演出中人物角色所代表的彝族、苗族、汉族等民族成分，表现了其作为区域历史文化交流中多民族间交流、团结互助的重要纽带作用，成为本地区民族文化的象征和集中表现，具有珍贵的民间文学价值、民俗学研究价值及独特文化事象。每年过年期间，村寨和附近的彝族居民都要举行撮泰吉演出，安静的乡村山野常常被演出的锣鼓和人们的欢笑声打破。到了晚上，寨子边或山中空地上点起篝火和灯笼，远近的乡亲们举着火把聚拢在一起，等到人越聚越多，演出便在一阵锣鼓声中开始了。装扮成撮泰吉的几位演员出来绕场同围观的乡亲一边打招呼，一边故意做出一些滑稽好笑的动作，说些方言俗语，逗得大家开怀大笑。撮泰吉的角色是老祖宗的化身，人们称为“神鬼”，主要以未进化成人类的猿猴特征来进行装扮，充满神秘感。面具为突额大鼻，身穿黑衣，缠绕白布带，表示初民为裸体，头饰包缠成尖顶状，行走为罗圈腿步态，言语为抽气发音含混不清。演出的全过程相互只能以角色名称称呼，如叫真名，怕被勾走灵魂。过去演出都在夜间举行，场地在村后的平地上，以灯笼及火把照明，面具存放在村边的山洞中。

总之，千百年来，撮泰吉在板底乡裸嘎村的深山野林中自然存在着，很少受到其他民族文化的影响，因而保留了浓厚的原始艺术的本色。但在现代文明的冲击下，这种只被少数人掌握和传承的艺术显得十分脆弱，任何一个环节出现问题，都会使其遭受致命打击，因此有必要做好相关的保护工作。

抚慰心灵的神秘戏剧

撮泰吉系贵州威宁彝族回族苗族自治县板底乡彝语的音译，现在见到的文字音译名称有“撮衬姐”“撮寸几”“撮屯姐”“撮泰吉”等十几种。其中，“撮屯姐”比较接近彝语的译音，现在用撮泰吉的名称，是借吉利的谐音汉字做译名。在彝语中，“撮”意为人或鬼，“泰”意为变化，“吉”意为玩要游戏，一般译为“人类刚刚变成的时代”或“人类变化的游戏”，简称“变人戏”。其主要内容反映的是变成鬼神的祖先当初迁徙、垦荒的艰难场面，并借助祖先的威灵来保佑后裔和驱逐邪魔瘟疫，迎吉祥、祈丰收。因此，撮泰吉成了抚慰人们心灵的戏剧。

撮泰吉一般于农历正月初三到十五演出，演出的内容有祭祀祖先、民族迁徙、拓荒耕种、买卖牲畜、交媾繁殖后代等，最后才逐户为全寨扫除火星。全戏共分四部分。第一部分是祭祀。阿布摩带领阿达姆、麻洪摩、嘿布，拄着木棍从森林中艰难地走出。他们用包头布把头缠成头锥形，全身穿黑衣黑裤，用白布条将胸、背、腰、腿缠紧，以象征裸体；迈着罗圈腿踉跄行走，以表示远古人类还不能直立；一面冲击声带，发出猿猴般的叫声，来到旷地上，“撮泰”老人放下手中木棍，面对西方，向天地、祖先和四方神灵祈祷。第二部分是耕作。是全戏的核心部分，前半段主要反映彝族先民迁徙、农耕、繁衍的历史。通过惹戛阿布与阿布摩的对话，叙述古时裸嘎村连年灾荒，阿布摩等背着粮种途经很多地方，最后来到裸嘎村，百姓开荒种地，以度灾年。他们以舞蹈动作再现彝族先民在农耕生产中买牛、犁地、耙土、撒灰、播种、收割、打场的劳动过程。劳动间歇，穿插着吸烟、喂奶等动作。后半段描写粮食喜获丰收，“撮泰”老人把大小仓库都装满了，惹戛阿布将酒洒在地上，向天地、神灵和粮食祈祷。第三部分是喜庆。舞狮人挥棍逗弄狮子，在场上翩翩起舞，祝贺粮食丰收。第四部分是扫寨。即扫火星，彝语叫“米夺秋”。惹戛阿布带领“撮泰”老人走村串寨，扫除灾难和瘟疫，祝愿人畜兴旺，五谷丰登。

模仿传统耕作场景

撮泰吉表演演员一般由 13 人组成,其中 6 人扮人物,3 人扮狮子,2 人扮牛,2 人敲锣打钹。6 个人物是山林老人惹戛阿布,做巫师装扮,不戴面具;阿布摩,彝族老爷爷,1700 岁,戴白胡须面具;阿达姆,彝族老奶奶,1500 岁,戴无须面具;麻洪摩,苗族老人,1200 岁,戴黑胡须面具;嘿布,汉族老人,1000 岁,戴兔唇面具;阿安,阿布摩和阿达姆之子,戴无须面具。据说原来戏中并无阿安出场,演出时只是用一个布包代替他,后来演出撮泰吉才加入了阿安这一角色,因为"戏演了这么多年,他也该长大了"。面具通常长约一尺,前额突出,鼻子直长,眼睛及嘴部挖出空洞,用锅烟涂为黑色,又以石灰及粉笔在额头和脸部勾出各种线条,黑白相间,极显粗犷、神秘、森严、古朴。表演中不戴面具者为山林老人或山神(2000 岁),是自然与智慧的化身。

戴白须面具的彝族老爷爷

综上可以看出,撮泰吉是一种古老仪式和传统戏剧形式。其主要内容反映人类从蒙昧状态逐渐进化,解放双手直立行走的神话故事。讲述本民族祖先创业、生产、繁衍、迁徙的历史。展现原始先民烧山林、开土地、刀耕火种、驯牛耕地,然后获得丰收的历史情景。演出中,对先民如何薅刨、收割、脱粒、翻晒、贮藏等生产过程,都做了粗犷的示意性动作描述。撮泰吉是一种具有民间信仰和祖先祭祀功能而成为当地民众祭祀祖先、祈愿人畜兴旺、风调雨顺的重要方式,它深深植根于彝族的生产、生活及历史文化之中,具有强大的生命力,从而被专家称为"戏剧的活化石"。

原始粗犷的美学价值

撮泰吉是傩戏大家族中的早期成员,它具有傩戏最突出的特征,即在表演上要戴面具,而面具是作为神灵来看待的。撮泰吉是一种古老的戏,其面具浸透了一种原始的积淀,前额突起,鼻子直长,以明显的猿猴相勾勒了先民的印记。没有眼珠和牙齿,只在相应的部位剜出孔穴以表示眼睛和嘴巴,没有眼珠的空洞,似乎能穿透千年的岁月,人与神、生与死都变得模糊。简单、稚拙、怪诞是撮泰吉面具的整体风格。

撮泰吉的面具雕刻不分男女貌相,主要靠用戴胡须和用粉笔画不同形状的线条来区分角色的性别与老少。撮泰吉的每个面具主要是由白线纹饰的不同进行区分,有的或横或竖,或粗或细,有的做放射状,有的呈波浪形。

面 具

撮泰吉面具虽然没有经过精雕细凿,却显示出一种稚拙的美。撮泰吉面具的制作工艺非常简单,将杜鹃、漆树等硬杂木锯为一段约 40 厘米长的树段,一剖为二,按艺人的想象用斧子削劈成有鼻子的脸面毛坯,再用凿子凿出嘴、眼,一件白面的撮泰吉面具便算初具造型。然后以锅烟或墨汁涂底,再用石灰或粉笔画出白色斑纹,安上胡须,即告完成。面具色彩单一,不用油彩精心描绘,只用墨汁或烟锅随便涂成黑色,显得古朴厚重。

总之,撮泰吉完成了傩祭向傩戏艺术的初步过渡,是傩戏的雏形,是傩戏的低层次。但这种原始艺术具有原始粗犷之美,而且也具有戏剧发生学、艺术审美学和艺术形态学等多方面的研究价值。

省级非物质文化遗产

文琴戏

黔西县隶属贵州省毕节地区,位于黔中丘原向黔西北山原过渡的斜坡地带,长江水系的乌江上游左岸。黔西县城,是贵州地方代表剧种《黔剧》的发源地,是《黔剧》的故乡。这座古老而美丽的城市,始建于明洪武十五年(1382 年),酷似一朵莲花,雄踞城池内外的九座狮山相向逗趣,故有“九狮闹莲”之称。明末清初,战乱频仍,土城多废。清康熙四年(1665 年),吴三桂平定水西,改水西为黔西,始称“黔西城”。康熙五年(1666 年),知府王命来、总兵李如碧重修。后历任知州不断改建。

雍正四年(1726 年),知州陈德荣修城门,东曰“旭日”,西曰“宝成”。雍正八年(1730 年),知州鲍尚忠筑城四周土墙。乾隆七年(1742 年),知州冯光宿修西门城楼,史称“黔西锁钥”,又曰“水西保障”。城楼毁于 20 世纪 50 年代,现仅存西南城关第三小学一段。高约 12 米,长约 400 米,厚约 3 米。该城楼对于研究明清贵州军事、政治、边疆、移民、城市建设和民族关系史具有非常重要的作用。厚重的历史发展轨迹成就了黔西丰富多彩的民族文化,文琴戏便是在这样的历史环境中应运而生了。

文琴戏活动地点——武庙(李小毛 摄)

文琴发展史

文琴,原名扬琴,亦称贵州琴书、贵州弹词。关于文琴何时、何地传入贵州乃至黔西,虽然说法不一,但是大体倾向于从扬州传入这一说法。据《黔剧史话》载:“清代实行改土归流,更加密切了先进地区汉族与贵州各民族人民之间经济、文化交流,这就必然带来外来的文艺形式,曲艺形式的文琴也随之进来”;从“广陵重奏,盘舞先登”题词可以看出,广陵(即扬州)之曲的流传,是最早提出贵州扬琴源于扬州的一种说法;又据秦枫的《黔剧音乐的继承和发展》文载:“扬调、二板与江浙的丝弦曲律结构、调式、调性上类同。”从而也证明了黔西文琴与扬州有着密切的关系。而且清末黔西举人们也自称“江淮派”,说明扬琴与扬州有很大的关系;刘介尘老先生在《贵州戏曲初步探讨》中指出,扬琴是由扬州传来的,乾隆皇帝下江南,有一擅长昆曲的文士,制成扬琴,弹奏给乾隆听,大受嘉奖,以此盛行于扬州,因此大家叫它扬琴。扬琴进入贵州,应从贵州科举最为盛行的清代算起,由上京应试或游学的文人学士带回。传入黔西的时间，刘先生指出：清代乾隆年间，贵州黔西李世杰在朝为官，任四川按察使和兵部尚书等要职。他爱好民间音乐，在安徽时，曾建有中江书院，常邀人在院中为其表演（安徽扬琴）。乾隆五十五年（1790 年），李世杰告老还乡时，曾带回一帮琴师和大量的乐器，其中就有扬琴。由此推算，扬琴进入贵州乃至黔西已有 200 多年历史了，扬琴传入之初，只是在士大夫文人之间流行，称为“文人雅士之乐”。光绪九年（1883 年），贵阳出现了王石青、蒋发三、丁小瑞结成的“三友社”，开始在茶馆内的雅座弹唱。以王石青为代表的扬琴弹唱艺人，潜心钻研，博采众长，吸收了本省和外地民间戏曲音乐的长处，逐渐形成较为完整的地方曲艺——贵州琴书。光绪十一年（1885 年），黔西成立了以张益哉为首的“文音俱乐社”，专唱贵州琴书和编写剧本，在黔西很有影响。贵州琴书从传入之初的文人雅士之乐，经过 100 多年的演变，逐渐成为市井之乐，成为受大众喜爱的一种曲艺形式。民国初年，军阀混战，贵州琴书一度衰落，弹唱扬琴艺友组织的“转转会”或“家庭娱乐会”，使贵州琴书的生命得到了延续。到 1922 年，贵州琴书才又出现在茶馆，黔西的“文娱茶社”有李鼎丹、张少安、黄有余、封炳昆、李少之等人在弹唱，也曾兴旺一时。1943 年抗战后期，贵州琴书又遭厄运，艺人们流离失所，作为活动中心的贵阳、黔西等地都断了弹唱。中华人民共和国成立后，贵州扬琴才得以复苏，1952 年冬，贵州黔西县的扬琴爱好者排练《百日缘》《搬窑》，并在舞台上演出，取名“文琴戏”，震动了整个县城，这次演出标志着文琴戏的诞生，为文琴发展为文琴戏乃至黔剧奠定了基础。1954 年 4 月，文琴戏的第一个剧团，贵州省黔西县业余文琴剧团成立。1956 年 5 月，文琴戏的第一个专业剧团黔西县文琴戏团成立，标志着文琴戏发展到一个新的历史阶段。嗣后几年，在贵阳及所属县，文琴戏专业和业余剧团像雨后春笋般迅速发展。1960 年，徐肖三、张志溥、陈本邦、谭白奎、欧阳义等人组织了“业余文琴剧宣传组”。2001 年，林泉镇退休教师黄得俊，文琴爱好者张子宏等 9 人组成了文化室，进行文琴坐唱。2004 年，县城内文琴玩友刘兴国、周光临等为续承地方文化，自筹资金成立“水西业余文琴社”，活动地点在刘兴国家中，刘兴国、陈启会、王世举、喻兴发等都是由前辈邓小

文琴戏演出服装

宗、徐肖三、封炳昆、李少之、黄有余、魏绪文、颜少昆等传授。2007 年 3 月，由文化部门主导，“水西业余文琴社”更名为“水西文琴社”，活动地点在省级文物保护单位武庙，玩友老、中、青三代人有刘兴国、周光临、陈启会、王世举、喻兴发、查泽明、董天祥、徐儒鑫、甘世康、杨清安、陈兴汉、聂庆华、游汝仙、杨继明、郑光跃、邵继权、海万聪、李淑芬、刘铁军、李之纯、张志红、徐小凤、谭丽、颜学开、谭红艳、颜克秋等。从此后至今，文琴戏受到政府和广大民间爱好者的重视，稳步向前发展。

文琴戏主要内容

文琴戏是黔剧的前生，是贵州说唱艺术“扬琴”，即“贵州文琴”，因以扬琴为主要伴奏乐器而得名。这一曲艺形式始入贵州时，曲调只有“扬调（月调）”“二板”“三板”，称为老三腔，伴奏乐器也只有扬琴。文琴戏本是自外乡传入的曲艺形式的坐唱琴书，但经过 200 多年的发展，吸收了贵州本地戏“贵州梆子”“贵州弹词”等姐妹艺术的养分，与黔西的方言土语、小调、花灯、民风民俗等融合，形成了自成一体的声腔，超出了单一的琴书体，分出了人物的行当，形成了联曲等戏剧因素，在阡陌小巷、茶馆酒肆之间流传。到了 20 世纪 50 年代，黔西文琴爱好者根据其琴声文雅、唱词唱腔委婉动听的特点，更名为“文琴”，依传统唱本改编排演，并搬上了舞台。

文琴戏语言朴实亲切，音乐唱腔清丽婉转，优美动听，经过数十年不断地摸索实践，在理论上确立了文琴音乐向板腔体发展的方向，逐步在扬琴传统唱腔（月调、二板、苦禀、二黄），以及新腔（反调）中建立各种板式，形成了文琴音乐的基本唱腔、伴奏乐器、锣鼓和乐队建制，基本实现了曲艺韵到戏曲音乐的质的改变。另外，文琴戏还吸收了贵州梆子的曲牌音乐及贵州省少数民族音乐素材为特色音乐，内容更加丰富多彩。文琴戏现在的唱腔有清板、二板、三板、月调、苦禀、二黄、二流 7 个固定腔板。同时还有联曲体，如，勾调、马头调、寄生草、四季相思、半边月、欢杨调、六六板、满江红等 30 多个曲调。伴奏乐器除扬琴外，加入了月琴、二胡、琵琶、箫、笛、笙、鼓等。且其伴奏以“让字跟腔”为特点，又称“托腔不托字”或“偷音”。即演唱字腔时，主奏乐器轻奏，其余乐器停奏或轻奏，演唱至拖腔时则先后加进烘托气氛，其意在于把唱词突出，易于听清，从而显示出自然的音乐效果。

文琴戏题材广泛，故事内容丰富，既有历史故事，神话传说，又有民间生活写照。剧本类型多种多样，有悲剧、喜剧、正剧、闹剧、悲喜剧等。琴书唱本的体例，是由韵文、散文两种文体交织组合而成的一种说唱文学，以散文说白，韵文歌唱，大多由丑角唱词。一般以第一人称代言体为主，夹杂第三人称叙述表现人物和故事，每出曲文的结尾，多用第三人称或演唱者以叙述的口气来唱，或解说作结束。

2014 年 7 月，由贵州省黔剧院赵子强老师担任总导演，武打设计张艺能、赵启祥老师，声控指导王章兰老师等老一辈艺术家联合打造的大型文琴戏《水西轶史》在毕节等地演出时，获得了巨大成功。该剧所有演员均为黔西本地彝族儿女，在排练这部剧之前，大部分演员均为普通群众，没有任何文琴戏基础，但是经过两个多月的不断努力，每一位演员都达到了专业演员水平。“演员们全部是业余的，这一次的确很难为他们，每天练功、排练一身臭汗，台上一分钟，台下十年功，在短短的两个多月当中，能够演好角色，能够取到今天的成绩，我觉得很不错的。”赵子强导演如是说，当然，这其中也离不开老艺术家们的辛勤付出。

《水西轶史》是中国历史上继黔剧《奢香夫人》之后，又一台以民族团结为主题、以吴三桂剿水西为题材、以水西文化为背景、以文琴戏为艺术表现形式的大型精品剧目。该剧史料真实、故事生动，人物众多、个个有戏，文武兼备、场场精彩，文戏情浓、武戏出彩，是一台集唱、做、打、舞等综合艺术为一体的精品力作。整台剧目分为逼反、血示、重聚、分道、鹃红五场，每场戏都具有风格化，第一场热烈、恢宏，第二场惨烈、悲壮，第三场凝重、悔恨，第四场机趣、激烈，第五场团结、和谐，整台大戏浑然一体，再现了水西恢宏悲壮的历史，展示了黔西的民族民间文化，维护了边疆民族团结，促进了伟大祖国统一，是一部彰显宏大历史主题和追求时代精神的精品力作。文琴是地方剧种，保留了具有地方特色的文化。地方特色文化一般主要体现在艺术上，而代表艺术的最高形式则是戏剧，一个地方，如果有自己特色的戏剧，且这个戏剧的演出水平高，那也可以看出这个地方的文化氛围和文化程度之高。观看完《水西轶史》后，笔者采访了赵子强老师、杨义平老师和赵启祥老师，他们都希望能在有生之年，致力于黔西文琴戏的发展，希望能让文琴戏得到普及，赵子强老师说“因为热爱文琴，喜欢文琴，所以希望它能一代又一代传承下去，最起码在黔西这个发源地能一代又一代地传承下去。文琴戏发源于黔西，没有黔西县的文琴戏，就没有今天的贵州省黔剧院，黔西县目前在致力于传承文琴戏，现在已有两个乡镇与贵州省黔剧院取得联系，挂牌成立‘文琴戏传承基地’。基地建立后，黔剧院的老师就会教乡镇的音乐老师文琴戏表演，再由他们教小学生唱，希望能通过这样的方式，将文琴戏传承下去”。

采访三位老师（李小毛　摄）

文琴戏特征

（1）戏剧性。戏剧性是把人物的内心活动（思想、感情、意志及潜意识等）通过外部动作、台词、表情等直观外现出来，直接诉诸观众的感官。它是戏剧艺术审美特性的集中体现，是戏剧之所以为戏剧的基本因素的总和。亚里士多德曾在《诗学》里说“戏剧性存在于人的动作之中，戏剧性就是动作性”。而在文琴戏中，精彩的武戏便是一大看点。比如，《水西轶史》中的武戏打斗部分，双方短兵相接，进行生死搏斗，彝族儿女誓死捍卫家园的精神全部通过动作表现出来。另外戏剧性通常和冲突联系在一起，矛盾冲突越紧张越深刻，戏剧性则越强。一场好的戏剧，往往具有比较深刻的矛盾冲突，给观众以深刻印象。文琴戏往往与当地独特历史事件相结合，在表现矛盾冲突方面，独具特色。

（2）音乐性。文琴戏音乐唱腔清丽婉转，优美动听，与黔西的方言土语、小调、花灯、民风民俗相融合，形成了自成一体的声腔。另外，融入贵州省少数民族音乐素材为特色音乐，在形式上，形成了板腔体与联曲体共同运用的特殊音乐唱腔形式，为板腔音乐提供无限丰富的曲调来源。伴奏乐器除扬琴外，还加入了月琴、二胡、琵琶、箫、笛、笙、鼓等。观看一场文琴戏，就像聆听一场音乐盛宴，虽然剧终，散场，音乐却仍萦绕耳畔。

（3）文学性。戏剧的文学性主要指戏剧剧本所具有的文学属性，一是指戏剧剧本在语言文字上的文采，以及文学语言的特性体现；二是指戏剧剧本是否具有与其他文学体裁一样的深刻、广泛地反映社会生活的思想性。文琴戏题材广泛，故事内容丰富，既有历史故事，神话传说，又有民间生活，情节跌宕起伏，深刻反映民间疾苦，以及少数民族儿女不畏艰辛勇于奋斗拼搏的精神，并且每一个剧本都经过精雕细琢，语言细腻，堪称经典。

乐器老师（李小毛　摄）

（4）综合性。文琴戏作为一门说唱艺术，通过口头文学、舞台展现、音乐、美术、服装道具等表演形式展现故事情节，集说、唱、舞、打于一体，具备综合艺术体系，是一门综合性的戏剧表演。

（5）地域性和乡土性。地域性，是中国戏曲所特有的。这与中华民族的共同语——汉语，有着密切的关系。由于地域的特殊性，各个地区都有自己独特的方言。地方方言包括语音、语汇和语法三方面，这三方面在戏曲中共同体现着当地的乡土文化和独特的生活风貌。文琴戏将黔西方言融入其中，使其具有明显的地域特征以及浓郁的乡土气息，并且经过文琴玩友几代人的发展，文琴戏还吸收了贵州本地戏“贵州梆子”“贵州弹词”等姐妹艺术的养分，以及其他戏曲和民间音乐，糅合变化，特别是与黔西的方言土语、小调、花灯、民风民俗相融合，形成自成一体的声腔，使得文琴戏地域性和乡土性文化特色突出。

(6)发展性。文琴戏是在不断地传承和发展中演绎的，适时加入新鲜题材，注入新的理念，吸收优秀的元素，是不断发展变化的。

文琴戏的价值

首先，黔西文琴戏是黔剧的前身，文琴戏的前身是曲艺形式的坐唱琴书，是贵州的地方剧种，其植根于黔西的历史文化中，起到了确认文化身份的作用，具有民间戏剧艺术所涵盖的价值。其次，文琴戏题材广泛，故事内容丰富，思想深刻，表演形式复杂多样，且从最初的扬琴戏传入贵州，文琴戏不断吸收了地方方言，幽默、诙谐，艺术形式的固定化加上地方方言土语，形成其独特的演唱艺术魅力，具有较高的文学和语言学研究价值。再次，文琴戏从最初的扬琴传入贵州、黔西，在不断地吸收本地音乐元素后发展成为黔剧，这一过程也恰恰是一部黔西传统戏曲的演绎史，研究文琴戏的发展史，可以看出黔西风云变迁的社会发展历程，具有非常重要的历史价值。另外，文琴戏还具备一定的社会学价值，对文琴戏的保护与传承，对于提高黔西县的精神文明建设，构建社会主义和谐社会能够起到积极的作用。最后，文琴戏玩唱有利于人们精神世界的追求，表现了在这一区域内生活的群体对这一文化事象的认同，在潜移默化中形成约定俗成的人们的精神食粮，形成了少数民族地区独具特色的戏剧演唱形式，具有人类学和民俗学的价值。

文琴戏发展状况

从 2001 年以来，文琴戏又在黔西境内的城关地区、林泉、素朴等乡镇再度兴起，但是受到现代化进程中强势文化的冲击，文琴戏所拥有的一席之地日渐衰微，仍然处于濒危的边缘。如今精通传统的基本的曲调，以及常用小调，曲牌及传统伴奏方式的艺人年事已高且屈指可数，而有兴趣学戏的年轻人又少之又少，一旦几位老人谢世，就会面临失传的危险。另外，文琴戏曲目内容不能适应现代人的审美需要，也是造成濒危的重要原因。近几年由政府主导，成立水西艺术团，旨在培养地方文艺骨干，黔西县文化馆和艺术团意向性的培养文琴戏演唱人员，此举对文琴戏的传承发展作用巨大。目前黔西县也已成立了黔剧协会和水西文琴社，对该剧种进行保护和发展，并着重培养传承人。与此同时，黔西县政府和黔西县文化主管部门积极组织专家、学者对文琴戏的有关研究资料、传统曲目、文献、实物、照片、音像等作了系统的收集和整理，建立了一个对外的陈列室。黔西县文化主管部门为了让文琴戏活动有一个固定的场所，使之得到更好的发展，还把省级文物保护单位武庙无偿给予水西文琴社使用，每年拨出适当的资金给予日常活动的补助，使物质文化遗产和非物质文化遗产有机结合，既充分利用了武庙，又使珍贵的文琴戏得到有效传承，并且编制《花都文琴戏》《黔西文琴戏》等宣传册对文琴戏进行广泛的宣传。如今，对“文琴戏”的内容、艺术形式，以及文化事象进行全面系统准确地保护显得尤为重要，其中，保护有重大影响的代表性传承人是第一要务，同时，加强对传承人的培养，特别是注重在青少年中形成传习自觉，培养广大青少年的兴趣。此外，还需对文琴戏的口传心授文化进行普查，通过收集、记录、分类、编目等方式建立科学的档案妥善保存，为研究文琴戏的文化内涵提供翔实的素材，利用多媒体、电视、广播、报刊等记录和宣传，使文琴戏家喻户晓。

武庙内部摆设(李小毛　摄)

花灯戏(黔西县)

黔西花灯戏，是黔西北地区花灯的代表，是一种民间自娱自乐、载歌载舞、有说有唱，并带有戏剧、杂耍等综合性质的表演艺术形式，表演时手不离扇、帕，唱与做紧密结合，灵活运用各种手法，以及耍扇、耍帕等技法，具有形式清新活泼的艺术特色。花灯表演艺术形式在黔西县域的城乡普遍流行，尤其是城关镇申家坝村钱氏花灯和素朴古胜花灯最具有代表性。黔西花灯具有悠久的历史，丰富的内容，独有的特征和重要的艺术价值。

历史溯源

花灯是植根于中华民族传统文化之中的一朵艺术之花，是广泛流行于汉民族之中的一种戏曲艺术形式。

关于花灯的起源时间。没有确切的文字记载，广为流传的一种说法是，唐朝兴戏，宋朝兴灯，流行于贵州各地的灯词："正月里来正月正，主家请我还愿灯，不唱灯来不知情，提起灯来有根生，唐朝年间兴唱戏，宋朝年间兴唱灯。"虽然此说法无从考证，但从唱词内容可以看出宋朝年间既已开始流行唱灯了。另一说法，花灯起源出自进贡茶中的歌舞，也只是民间传说，无从考证。

据《贵州文化志》记载：明王朝建立后，为加强其统治，实行"调北征南"。贵州的卫所大部分设于明洪武年间，花灯随着移民涌入而进入贵州，花灯自明初传入后，盛行于清康、雍、乾、嘉时期。清康熙二年（1663 年）的《平越直隶州志》有"城市弱男童崽饰为女子装，群手提花篮灯，假为采茶女，以灯作茶筐，每至一处，辄绕庭而唱《十二月采茶》之歌"。那时，花灯以民间歌舞的形式存在，而贵州花灯戏是清末民初在民间歌舞基础上发展起来的，之后受外来戏曲影响，发展为演出本戏。

历史资料中的花灯表演

关于花灯的起源地。据《花灯史话》载："贵州花灯艺术是源于中原，而又不同于中原，它是一枝具有深厚乡土气息的艺术花朵。"这就证明花灯进入贵州后，吸收了贵州的方言土语、乡风民俗、山野曲调等。曲目多取材于农村生活故事和民间传说。这期间，花灯的表演形式不断发展。早期的花灯歌舞（俗称"地灯"）：一丑（唐二），一旦（幺妹儿），各执花扇手帕，舞时不唱，唱时不舞发展成大型花灯歌舞的艺术形式。黔西花灯在花灯歌舞上加入故事情节发展而成，形式复杂的花灯戏；花灯音乐（俗称灯调、灯曲），也由单一的地灯音乐"二小戏"歌曲连接体形式，发展为结构较为复杂，具有板腔雏形和曲牌的戏曲性"台灯"音乐，形成了以"九板十三腔"为代表的曲牌连接体体制；花灯小戏角色也由"二小（小丑、小旦）"发展到"三小"（加入小生）打破了原来"二小"那种喜剧性角色体制而多为正剧与喜剧相结合的角色体制；到了民国年间，黔西花灯舞蹈动作由原来的耍棍弄棒花拳绣腿发展到加入真正的武术，在"破五方"名目中，有"八卦夺刀""徒手夺刀”等武功表演。

丰富的内容

黔西花灯是社祭赛会活动的自娱形式，是吉祥、幸福的象征，是山乡人民古朴的心愿和纯真感情的颂歌，他们的欢乐、痛苦、纯朴善良的品格和美好的希冀，都在花灯中得到表现。花灯在一定意义上满足了宗法社会里农民的审美情趣和伦理要求。

在武庙前排练花灯戏

花灯的组织称作灯班，是爱好者的自发组织，每个灯班人数为5~9人，大型灯班可达20余人。无论灯班大小，都必须有“文角（男扮女装幺妹儿）”1人，“武角”唐二1人，打岔老者1人（不时插科打诨，风趣逗人）。若演折子戏，演员需按角色配齐。“聊白”是贵州花灯表演中塑造的特定人物——唐二的道白，唐二聪明风趣，诙谐狡黠，聊白用顺口溜式的韵白文体，说南道北，东拉西扯，出口成章，随口道来，妙趣横生，还可与观众交流互动，同欢同乐。唐二聊白是春节玩灯的一个表演程式，主要功能在于活跃气氛，愉悦观众，其受欢迎的程度，仅次于玩灯。唐二已成为传统花灯表演最受人喜爱不可或缺的角色。

黔西花灯歌舞曲调欢快，舞姿优美，程式套路舞蹈动作边鱼上水、二转半中的：纺棉花、顺水推舟、簸箕圆、怀中抱月、苏秦背剑，接下来的剪刀叉、犀牛望月、黄龙缠腰、膝上栽花（大栽花、小栽花）等，动作规范，独具风格，自成一家，确立了黔西花灯在黔西北地区代表地位。黔西花灯老艺人钱巨星曾在贵州首届花灯大赛上表演的《上课路上》获得“花灯王”称号，在全省范围内有较大的影响力。

花灯戏的唱腔分两类，一类是略具雏形的板腔，艺人称其为“灯戏调子”；一类是曲牌，艺人称为花调子。在一出戏中，板腔和曲牌可混合使用，形成一种综合体制。板腔的板式较为单一，只用若干个上下句反复演唱，最后用一个“收腔”结尾。

黔西花灯主要使用筒筒（丝竹类乐器）、月琴等弦乐及锣、鼓等打击乐器伴奏。演出时双手执折扇和手帕，灵活运用各种步法及耍扇、耍帕等技法，形成清新活泼的艺术特色。花灯名目一般有五种，点灯（化装上街演唱）、庆贺灯（结婚、上寿、乔

优美的舞姿

迁、上梁、小孩剃头时唱)、太平灯(春节贺新年和平时唱)、送子灯(没有儿子的人家,接灯班唱灯,祝贺早生贵子)、还愿灯(许愿的人家如愿以偿后,唱灯还愿),后两种灯都带有迷信色彩,中华人民共和国成立后很少采用了。演出的程序一般有九项,即跑报、说春、打扫财门、参神、踩华堂、破五方、吹白、出台和唱灯调。花灯传统曲目有《三人讨亲》《小姑梳头》《王婆学鸡》等;新编现代曲目有《走妹家》《比翼双飞》等。

艺术特征

(1)黔西花灯戏是广泛流行于汉民族中的一种民间戏曲艺术形式,是由原始地灯演变而来,随之而发展成今天的花灯戏,大型花灯歌舞等艺术表现形式。

(2)其突出特征是双手不离扇、帕,载歌载舞,唱与做紧密结合,灵活运用各种手法及要帕、扇等动作;程序中的“破五方”加入了武功表演;音乐曲调“桐梓树”的唯一性;舞蹈独特的程式化;衬词运用等艺术表现形式。

(3)在花灯戏里,灯(歌舞)是戏的基础,戏是灯的发展,灯中有戏,戏中有灯,灯戏相融,相得益彰。

(4)花灯歌舞具有雅俗共赏的艺术魅力,并且深深植根于广大群众之中,是城乡人民喜闻乐见的民间艺术形式。

艺术价值

(1)戏剧学价值。黔西花灯,是黔西城乡广为流传的一种艺术形式,有舞帕、挥扇、唐二的“聊白”、顺口溜等绝活。其音乐轻快活泼，幽默风趣，具有浓郁的地方气息，在农村有极强的生命力，作为民间自娱自乐的田园艺术，具有雅俗共赏的魅力，有很深的群众基础，是民间艺术中的瑰宝。其植根于黔西的历史文化中，起到了确认文化身份的作用，具有民间戏剧艺术所涵盖的价值。

（2）文学价值。黔西花灯戏题材广泛，故事内容丰富，既有历史故事，神话传说，又有民间普通百姓的生活写照。有悲剧、喜剧、正剧、闹剧、悲喜剧。唱本体例可说是由韵文、散文两种文体交织组合而成的一种说唱文学，具有很高的文学研究价值。

（3）历史学价值。黔西花灯从最初的原始地灯表演形式传入贵州乃至黔西，不断地吸收本地音乐元素最后发展成为今天的花灯小戏、花灯歌舞的过程，也正好是一部黔西传统戏曲的演绎史。研究黔西花灯的发展史，无异于研究黔西历史文化的风云变迁和社会发展历程。

（4）社会学价值。黔西花灯是现存的活态的传统戏曲文化，是传统文化的突出表现形式，活动中具有精神、信仰的价值取向。保护和发展好花灯，对于研究黔西的传统文化、精神文明建设、社会主义新农村建设和构建和谐社会有着积极的作用。

（5）人类学、民俗学价值。花灯在农村有极强的生命力，作为民间自娱自乐的田园艺术，具有雅俗共赏的魅力，利于人们对精神世界的追求，同时，表现了在这一区域内生活的群体对这一文化事象的认同。在潜移默化中形成约定俗成的人们的精神食粮，在一定意义上满足了宗法社会里农民的审美情趣和伦理要求，有很深的群众基础，是民间艺术中的瑰宝，具有人类学、民俗学和戏曲研究上的价值。

（6）语言学价值。黔西花灯从最初的中原原始地灯传入贵州乃至黔西，不断吸收了地方方言，幽默、诙谐，艺术形式的固定化加上地方方言土语，形成其独特的演唱艺术魅力使之具有语言学方面的研究价值。

阳戏（黔西县）

太来乡属黔西东部古驿道之咽喉，地处黔西县东部边陲，即金沙、修文、黔西三县交界的野济河畔。东隔野济河与金沙县化觉乡、修文县六桶乡相望，南接素朴镇，西连协和乡，北与中坪镇、花溪乡毗邻，全乡有 1/2 的乡界沿河，全乡辖区面积

100.3 平方千米，距县城约 50 千米。太来乡辖 13 个行政村，1 个居委会，184 个村民小组，7428 户，29861 人，少数民族人口约占总人口的 33.7%，以彝族、苗族居多，同时还有满、白、仡佬等民族，少数民族文化氛围浓厚。其中，太来阳戏传承历史悠久，具有很高的民俗传统文化内涵。

阳戏属于傩戏，是中国傩文化的载体。傩戏的历史可以上溯到文字形成前的母系社会，迄今已有数千年的历史，是一种最古老、最原始的戏种。据《辞海》载："傩戏……由驱鬼的傩舞发展而成……演出时多戴面具，故又名'师公脸壳戏'，表演动作一般较简单原始。音乐大多以锣鼓伴奏，人声帮和，故有的地方又称'和合腔'"。阳戏作为傩戏的一个品种，对其既有继承又有发展。它秉承傩戏驱鬼逐疫、祈福禳灾的傩本质，发展过程中又自觉吸收更多的娱乐成分，很大程度上趋向民间曲艺形式发展方向。民间根据其功能把傩戏分为"阴戏"和"阳戏"。以酬神和驱邪为主的叫"阴戏"，以娱人和纳吉为主的叫"阳戏"。"阳戏"是傩戏系统中戏剧表演因素更趋完备的剧种，主要流行于湖南西部、四川酉阳、湘黔及湘鄂交界地区。在黔西县境内，则主要分布在地处东部太来和素朴一片的区域内。

阳戏全称是"舞阳神戏"，简称"阳戏"，即在祭祀仪式中进行若干戏剧性表演。举行阳戏神祀活动，一般先叩许信愿，然后再还愿，因而叫"还阳戏"，又称为"愿戏"。阳戏分为内坛和外坛，内坛主要是做法事，外坛主要是唱戏。阳戏内坛二十四戏，即二十四坛法事，为"迎神、酬神、送神"仪式。外坛二十四戏，主要是戏剧表演，常演的剧目为赐福戏、贺寿戏、仕进戏、婚娶戏等。

阳戏在我国西南地区广泛流传，影响深远，关于其产生的时间和地点问题一直以来备受学界关注，关于阳戏的具体形成日期，典籍中无从稽考，但从文献看，最早出现的"阳戏"是明正德江西《瑞州府志》："阳戏，傀儡戏剧也，民或从而神之。执而弄者曰'棚戏'，挚而弄者曰'提戏'，谓之'还愿'。"关于阳戏的得名，有两种说法，一是认为阳戏是种田人、种阳春人演的戏，艺人大多是农村农民，并且长期在农村演出，所以称之为"阳戏"。另一种说法是因为傩戏与阳戏同班演出，傩戏是为娱乐鬼神而演，故称"阴戏"，阳戏显然也有还傩愿的酬神演出，但在庭前扎台唱阳戏，主要是娱人，故称之为"阳戏"。

阳戏表演过程

黔西阳戏崇拜与傩戏息息相关，大多祭中有戏，戏中有祭，即通过傩祭酬神驱逐疫，再以戏娱神戏娱人，戏由祭祀。阳戏又称傩堂戏、端公戏，是在民间祭祀仪式基础上吸取民间戏曲而形成的一种戏曲形式，阳戏开演前要举行简单的“开坛”仪式，仪式以吹牛角、起水碗为标志。在民居的一块空草地上，表演者戴上各种狰狞的面具，穿上奇特的服饰，摆上古老的图腾和神相，再以怪异的动作，令人无法理解的言语，在充满神秘的气氛下，开始敲打乐器 ，辅之以原始的歌舞。在黔西太来阳戏表演中，表演者所戴的面具是宗教与艺术相结合、酬神和娱人相结合的原始戏曲形式的一种载体，是阳戏的重要标志。早期阳戏演出都要戴面具，至近现代，逐渐演化为涂面化装表演，只有个别地方的演出仍戴面具。阳戏面具种类丰富，角色众多。根据其用途上分为坛祭祀仪式面具和阳戏表演面具两大类；在面具造型上，注重人物性格的刻画，从造型的角色上可分为男、女、老、少、文、武、丑 7 种类型，以及正神、凶神、世俗面具、丑角面具、牛头马面等。阳戏面具开脸色彩多采用棕、红、橙、黄、绿、蓝、紫、灰、白、黑 10 种颜色。每种颜色代表着不同的象征意义，通过颜色的深浅可以判断出性格的角色特征。比如红脸多为忠勇刚直，青脸多为凶恶骁勇，粉脸多为英俊潇洒，绿脸多为力大勇猛，而面具的人物也是丰富多彩，有历史故事中的人物亦有神话传说中的人物，以及民间传说中的伟人。阳戏人物面具多以白杨木制成，在艺术特征上呈现很强的写实性，造型上趋向于世俗化、地域化、民族化和脸谱化，充分体现出阳戏面具的艺术魅力。

涂面化妆表演

太来阳戏，早先叫“杨花柳”，为民间艺人行乞或风尘女子卖唱糊口的表演。阳戏在演出时先要到庙中祭神，演员穿上戏装，戴上面具，绕山村一周，要村民设置祭品，接神纳吉。戏角人物有杨戬、土行孙、二郎神等封神人物。艺术上并不讲究，演唱的曲调大多是弋阳腔和神曲的结合，只有打击乐伴奏，唱时有人帮腔，简称九板十三腔。在太来乡，人们在丰收、婚嫁、做寿、过年过节等喜庆日子，或者遇到天灾人祸时，只要经济能力许可，都会出钱聘请法师做傩仪法事、表演傩戏来赶鬼驱邪和娱乐乡亲 ，一般祭祀为文戏，还愿为武戏。主要祭祀“三圣”即川主、药王、土主。

表演前先拜祭

太来阳戏，凝聚着丰富而深厚的文化基因，具有强烈的民族精神、地方色彩和民俗意味，同时也体现着深层的民族文化心理，具有丰富的文化价值。阳戏形成于少数民族地区，艺人中亦有不少来自少数民族，少数民族的一些艺术形式，也给阳戏的艺术发展带来影响。土家族的“打溜子”、苗族的歌舞，以及其他少数民族的民歌情歌、民间故事等都给阳戏剧目增添了特别的地方色彩和民族风情。黔西阳戏和贵州各民族傩戏、傩文化被学术界誉为“中国原始文化的活化石”“中国古文化的活化石”及“中国戏剧文化的活化石”，并以其丰富的文化内涵和多学科的学术和审美情趣给人以美感。

但是，太来阳戏虽然得到了一定的发展，但仍面临着一系列的发展困境。一方面，阳戏艺人年龄普遍偏老，再加上年轻人大多外出务工，学习阳戏的机会少，且大多数年轻人不愿意去学习阳戏这一重要的民间艺术文化，导致阳戏传承后继乏人。另一方面，传统阳戏文化流失严重，剧本丢失现象有增不减。这主要是因为表演阳戏的老一辈艺人大多文化程度不高，缺乏对阳戏剧本的文字材料整理，阳戏靠的主要是口传心授等方式，一些老艺人年事已高，记忆力衰退，对于剧本内容的可控性较弱，一些优秀剧本在传承过程中难免出现偏差。

针对以上所提出的若干问题，我们应及时采取切实可行的保护措施，使这一民间艺术文化得以继续传承下去。

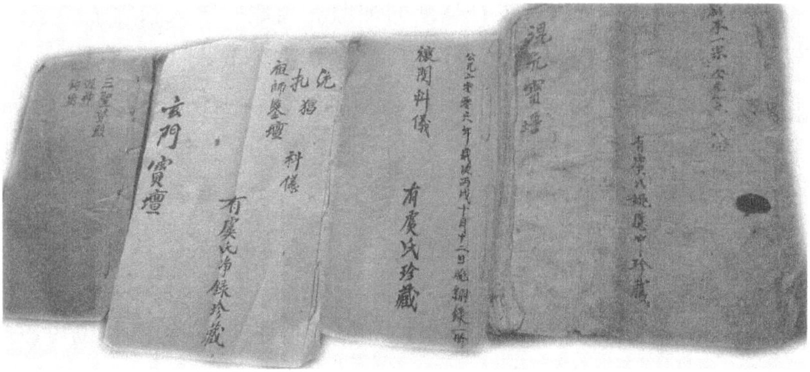

古老的剧本

端公戏

长坝乡位于金沙县境东部中区，距县城54千米，东西长15.54千米，南北宽12.86千米，总面积105.33平方千米，居住着汉、苗、布依、彝等民族，全乡总人口21794人，其中少数民族1334人，境内森林茂盛，山清水秀。长坝端公戏主要分布在长坝乡境内，邻近的沙土镇也有少数艺人参与长坝端公戏的演出。但沙土艺人很难独立演出，即使沙土镇当地有人请演端公戏，也必须依靠长坝艺人的出演。反之，长坝乡有人请演端公戏，也必然需要沙土艺人到场，各行当才较为完整。因而端公戏分布区域应为长坝和沙土两个乡镇。

端公戏最早起源于江西龙虎山，后传到四川鹤鸣山、青城山，于明朝末年传入贵州黔西县辖的岩孔、马场（今金沙县岩孔镇、禹谟镇马场村），该村敖文焕老人的祖辈就是到马场罗海峰家学艺后回到昆仑后将之发扬光大，使得端公戏在昆仑得以流传200余年。

长坝端公戏又叫庆坛神，庆坛神又分文坛和武坛，文坛与武坛的区别是：文坛是为亡人做道场，即从人死到入葬的全部祭奠仪式；武坛即是唱端公戏。文坛是忧事，武坛是喜事。

武坛的种类很多，根据雇主的需要，分别为庆赵候坛、师嬢坛、兜兜坛，祖宗坛、老鹰坛等。各种坛分别由若干折子戏组成，不同的坛会出不同的折子，不能混淆。这里90%以上的人家都是请庆赵候坛。现在昆仑村供销社的这一片房屋，就是几十年前香火不断的坛神庙，庙里供有赵候的神像。当地一般人家为了还愿（如子女得以升学，病人得以痊愈，老人高龄寿诞等）都会请端公戏来庆坛还愿。

长坝端公戏的演出无须固定的舞台，到了哪家，就在哪家的堂屋或院坝，用一方桌设香案，在香案的上方挂上总真一幅、行神一幅、斗姥（读“mu”）一幅，再在侧面挂上三空一幅、星主一幅，场地就算布置好了。

伴奏主要是打击乐，有锣、鼓、铰（点子）、快板等；锣鼓点有冲头子、亮子、垮岩、扣扣板、战战子、文场、武场、锁兰支、将头柱等。

道白和唱腔都比较自由，道白时，未上场的其他师友可以答话，也可以在上场者高唱时跟着帮腔。唱腔有二黄、蝶恋花、道板、数板、九板十三腔等。

长坝端公戏除少数角色（如玉皇大帝）外，大多都戴着脸谱上场，脸谱有红色为主的灵官，黑白色的花脸，土黄色的土地，粉红色的太白星君，土黄色的捡斋和尚等。另外有12个口条（胡须），12个花冠，勒子12个，戏装（战裙、官衣）10套，以备角色选用。有的一人可演多角。演员上场根据角色需要可使用宝剑、鞭简、拐牛、马鞭子（手拿马鞭即代替骑马）、扇子等道具。

演奏——打击乐

长坝端公戏每一坛的演出都有其固有的程式，如较为常演的赵候坛，就分别由以下折子组成：①开坛礼请（即监坛下马或告灶）；②发碟；③招兵；④领牲；⑤大开砍（即亮路，可加花灯小旦）；⑥造枪、造洪山、禳星；⑦收兰蛇、打五台山；⑧收龟蛇；⑨黄河摆阵；⑩镇宅（即灵官扫台）；⑪捡斋；⑫送圣圆满。

长坝端公戏唱、做、念、打俱全，角色表演具有一定的程式，哪怕接连演出几天几夜，演员都不会忘记台词，有谚语说“道士无书是哄人，端公翻书笑死人”。足见端公戏的流传主要是口传心授，因此，这一古老的戏曲艺术能流传到今天已实属不易。

昆仑村高朝门组生于1937年的黄锡久老人，是长坝端公戏的领班人之一，他16岁开始学艺，26岁颁职（出师），他的师傅，就是本村的敖文焕。黄锡久老人精通文坛与武坛，他已传了三代徒弟。19世纪五六十年代，黄锡久等8位艺人曾应邀将长坝端公戏带到湖南岳阳、重庆巴县等地演出。2009年，长坝端公戏被列入贵州省第三批非物质文化遗产保护名录。

长坝端公戏流传至今已有200多年历史，漫漫历史长河中，它的幸存，不仅证明贵州省的傩戏分布还应包括黔西北，更具有重要的意义与价值。首先，长坝端公戏靠口传心授流传至今，并有一定的市场，受到当地群众喜爱，说明它具有一定的审美价值。其次，长坝端公戏的留存，证明了巴蜀文化对黔北文化的影响和互动。地方戏是我国早期戏曲的“活化石”，长坝端公戏的发现及进一步挖掘整理将为“活化石”一说提供又一强有力的佐证，作为一种从古老的祭祀活动演变而成的面

端　公

具戏，端公戏有着丰富的文化内涵，对了解中国戏曲的形成发展，具有重要参考价值。最后，“庆坛”在当地寓含着人们的精神、信仰，它是汉民族源远流长的儒释道文化在民间流传的具体体现，还涉及不同地域汉民族文化的传播和影响，具有民族学、民俗学研究的特殊价值。

但是，随着娱乐方式的多元化，长坝端公戏已很少能吸引年轻人的兴趣，观众群体在逐渐萎缩。而且，端公戏主要靠口传心授，时下年轻人大都外出务工，或在家忙于生产，无暇学习此道。再加上艺人们大都年事已高，若后继无人，长坝端公戏将随他们的逝去而消亡。2014 年，“庆坛”被列入第四批国家级非物质文化遗产拓展项目名录，这将有利于进一步保护和发展“庆坛”。

花灯戏（金沙县）

跳花灯是黔西北农村以汉族为主体的一种民俗活动，它的称谓很多，从表演者角度出发，这一活动被称为“跳花灯”“玩花灯”“逗花灯”和“唱花灯”；从观赏者角度出发，这一活动又被称为“接花灯”“追（念 lwei，意为‘撵’）花灯”，或者笼统地称之为“花灯”。这种主要在元宵节期间表演的民俗活动，至今仍然在黔西北金沙、黔西、纳雍、赫章、织金等地活态地存在着。其中，金沙县城关镇外寨村跳花灯活动尤为活跃。外寨村位于县城东北隅 6 千米处的山间田坎地带，属北亚热带季风区，年平均气温 20°C，海拔在 680~720 米，总面积 6 平方千米。全村居住着 466 户人家，共 1780 人。境内偏岩河及其支流泮水河于此交汇，蜿蜒流灌肥沃的田野，为外寨村的生产和生活带来了得天独厚的自然条件。历史上该地为水西管辖，如今属于毕节地区（黔西北），由于东面与遵义市（黔北）毗邻，到历史名城遵义仅 70 余千米，因此，其生活和风俗习惯深受黔北文化的影响，是黔北与黔西北的过渡和交汇地带。“花灯”这门广为流传的民间戏曲艺术形式曾在这里几度兴衰，它的形成经历了早期“社火”时期单纯祈福求神式的礼仪内容表演，到为人们有偿祝贺、还愿的初步具有商品化的以娱人为主的形式表演，再到有固定简单人物角色的小戏曲雏形，最后发展成为如今人物行当齐全的地方戏曲。

历史渊源

据传，元宵节打灯笼的习俗始于东汉时期。东汉明帝刘庄提倡佛教，听说佛教有正月十五僧人观佛舍利、点灯敬佛的做法，就命令这一天夜晚在皇宫和寺庙里点灯敬佛，令士族庶民都挂灯。此后，这种佛教礼仪节日逐渐形成民间盛大的节日。该节日经历了由宫廷到民间，由中原到全国的发展过程。唐开元年间，为了庆祝国泰民安，人们扎结花灯，借着闪烁不定的灯光，象征“彩龙兆祥，民富国强”，花灯风气从此广为流行。

现代花灯表演

花灯作为戏曲娱乐形式的起因，据说是源于唐朝时期唐王（具体哪位不详）做的一个梦。据说唐王在一天夜里梦见人们敲锣打鼓，载歌载舞，甚是欢悦，便问身边的人这是在做什么？身边的人告诉他是在玩花灯，唐王顿时就特别感兴趣，甚至很着迷。不知不觉从梦中醒来后，回想梦中“玩花灯”的情景，他觉得特别有意思，与其成天闷在宫中，不如也把宫里的人组织起来试着玩一玩，于是唤来一些文人按照他的意图编了些唱词，并扎了很多彩灯挂起来，一用于照明，二以此烘托气氛，然后叫其儿子扮演武角，年轻的妃子扮演文角，自己亲自按所梦见的情境进行编排，就这样，最初的花灯就在宫中玩了起来，后来，每年到元宵节宫里都张灯结彩，皇家还组织操办“玩花灯”欢度佳节。由于观看“花灯”的人越来越多，场面也越来越大，唐王更加欣喜，于是将排练演出地点改在梨园，让百姓也能观赏，自己也能与民同乐，共享盛世太平，更显王者风范。就这样，玩花灯这一艺术形式便在民间流传开来，并慢慢地形成了一定程序、套路和相关技艺。虽然此说法没有相关历史文献记载，并不可信，但是从中亦可看出，花灯是从宫廷起源，逐渐向民间发展起来的。

主要内容

金沙县外寨村花灯其主体属黔北花灯，但一定程度上也受到黔西北花灯风格的影响，其唱腔可分为两类：即略具雏形的板腔（即灯戏调子）和曲牌（即花调子）。当地比较流行的调子有梳妆调、五更调、踩台调、长调、十绣调、赶马调、怪调、湖南相思调、茶山调、麻城调等。其表演形式主要以文角和武角为主，其余灯友附和帮腔伴唱为辅，并以打击乐器和其他乐器伴奏或间奏。

男子装扮的"幺妹儿"

在金沙花灯表演中，文角又称叫"小旦"或"幺妹儿"，通常是由青年男子装扮。据贵州诸府州县志所记，跳花灯的幺妹这一角色，历史上均由年轻貌美的男子装扮。光绪三十三年（1907年）刻本《平越直隶州志》卷五《地理志·风俗》篇，引成书于康熙二年（1663年）的《平越直隶州志》说，今之福泉、瓮安、余庆、湄潭等县在当时跳灯，就是"以弱男童崽饰为女子装"；光绪三十一年（1905年）增补刻本《湄潭县志》卷二《地理志·风俗》篇记载湄潭花灯亦"拣少年为女装"。近年金沙花灯受周边地区泮水、三合（地属遵义县）、息烽（地属贵阳市）影响，也有已婚女子扮演"幺妹儿"这一角色。由青年男子扮演的"幺妹儿"通常穿女性的服装，服装比较鲜艳，且需梳女性头饰，戴假发、装假乳、搽脂抹粉，妩媚妖娆。对"幺妹儿"的舞蹈动作要求是"上身不动，下身动"。"幺妹儿"常用的舞步是"丁字步"和"梭梭步"，动作幅度小，柔媚娇艳，风情万种。在表演过程中，对"唐二"的逗弄，"幺妹儿"要表现得含情脉脉、半推半就，既羞涩又放浪。由青年男子扮演"幺妹儿"时，对"幺妹儿"表演的最高评价是像女人。"幺妹儿"是整个跳花灯表演的看点，通常手执扇或手执彩巾，灵活舞动，烘托气氛。

武角又称"唐二"，凡具备表演技艺的灯友均可自由担任。"唐二"是由男性表演的男性角色，扮演者可以是任何男性，只要会跳会唱，都可以上场一试身手，而且不用化妆打扮，穿日常服饰即可。表演时，边唱边跳，要求其上身不动，下身动，常走“矮桩步”和“鸭子步”，动作幅度比较大，挤眉弄眼、努嘴伸舌，动作滑稽可笑，以“幺妹儿”为戏逗对象，以娱乐大众为目的。

花灯的伴奏乐器主要有锣、鼓、钹、小马锣、碰铃、胡琴、笛子及灯友们所会的其他乐器。打击乐器主要演奏“路调”（可有多种变奏）、“闹台”“堂锣”等曲牌。

关于花灯的玩法，根据接灯人家的意图不同，灯的玩法也不同，主要可分为“座灯”和“过路灯”两大类。

（1）座灯：往往是由于主人家有某种心愿或目的，于是接花灯，一般要择期辰，因此又叫“期辰灯”。主要内容包括：①寿灯。一般为高寿的老人祝寿时玩，以此祝贺老人寿比南山、福如东海、全家安康；②宝灯。一般是渴望生子的人家才接“宝灯”，以此祈求早生贵子、人丁兴旺；③喜灯。一般是男青年结婚办喜事时接玩，以此朝贺新婚大喜；④搬家灯。即乔迁新居的人家接玩，以此热闹新屋基；⑤孝灯。即有老人去世的人家接玩，为办丧事增添热闹气氛，多以追忆已故老人生前所行善事与功德和称道其子女的孝道为主；⑥元宵灯。即正月十五过元宵节时，主人家为了使节日过得热闹喜庆而接玩的灯；⑦还愿灯。指主人家在庙上（菩萨面前）或祖宗神灵前许下的某种愿望得以实现后，为朝贺和答谢神灵而接玩的花灯。

（2）过路灯（又称耍灯）。指正月初一至十五这段时间，为了使春节热闹（也有的人家祈望通过接花灯给新的一年带来好运），一个村寨或相邻的地方一晚上由多家人连续接玩的花灯。时间较短，内容多以恭贺新禧为主，有时也针对主人家近年来的情况加以朝贺。当然，就“耍灯”一词而言，也指灯友们在平常闲暇时，为了娱乐，自由聚集在一起唱玩的花灯，内容包罗万象，也起到排练、巩固和磨炼技艺的作用。

过路灯

通过历代的发展和积淀，金沙外寨花灯已形成了固定的程序和套路，基本内容包括：①造灯，造灯主要是由灯头组织灯友们到庙上或河沙坝里焚香化纸举行仪式后，扎好两个牌灯用来供奉灯神。过去由于没有路灯和手电筒照明，还要扎供灯友们夜间行路照明用的灯笼；②迎灯神，牌灯扎好后，在里面焚香点烛，安灯神位，道明时辰、地点、原因等，将灯神迎进来；③出灯，要按既定的顺序进行。一般是牌灯在前，其次是锣鼓队，然后其他的灯友在后面自由随行，朝接灯人家走去；④梳头，到主人家门前，小旦要先梳头打扮，此时唱梳妆调；⑤造华堂；⑥造财门；⑦开财门；⑧踩财门；⑨开砍五方（最近乔迁的新居一般不砍，若主人家有些什么不顺利的事才砍，以此消除灾厄）；⑩引灯土地；⑪说春跑报；⑫踩华堂；⑬参神；⑭跳花灯（又称“耍灯”或“玩灯”）；⑮辞神；⑯盖魁；⑰收火掩灯；⑱罢灯，每年玩完花灯的那天晚上，要回到庙上或河沙坝里点香烛，举行罢灯仪式。这时小旦卸装，锣鼓、道具、行头等也要在这时收拾完毕，最后焚毁牌灯，熄灭灯火，所有灯友黑走 120 步，不能喊叫人名，然后自行回家。

重要价值

金沙外寨花灯基本延续和保留了传统的程序、套路和内容，由于灯师们的不断努力编创，也注入了很多新鲜的时代内容。比如，宣传国家政策、教育年轻人、抨击不良社会现象等。其唱词的口语化、方言化和表演的生活化、娱乐性均受到群众的喜爱，其活态的、丰富的文化内涵具有重要的价值。首先，花灯这门民间戏曲艺术历史悠久，其艺术形式与内容的延续和存在为当今学者回溯历史提供了“活化石”般的依据和佐证，历史价值突出。其次，花灯很多程序都融入了民间传统的神俗信仰，具有一定的民俗研究价值。再有，金沙外寨花灯在历史的流变和发展过程中，保存并吸纳了诸多外来元素与之相融，形成了丰富动听的唱腔和优美的舞姿（如黄龙缠腰等），深受群众喜爱，具有一定的艺术价值。最后，外寨花灯的唱词内容丰富多彩，既涵盖了各历史时期的民间传说和历史典故，又有反映中华人民共和国成立以来各历史阶段新的时代内容，具有深厚的民间文学价值。

织金穿青人傩戏

穿青人是一支“未定民族”，因其衣尚青，故曰“穿青”。穿青人主要居住在贵州省西部的毕节地区，乌江上游的六冲、三岔和鸭池河三条河流域。属亚热带湿润季风气候，年平均气温13.2℃，年平均降雨量852.1毫米，日照122.46小时，无霜期273天。境内多山，西高东低，平均海拔1400米，风光秀美，夏无酷暑，冬无严寒，雨量充沛，气候适宜。从居住地域来说，穿青与各民族处于“大杂居小聚居”的状况。但在一些主要的聚居区如织金、纳雍等县，他们居住的村寨连绵百余里。其余各县，“杂村不杂户”的穿青村寨比比皆是。这些大大小小的穿青村寨，多数处于离中心城镇较远的山区地带，少数处于平坝地区。通过查阅有关资料和第五次人口普查登记，贵州省自报填写以“穿青人”自称的人数约67万人，占全省总人口(3755.72万人)的1.7%，其中织金和纳雍两县最多。

穿青人的历史源流可追溯到宋、元时期，据大量史志和专著记载，“穿青人的先民是贵州的土著民族——‘土人’。”在清光绪《平远州续志·改修大麦桥碑序》中记载：“考原桥始自康熙初年，土人杨纯、张士瀛、王国统所建”文中提到的三个“土人”便是今天穿青人杨、张、王三姓的祖先。明朝万历年间郭子章的《黔记》记载：“土人，在新添司者，土官与卫人间通婚姻，岁时礼节渐染华风；在施秉者，多思、播流裔。以九月祀五显神，远近邻人咸集，吹匏笙，联袂宛传，以足顿地为乐，至暮而还。”这些史志所记“土人”的“祀五显神”“迎山魈”“耕作多妇人为之”“种植时田歌相答”等习俗，就是现今穿青人的习俗。

随着社会发展及社会主义新农村建设的推进，有别于汉族和其他少数民族的穿青人生活习俗已消失。但穿青人的标志性信仰——“五显坛”，并没有因为搬迁和异地居住等原因而被遗弃，至今仍保存完好，每家每户都供奉“五显坛”，敬奉“五显菩萨”，称五显是福神、恩神、福主，每隔几年便要举行祭祀庆赛酬还恩义的傩戏演出活动，叫“庆坛”。

在织金县，穿青人的庆坛活动起源有这样一个传说：古时候穿青人的祖先在战争中失败，一个晚上其族群被追赶到一条大河边，前有水阻，后有追兵，正在这生死存亡的紧要关头，前方水面上出现了开路引导的火光，大家就跟着火光逃去，天快亮时，火光熄灭了，大家安全地过了大河，从而得救。惊险之际，发现岸边有座五星庙，里面的五尊神像还湿淋淋的，于是他们便断定是这五个菩萨显灵搭救。为感谢救命之恩，穿青人许下世代尊敬五显，祀奉香火，每隔三年或五年举行一次庆典祭祀的承诺。也因此，庆坛活动的宗旨是“还愿”。

穿青人祖祖辈辈信奉的是“五显神”，其庆坛傩戏的班子均在本民族信奉五显神的男人中择人组成，织金县仅“庆赛五显坛”的傩戏班子就有110个之多。各个班子每年的庆赛活动也非常频繁。傩戏班子由穿青人组成，其他民族是不能参加的，组班原则是：上一辈分的掌坛师在自己招收组建的傩班人员中择优传度下一辈分的掌坛师，再由他们按照已规定的字辈顺序一辈一辈地往下传度，庆五显坛班从武岗起教的先师唐发通、唐德魁传度第一代起，其字辈是“守道明仁德、全真福太和，洞焕超玄令，包含尚大罗，志诚宣玉典，忠正衍金科，武当余心胜，湖海涌洪波”。

穿青人的这种与众不同的庆坛傩戏共有15场，每一场又分为好多折，全在举办人家的堂屋里表演，故又称为“傩堂戏”。

第一场：起坛。分为打扫坛场、起坛、请神、暖圣数折。打扫坛场，先扮演扫坛土地出场把坛打扫干净，继扮一武生出场打东、南、西、北、中五方神棍，意即打退有碍庆坛的妖魔鬼怪。起坛，表演的是掌坛师整冠登坛发鼓上香，虔诚朗诵宣旨（举办这场傩戏的宗旨）：“……兹因祖来信奉五显圣贤香火一堂，原许数年一赛，今则原例已满，不负初心，是以……请弟子×××于家酬还五显圣贤恩愿。”颂毕即表演踏罡步、领阴兵跳场等傩舞，舞姿有黄莺展翅、鹤子翻身、饿虎扑食、野鸡拖尾、犀牛望月等。请神，是由法师一人唱颂“撑起红旗帐，迎请五王五营兵马赴傩堂”，还要一请桃源仙洞人马、二请地府亡魂、三请三清玉皇宝殿诸神、四请诸庙神圣。诸神请到后由村中一德高望重的老人入坛执壶向各位神圣敬酒。暖圣，亦叫敬下马酒，每请一排，奠酒三巡。

第二场：发功曹。不分折，由掌坛师登坛念颂，发烧文书请帖，派遣年、月、日、时四值功曹前往各有关方面去请五显神的各路道友来共赴庆典圣会。

第三场：交牲。分为请圣领牲、交牲、解秽、参灶数折。相传五显神极其钟爱民间生灵，并不杀生，交牲是交给他部下的五猖神及火牙火熛监坛二将。是专请“东方青帝一猖郎”“南方赤帝二猖郎”“西方白帝三猖郎”“北方黑帝四猖郎”“中央黄帝五猖郎”和监坛二将入坛领受杀牲祭祀。交牲即把祭祀的猪羊拉入法坛，杀

解　秽

牲道士头戴面具，倒披法衣，手执尖刀，舞念一番之后，把猪、羊宰杀献祭。

杀牲之时，行坛法师高唱“肝肺将来盘中献，头蹄四足祭五猖”。解秽即因杀牲污秽了坛场，由法师表演撒神水清除污秽的傩歌傩舞。参灶即由法师表演参加灶神的傩歌傩舞。

面　具

第四场：淌白。分为请神下马、拣牲二折。先将刮洗剖整干净的猪背上羊（俗称大猪背小羊）扑卧在一张长凳子上，猪羊头向外，尾向内，凳子骑着大门槛放置，而后请受祭之神“领受酒、领受牲，共同保佑酬恩人”。拣牲一折较有戏剧性，要扮一个“拣牲七郎”头戴面具，手执一节小木棒吊着猪尿包，先在堂外，后进堂内，左右观察祭献的猪、羊，说很多诙谐幽默的话，恭贺办戏人家。

第五场：放兵。分为宴兵、会兵、调兵、放兵数折。宴兵是在坛场内就地铺设五方九品香烛、钱财、科马（五显有关的小画像），放五杯酒，摆杀祭的猪头猪蹄、活公鸡一只，取下坛罐放于中央，周围按五方插五面小旗一面大旗，请齐五显神部下的五营兵马饮宴。会兵是由法师用大旗向五方边招摇边舞蹈边唱请，以“招旗舞”迎请五显部下的五路五方兵马和宝山圣公圣母殿前七殿人马、大郎人马、二郎十贤勾销了愿人马、云魁仙娘人马、岳王三楼五岳人马、灵浮三殿小山人马、山魅东楼圣公南楼圣母十位太子五岭田头人马、南游五府五岭都头人马、水魈五海龙王十二鱼哥人马、五路五猖兵马、总管监坛二将等神圣齐赴法坛门前相会，宰杀公鸡祭献。放兵是把祭后的坛罐打开，倒出原装的米和盐茶，尽行发放五显神部下的七殿神兵和

放　兵

五营兵马，掌坛师衣冠整肃、鸣锣三通、吹角三声，随即手挽“大金刀”“小金刀”“五雷五黑”等法诀，并于坛场中央铺一床草席，两位从坛道士从四角轮番起舞。二道士或时摇师刀，或时持牛角和墨状（又叫宣牌，是象征男性生殖器的一个纸筒），跳完一路即从前向后打滚回坛前。跳完之后，由掌坛师唱放兵词。放兵之时灯烛昏暗，阴森恐怖，观者全部入室回避，无一人嬉戏。调兵即由法师用大旗招摇唱颂，操练五营兵马，表演调兵舞。

第六场：合会。分为造桥、拈香、合会几折。造桥即用几张长凳从坛前连摆至大门，用一疋红布从坛上顺铺长凳直牵接大门顶上作为金桥，法师步罡踏斗颂造桥词文，继摆一张面上画有“井”字的方桌，左脚踏桌，手舞排兵带，迎请各路兵马过桥。拈香即由二人装束、手持燃香歌舞，迎请各路过桥人马。合会是各殿各路人马迎请过桥后，法师作一场领兵跳场的表演，有芦笙的傩班要吹起芦笙跳舞。

第七场：大郎殿。分为装身、赞圣两折歌舞法事和《砍先锋》《出灵官》两折戏。因从这一场之后的表演中法师及从坛弟子要装扮大郎、二郎等神圣，故有装身、净身、封魂、开光、隔阳等傩歌傩舞的热闹表演，还要祝告察请三元法主差兵保护行坛法事及表演的成功。赞圣即唱赞五显弟兄五人的奇怪出生及救济良民的恩德，由法师一手持墨状，一手持师刀歌舞唱赞，茶酒师陪坛敬酒。赞毕又替庆坛人家表白庆赛原因及祭祀用物的诚心和祈求神圣留恩保佑。表白词之一为“施主买得香一炉，诚心供养五通王……将来炉中焚三炷，五显灵官赴法筵，到坛领受下马酒，留恩保佑酬恩人”。

《砍先锋》又名《打先锋》，剧情是纣王无道，家将方弼方相弟兄二人及手下陈、丘二将投奔武王，被封为“梁山先锋”。五显陪众位神圣去游大郎殿，令他二人当开路先锋，“砍开三方四正五路坛场”。表演简单，台词亦简单。砍先锋的表演，意思是为主人家砍退四季五方瘟疫，保护酬恩人家。

《出灵官》又名《灵官镇宅》，剧情是灵官王龙出巡纠察，来到坛场，披甲执鞭入坛封赠主人家大吉大利，继而出门跳上用两张方桌叠成的高台撬脚打坐观看，扮一土地老者戴面具出场与灵官嬉戏猜谜、猜卦、讨封，诙谐有趣，观者大笑。最后灵官为主人家消灾纳福。

第八场：二郎殿。表演的是五显二郎得道之前放荡不羁，搞赌博、学算命、醉酒卧街，得道之后擒鹰放鹤，捉龙锁龙，收火牙火熛，收五猖为民除害的故事。其中的捉龙锁龙一折是乌龙大王专吃童男童女，每年要人民献祭一次，否则汲水成灾害及良民。一年，陈良老汉家一儿一女同时中签拿祭乌龙，二老悲愤向苍天告状，被五显二郎巡游得知，下凡与乌龙斗法，锁住乌龙为民除害。表演时二郎红袍紫带，神威凛凛；乌龙黑衣裹身，凶恶吓人。剧情虽然简单，但具备了古朴的故事性。

第九场:云魈殿。分为请仙娘、戏仙娘数折。请仙娘一折,扮演者要穿本民族服装,戴面具或画成花脸,由一男一女(男扮)边舞边唱“十二月小调”和花灯调表演“十月怀胎”,只有这样表演,五显菩萨才会保佑其子孙发达。

二郎殿

第十场:四府殿。不分折,先把一坛密封的甜酒摆在堂中,坛师登坛开封,向五方祭献,为主人家“开封破愿,勾销了愿”,赐福于酬恩人家。同时主人入坛跪地,表示诚心接受掌坛师给五显坛撤除旧愿标,换上新愿标,“自发诚心供奉五显圣贤香火”,当场取卦表白多少年后又来庆赛。

第十一场:岳王殿。全是礼仪法事的傩歌傩舞,内容是迎请岳王上楼、中楼、下楼三楼天子和五岳五天圣帝入坛还香火、受祭祀,赐福保佑酬恩人家。

第十二场:灵浮殿。亦系礼仪法事,内容为请灵浮三殿小山人马入坛受祭,领受愿酒,为主人家驱鬼消灾,专保人眷安宁。

第十三场:山魈殿。分为上山砍树、放火烧山、开荒、犁牛、耙田、泡谷撒秧、栽秧、薅秧、割谷、运粮入仓、上皇粮、封仓等多折歌舞小唱。唱演中除了请山魈东楼圣公、南楼圣母、九面将军、十位太子入坛受宰杀雄鸡一只的祭祀之外,所演所唱全是一年四季中的农事活动,民间生活趣味极浓。每一折均有道白,有说有唱有歌舞,特别要唱穿青人的农事山歌。表演生动活泼、情趣盎然。

第十四场:南游殿。不分折,先出五人跳场,继出五显二郎南游会见南方各少数民族的祖先神圣,同他们攀谈、喝烧酒、吹芦笙跳场等和睦友好的场面。

第十五场:水魈殿。分为造船送瘟神、请五海龙王及十二鱼哥(即游船)、接千岁老人(即姜太公钓鱼)、交钱、辞圣、收兵、锁坛等折。前几折为法事性傩歌傩舞,由掌坛师唱颂。交钱由坛师与茶酒师歌舞,边请神边烧化纸钱。辞圣由主人家入坛跪拜、掌坛师舞唱,边唱神号边撒米粮,送神归天。收兵由掌坛师整肃衣冠高声唱舞,登大门槛挥舞大旗,招回五营兵马归坛,每唱颂招回一路,往内丢回一面小旗。锁坛是在法坛场内靠大门放一大簸箕,掌坛师盘腿端坐其中,将神师棍靠肩斜抵神桌脚,面前放个新坛罐,边念五营兵马圣号,边挽法诀,做完一排即烧化该排兵马画像(称为坛科或科马)于坛罐内。最后装入白米、盐茶和金属币,盖锁封严,念咒封赠,由主人家以最快速度捧放在神龛上,继后安置在神右上方。稍后安神,傩戏结束。

贵州的傩文化丰富多彩,穿青人傩戏便是其中重要的组成部分,傩戏既是区域的,也是中国的,更是世界的。傩戏、傩文化类如“化石”,但它们是活的。傩戏同其他戏曲一样,也面临着受现代文化冲击和挤压而渐被边缘化、消逝化的危险。对之发掘、抢救并做到在此基础上的保护与开发并重,已获得了政府的高度重视和社会各界的支持。发掘傩戏中积极的、科学的、合理的成分和元素,对于发扬我们民族传统文化的精华,促进人的全面发展,增强中华文化再造的活力,推进社会主义“软实力”建设,无疑具有重要的意义和价值。

卷四

传统技艺

国家级非物质文化遗产

彝族漆器髹饰技艺(大方漆器)

大方漆器制作技艺在2008年被国务院命名为“彝族漆器髹饰技艺”列入第二批国家级非物质文化遗产名录。

贵州省大方县位于黔西北毕节地区中部,乌江支流六冲河北岸,大娄山西端,黔西高原与黔中山原过渡地带。县城始建于明崇祯年间,清康熙五年设大定府,民国三年废府设县,1958年,经国务院批准更名为大方县。大方县总面积3505.21平方千米,辖36个乡镇389个村(居)委会,居住着汉、彝、苗、白、仡佬等23个民族。2005年年末总人口97.79万人,少数民族占33.02%,农业人口93.1万人,占95.2%。全县境内海拔720~2325米,年平均气温11.8℃,无霜期257天,年平均降雨量1150.4毫米,年日照时数1335.5小时,属暖温带湿润季风气候。全县有天然林158万亩,森林覆盖率达32.5%,素有“国漆之乡”之美称,栽培漆树的历史,距今已1000多年。

大方彝族漆器,历史悠久,驰名中外。大方漆器发端于蜀汉,据《大定府志》卷之二十四 · 惠人志三 · 诸葛亮记载:“……以渐服于汉,成夷汉部曲。出其金、银、丹、漆、耕牛、战马,给军国之用。而安氏由是兴焉。”由此可见,早在1700年前的蜀汉时期,漆已和金银等成为财富的象征,“并用来支援蜀汉政权,使之‘国以富饶’了。”后来,大方县境民间髹漆艺人在革器基础上进行改良,形成了一套更能体现器皿艺术效果和实用价值的皮胎漆器制作工艺。明洪武年间,水西彝族女政治家,摄贵州宣慰使奢香,把大方土漆研制的“朱漆”作为贡品上贡。自明洪武以来,大方彝族漆器髹饰技艺

精美的漆器作品(李小毛 摄)

有了很大的提高,形成了一套更能实现器皿艺术效果和实用价值的漆器工艺,并且开始制作皮胎漆器。胎料用牛马羊皮,灰地、漆地工艺更为完善,装饰具有镂嵌填漆等技法,增加了异禽怪兽纹样,器形品种也有所增加,并有了木胎制品。造就了杯、盘、碗、罐、壶、瓶、漆画等400多个品种,种类繁复,造型多样。

明末清初,大方彝族漆器产业已相当发达,到清代中后期更为完善,大方皮胎漆器发展为具有制漆、胎胚、灰地、漆地、装饰五大工艺,50多道工序、82道生产环节的多种制作技艺,漆器制品尤为兴盛,技艺进一步提高,品种日渐繁多,有盘、盒、箱、瓶、茶具、碗、烟盒、葫芦等数十个品种,入朝进贡的大方“皮胎漆葫芦”至今还收藏在北京故宫博物院,作坊遍及大街小巷,从事漆器工艺制作人员逾千人,大方专门从事漆器工艺制品的“宝光斋”“义森公”“民生漆器货社”“明星漆货社”及各类家庭作坊达数十家,形成了从南到北的“漆器一条街”,大方故有“漆城”之誉。《乾隆通志》记载“黔之革器以大定为最佳”,大方彝族漆器已开始销往境外,大方皮胎漆器成为全国特色,与北京雕漆、山西云雕、甘肃填彩、福州脱胎漆器齐名于世,并在国内独创了具有深浅变化自然、淡雅含蓄、古朴别致艺术风格的“隐纹”装饰技法。道光年间,漆器家庭作坊遍及大街小巷,有“漆半城”之称。光绪年间,漆器生产由家庭作坊开始向手工业工场发展。

民国初期,大方彝族漆器手工业工场增多,民国四年(1915年),在美国庆祝巴拿马运河开通的旧金山国际博览会上,大方漆器与江苏扬州漆器双双获得银质奖。民国二十七年(1938年),张伯卿经办的“宝光斋”制作的“皮胎漆葫芦”,获国民政府实业部奖。抗战胜利后,内战爆发,通货膨胀,市场萧条,漆器生产才逐渐衰落。

中华人民共和国成立后,人民政府对漆器生产采取挽救、扶持和发展措施,于1954年成立了第一个漆器合作组,1956年建成90余人的漆器合作工厂,1958年成立有140人的国营大方漆器厂,老艺人们充分发挥自己的聪明才智,一批批新的漆艺人才得以培养,漆器生产得到了恢复与发展,呈现出一派欣欣向荣的景象。同时,漆器艺人还被派到福州等地取经,学习脱胎、制漆、髹饰等先进工艺,学成归来后,结合本地传统技艺,使大方彝族漆器出现了新的特色,如台花、印锦、变涂、宝砂,以及宝砂地诸饰类、薄涂彩绘等,创造产品达200多种。产品中,孔雀开屏、拷红镜盘、圣桃上寿、猴子托盘、刘海金蟾、民族花瓶等造型生动,情趣交融,朴实典雅,漆器制作

传统隐花工艺漆器作品(李小毛　摄)

工艺达到了一个新的水平。1957 年起，大方漆器不仅在国内市场上畅销，而且开始试销日本、美国、比利时、新加坡等国，先后在波兰、捷克、瑞士、比利时和芬兰等国博览会上展出，并得到一致好评。1959 年，大方漆器厂为人民大会堂贵州厅制作了一对大花瓶，用传统的“隐花”技法装饰、纹样，采用民族图案，更增添了大方彝族漆器的风格，得到了国家轻工部的表扬。1979 年，大方皮胎、脱胎漆器获省优产品称号。改革开放以来，大方彝族漆器改进产品造型，调整产品结构，1985 年被评为优秀旅游产品，1986 年获省“黄果树杯”奖。1988 年 12 月，全国政协副主席钱伟长到大方漆器厂视察，为漆器厂题词：“发扬有民族风韵绚丽多彩的工艺传统”。大方彝族漆器也被誉为“贵州民族工艺之花”，与“贵州茅台酒”“玉屏洞箫”齐名列为“贵州三宝”。

近 20 年来，大方漆器得到了全国各级各部门的关心和支持，通过组织参加全国各地非物质文化遗产博览会展演展示活动，取得了一系列可喜的成绩，扩大了大方彝族漆器的知名度。如，1993 年，余孟益设计制作的“仿古罗汉瓶”在扬州漆艺展漆艺评比中获“中国漆花杯”铜奖；2006 年 9 月，高光友设计制造的漆器“蛟龙戏水”获 2006“开磷杯”多彩贵州旅游商品能工巧匠选拔大赛“贵州名匠”入围奖；2008 年 8 月，由中国工艺美术协会牵头评审，大方县获得“中国漆器之乡”称号；2009 年，高光友、许星宇创作的漆器瓶“古彝夜舞”在第十届中国工艺美术大师作品暨国际艺术精品博览会上获得“天工艺苑 · 百花杯”中国工艺美术精品奖铜奖；2010 年，陈贵祥设计制作的漆器“牛角盒”在第 45 届全国工艺品、旅游纪念品暨家居用品交易会上获得“金凤凰”创新产品设计大奖赛优秀奖等；大方漆器制作工艺在持续的生产中得到了传承和发展。

制胎（李小毛　摄）

大方彝族漆器的超群品质很大程度上得益于当地的优质生漆。大方县是全国六大产漆县之一，其以生漆产量多、品质优良而驰名中外。民间小诗“方漆亮如油，照见妹梳头，摇动虎斑色，提起钓鱼钩”就是大方生漆质地优良的真实写照。由于县境地处低纬度高海拔地区，为暖温带湿润季风气候，大部分地区海拔在 1400 ~ 1900 米，非常适合野生漆树的生长。特殊的土质特别是油沙地生长的漆树，使得生漆品质优良。漆树是生漆的唯一来源，在大方境内及周边县都有大量的天然野生漆树，每年收割一次。百纳、长石、沙厂、瓢井是主要产区,其品种有肤姻皮、白杨皮、青冈皮、粉皮大木、灯台大木、黄豆、椒叶、厚叶、柿花叶等。

灰地(李小毛　摄)

大方漆器特点突出,图案幽雅逼真,造型朴实,漆色光亮可照人影,色泽艳丽,经久耐用,具有鲜明的民族色彩。用作食具,不导热,不串味,不漏水,不生虫,耐酸、碱,不仅不易腐朽而且不褪色。大方漆器生产有制漆、胎胚、灰地、漆地、装饰五大工艺。①制漆。收割生漆,将生漆加桐油盛于铁锅中,放置于炭火上熬制,去其杂质,掌握好火候,制作成成品漆。中华人民共和国成立前,仅具有制作朱色、黄色漆和推光漆等几种技艺。中华人民共和国成立后,引进透明漆技艺,增加产品亮度,并逐步发展制作赤、蓝、绿、紫等深色漆和各种浅色漆的技艺,产品色泽更为绚丽多彩。②胎胚。即器皿的成型工序。包括按照设计捏塑、脱胎成形等环节。其中器皿成形的好坏,胎料及制作方法起决定作用。③灰地。即固型整形工序。包括上粗、细灰、搪灰、修削等环节。要求器 皿达到方圆规正,缝口密合,松紧适度而不变形。④漆地。即器物面上的髹饰等艺术加工的工序。包括上漆打底、重漆、清灰、面漆及平磨等环节。生产周期较长,生产条件要求高。需在恒温恒湿、防尘车间进行,要求揩光黑卢滑光莹,退光淳朴古色、明光细润光滑。⑤装饰。即以纹样,色彩来增加器物美观的工序。在纹样、题材的选择上,按不

漆地环节(李小毛　摄)

同材料的质地，分别采用不同的装饰手法，达到一定的装饰效果。

装饰（李小毛　摄）

精美的漆器作品（李小毛　摄）

漆器从生漆收割到漆器形成的50多道工序、82道环节都是由手工完成，同时，漆器设计讲究材料、造型、装饰三者的统一，制作漆器时，尤其要注意突出漆质本身的自然美，漆艺工人一般以单纯的造型和简洁的装饰来突出漆质的美。漆器制作过程中，有关于"漆"的艺术是一门很大的学问，当漆的艺术达到炉火纯青的地步时，漆器的光泽可以达到"朱红推光似珊瑚，黑漆推光如墨玉"的境地，辅以生动的造型和形象逼真的纹饰点缀其上，光彩照人，色泽艳丽，非常漂亮。大方传统的彝族漆器的纹饰都是黑底上绘红、黄两色花纹。黑、黄、红构成了彝族传统漆器的基本色调。彝族人民崇尚黑色，黑色是土地的象征，土地是人们赖以生存的物质基础，人们敬仰它、爱护它，因而黑色也代表着尊贵和庄重，在大方，所有漆器都是黑漆打底；红色代表血液和火焰，象征着勇敢热情的彝族儿女，同时也象征着丰收；黄色则是太阳光辉的象征，代表着美丽、吉祥和光明，三色错综调配，间隔使用，色泽明快艳丽。漆器的上包方法，是在底色上勾画结构，再绘纹饰轮廓，最后再片涂铺色，无渐次色和混合色，这种上色方法比较简单，较之先铺色再据不同的物体绘出不同的颜色形态，更显得粗放、简略。这样红、黄两色在黑漆底上形成鲜明的冷暖、强弱、明暗的对比，并形成一定的空间感，从而产生出和谐的色彩。

漆器图案充满民族色彩(李小毛　摄)

彝族漆器的纹饰主要以点、线、面进行搭配装饰,纹饰内容主要源于彝族人民对自然和生活的观察和思考,具有自然写实和形义一致的特点。比如,纹饰内容有表现节日特征的图案,有描绘彝族儿女日常生活的图案,也有表达爱情、亲情和友情的图案,同时,还不乏单纯的人物图案,比如著名的奢香夫人等,出现在彝族漆器或者漆画上,端庄美丽。除了上述这些,漆器图案灵感还有取自自然的,如花团锦簇的牡丹、欢乐戏水的鸳鸯、双宿双飞的小鸟等。可以说,生活中的一切,都可以经过漆器艺人们的加工而出现在漆器作品上。漆器作品源于生活,又高于生活,这些图案,是大方彝族民族文化的象征,是重要的文化符号。它有着重要的历史文化等方面的价值。

首先,历史价值突出。大方漆器制作工艺从古代彝族涂髹皮胄、马鞍、箭筒、兵器等物品开始,经过1000多年的演变、发展和完善,记载着历史的兴衰。它是历代艺人们智慧的结晶,也是我国整个民族文化艺术的重要组成部分。大方县历代人才辈出,匠心独运,创造了独具一格的大方漆器。有些艺术精品被国家有关部门收藏,有的陈列在别的国家博物馆里,闪耀着中国文化艺术的光辉。

其次,大方漆器的发展、演变和完善无处不渗透着地方民族文化艺术的内涵。文化进步、艺术发展推动着漆器产品在设计和加工技艺方面的不断完善,新中国成立十周年《全国工艺美术创作总结》中有一段话,“大方漆器在设计上吸收了本省各少数民族中的蜡染、刺绣等方面的优秀图案,丰富了漆器的装饰,形成了贵州的风格”,对大方漆器的艺术特色做出极大的肯定。大方漆器同时也是文化艺术进步和发展的载体,被誉为“贵州民族工艺之花”,并与“茅台酒”“玉屏洞箫”齐名列为“贵州三宝”,具有较高的文化艺术价值。

最后,大方漆器具备较高的工艺价值。50多道工序,82道环节,每道工序的细腻程度和要求之高,是无法从理论的角度阐述清楚的,其中很多程序无法用现代工艺所代替,只能靠长期的从业经验和师傅的指导来感觉,从其流程的繁杂程度到其工艺的精益求精,不得不说这是一份极其宝贵的非物质文化遗产。这也使得大方建立“彝族漆器髹饰技艺”生产性示范基地,实现漆器工艺品生产规模化和产业化生产显得尤为必要且意义重大。2012 年,大方彝族漆器髹饰技艺传习中心成为贵州省第一批省级非物质文化遗产生产性保护示范基地。

虽然大方漆器目前仍然存在市场混乱、产品宣传不够、后继乏人等问题,但是对于大方漆器的保护工作正在如火如荼地进行着,并且取得了不少成绩。例如,大方彝族漆器髹饰技艺传习中心合理利用大方彝族漆器髹饰技艺这一非物质文化遗产资源,通过招收学徒传授技艺等方式,不仅扩大了社会的就业岗位,而且为大方漆器行业输送了人才,涌现了一批后继人才,使该技艺的传承有序并富有成效。这种生产性保护一方面使学徒的生活有了保障,另一方面提高了传承人的经济收入,同时也提高了当地的国民生产总值,并且使大方彝族漆器生产行业成为大方手工业支柱产业。在今后的发展中,应当清醒认识漆器现状,了解其发展方向,对其进行深入研究,采取恰当的方式进行保护。同时,国家、社会和个人都应该对大方漆器这一国家非物质文化遗产的保护做出贡献,从而造福子孙后代。

省级非物质文化遗产

砂陶制作工艺

丰富的自然资源

织金县位于贵州中部偏西,地处乌江上游支流六冲河与三岔河交汇的三角地带。县城距贵阳市 157 千米,南离安顺市 99 千米,北距毕节市 144 千米,总面积 2868 平方千米。县境东临清镇、平坝,南连安顺、普定,西接纳雍、六枝,北抵大方、黔西。织金县地势西南高、东北低,最高海拔 2262 米,最低海拔 860 米,县城海拔 1319 米。县境内河流、山脉环绕,主要河流有六圭河、三岔河,主要山脉有大山、羊庙大山、凤凰山。县境东长 82.5 千米,南北宽 66 千米,总面积 2868 平方千米,共计 430.2 万亩,其中农耕地面积为 185.5 万亩,林地 151 万亩,牧地 90 万亩,园地 6 万亩,水面 3.5 万亩。年平均气温 14.1℃,年降水量 1436 毫米,年日照 1171 小时,年积温 5147℃,年太阳辐射量 84 千卡/平方厘米,无霜期 272 天,属亚热带季风气候。自然资源丰富,尤其是地下矿藏资源极为丰富,开发前景十分广阔。全县已探明储量的矿藏达20多种,其中无烟煤储量达129亿吨,可开采量107亿吨,可采厚度1.5~15米,是著名的“织纳煤田”的主体部分;大理石储量191亿立方米,分布全县,主要品种有墨玉、残雪、金龟、檀香、汉白玉等;重晶石储量为7000万吨,1983年曾获国家外经贸出口产品优良荣誉证书;磷矿总储量占贵州全省的54.4%;与磷矿伴生的重稀土氧化钇储量达144.6万吨;此外,硫铁矿、赤铁矿、镍钼矿、铝矾土、瓷土、石灰石、冰洲石、方解石、铜矿、铅锌矿、石膏的储量都比较多,品质也比较高,均有开采价值,且开发潜力巨大。织金境内的动植物资源也很丰富,其中有动物药材18种,植物药材310种。主要农作物有水稻、玉米、小麦、洋芋、大豆、烤烟、油菜、薏仁米、茶叶等110多个种类;其他植物有杉、松、油桐、生漆、核桃、刺梨、猕猴桃、杜仲、天麻、党参、半夏等90多个品种。本地土特产品有珍稀植物药材竹荪、薏仁米、天麻等,优秀工艺制作有砂锅、石砚等,享誉中外。织金县水能资源颇为丰富,有大小河流129条,总长887千米,地表水年径流量17.2亿立方米,地下流量4.4亿立方米。织金县砂陶能在织金这方土地上形成和发展与其自然环境有着不可分割的联系,丰富的自然资源和良好的气候条件,为生产制作砂陶提供了最基础的条件。

历史渊源与发展现状

陶器的发明是人类文明史上的一座里程碑,其发源于新石器时代。摩尔根的《古代社会》把人类早期文明史分成三个时代:石器时代、青铜时代和铁器时代,其中石器时代过渡到新时期时代的标志就是是否开始制作陶器。原始社会晚期出现的农业生产使我们的祖先过上了比较固定的生活,客观上对陶器有了需求。人们为了生活的方便,提高生活质量,在生活实践中通过利用泥土,加以水的调和和火的锻造,创造了一种崭新的与人类生活息息相关的器皿——陶器。

等待烧制的砂锅(李小毛　摄)

中国作为四大文明古国之一,为人类社会的进步和发展做出了卓越的贡献,其中陶瓷的发明和发展更具有独特的意义。中国陶瓷的发展史是中华文明史的一个重要组成部分,反映了中国历史上各朝各代不同艺术风格和不同技术特点。英文中的“china”既有中国的意思,又有陶瓷的意思,清楚地表明了中国就是“陶瓷的故乡”。陶器工艺品是中国最古老的工艺美术品。远在新石器时代就有风格粗犷、朴实的灰陶、红陶、白陶、彩陶和黑陶等。商代已出现釉陶和初具瓷器性质的硬釉陶;瓷器创制于东汉时期,到了唐代,制作技术和艺术,创造达到了高度成熟。宋代至制瓷业蓬勃发展,名窑涌现。明清时代陶瓷从制坯、装饰、施釉到烧成,技术上又超过前代。不同时代的陶器具有不同的特点,这与各个朝代的科技发展水平、社会经济发展水平、民族文化心理结构及审美观是紧密相关的。从中国陶器发展历程来看,虽然有部分“官窑”专为宫廷御用生产,但是最广泛的还是民间陶瓷。民间陶瓷在社会发展过程中,与人们的生产生活有着最直接的联系满足了人们基本的生活需求,发挥着不可替代的作用。民间陶瓷也因地域的不同,在生产制作方式上存在差异,这使得民间陶瓷种类丰富,各具地方特色。

织金砂陶在历史长河中,起起伏伏,经历了由低潮到高潮,又由高潮到低潮,最后再重新崛起的曲折过程。20 世纪三四十年代织金砂陶在制作和生产上达到了高峰。生产制作砂陶的作坊有几百家,“砂锅街”红极一时。当时较有名气的民间手工制陶艺人是陈尊山兄弟俩。陈氏兄弟不但继承了传统的砂锅制作技术,而且加以发扬光大,技术超群。陈氏兄弟由于技高一筹,遐迩闻名,人们尊称为“陈大师,陈二师”。陈氏砂锅,造型别致,古朴典雅,体质轻薄,色泽如银,堪称平远锅之冠。受当时生产力的限制,人们对砂陶的需求量较大,砂陶销售量也较高,再加上平远锅独具特色,深受广大消费者喜爱与赞赏,除了供给当地,陈氏平远锅还销往贵阳、毕节、清镇、重庆、安顺等地。

20 世纪六七十年代,居住在砂锅街的百来户人家均以制作砂锅为业,据老一辈的砂锅艺人回忆,当时,街道两侧民居多为清代建筑,土木茅草盖顶。入夜时分,可以看到家家户户的炉前人影晃动,随着手拉风箱的节奏,红光闪烁,照得满街红彤彤的。烧锅师傅手持带铁钩的长杆,将一只只通红的锅坯钩起,随即放到谷壳上,罩上盖锅,升起一缕缕青烟,瞬间揭开盖锅,一只精美的砂锅便展现在眼前。当时工匠们一周要在炉窑旁工作四五天,逢赶集日就挑出售卖。当时的产品单一,主要是口径不同的砂锅及药罐等家用的寻常器皿。产品主要销往贵阳、安顺、清镇、平坝等地,生意红火供不应求。“手拉风箱声不断,夜晚烧锅红满天”正是对当时砂锅制造盛况的描述。

中华人民共和国成立后,织金砂陶进行了工艺革新,增加了许多品种,除了传统生产的砂锅、砂罐外,还生产烙锅、砂炉、花钵、香炉、鼎罐等品种,每年产值达数百万元,声名远扬。凡来织金旅游、出差路过的客人都要购买几件作为纪念品或馈赠亲友。河南、湖北、湖南、云南等省还专门来人上门订购。

改革开放后,我国经济实力显著提高,生产力也得到极大的发展,市场经济逐渐活跃起来，商品丰盈，铁、铝、锑、合金钢锅，不锈钢锅，高压锅，电饭锅应有尽有，进入千家万户，其轻便、耐用、美观的特点受到了人们的青睐，很快抢占了绝大部分砂陶炊具市场；到了2000年之后，家用电器中的电磁炉、电饭锅迅速普及，织金砂陶因产品单一、制作粗糙等因素，逐渐地淡出人们的生活，导致织金砂陶销量逐年下降，“平远锅”这块金字招牌渐渐地失去了昔日的辉煌，很多生产砂陶的作坊迫于生计纷纷改行。当初名震黔西北的织金砂锅街市，仅剩几家迫于无奈仍在从事砂陶制作。

成型的砂锅（李小毛　摄）

织金砂陶经历了由盛转衰然后再崛起的过程。2002年在外学习、工作的王增荣回到了自己的家乡，看到了织金砂陶的现状，计划重振织金砂陶并以此创业。他把自己在南京艺术学院陶艺系学到的专业知识运用到了织金砂陶的制作当中，不仅对传统织金砂陶技术进行了改良，还创新了砂陶的品种——砂壶茶具，砂壶茶具顺应了市场的需求和消费者的喜爱，出现了供不应求的局面。2012年2月24日的《毕节日报》“寻访非遗毕节”——织金砂陶的荣光专题中报道：2007年，王增荣注册了微企业，修建了厂房。2008年，王增荣在织金举办“砂陶国际研讨会”，除中国外，还有6个国家30多名国际顶尖陶艺家前来参加，其中包括当时的国际陶协主席。经过当地传承人与政府合作举办的各种宣传活动之后，织金砂陶引起了世界各国陶器专家的浓厚兴趣和深切关注，也加深了平民大众对这种古老炊具的认识，织金砂陶开始焕发出生机。当地生产制作的陶器销路开始变宽，给织金县从事砂锅产业的人员带来了经济效益，由原来的无人制作转变为现在的5家作坊、1个织金砂陶厂等生产队伍。目前日用陶生产的主要器具有鼎罐、瓢锅、凸底烙锅、平底烙锅、茶壶等,主要销往省内外如贵阳市、大方县、水城县,以及广东、湖南、四川等地。王增荣不仅做日用陶,还用织金砂陶的材料进行了美术陶的创作,他的作品曾获美国丹佛华人陶艺展的铜奖。一些知名的陶艺家也用织金的材料进行了美术陶的创作,如尹光中、范新林等。

砂陶的制作工艺

织金砂陶工艺流程是,先把采集来的白胶泥晒干磨成细粉末,掺和上优质的无烟煤粉煤灰,像和面一样揉搓出韧性。然后制坯,在成坯上均匀滴放蜡制矿土调制成的釉彩,才放置炉上烧炼,最后将火红的制品钩放在采釉坑内进行取釉冷却即成。

机械制模(李小毛　摄)

双层陶模的手工方法成型。先将两种坯泥相接拍平,在内陶模上将黏土旋转拍打成型后,再换置到已垫好细煤灰的外陶模内,继续成型操作,粘接把柄及刻画线条装饰等,最后晾干,再涂以有单一蜡质矿土调制而成的土釉,以防止渗水。但是目前,织金县的砂陶制作工艺部分步骤已经采用了简单机械化生产,如配置原料上,已经有按比例配好的黏土,工作人员只需取黏土放到机器上制模,不再需要人工加水调和、踩泥、糅合等过程。再者不管是制作药罐还是砂锅,都有了基本的模具,也配有制作机器,这样既节省了劳动力又提高了效率,质量也有所提高。

上釉(李小毛　摄)

模具制作好后便是抛光和上釉了。关于抛光和上釉在当地还有一段传说。据说很早以前有个叫陈春心的艺人,用白泥浆洗衣服的时候,衣服上的白泥不慎滴入正在晾晒的锅坯上,滴上白泥的锅坯烧成后,滴白泥处出现光泽。从此,织金砂锅开始有了白泥浆上釉的习惯。相传至今,白泥上釉就成了织金砂陶独特的釉色装饰。织金砂陶所用釉其实不是玻璃质感的釉，而是一种化妆土调和的釉泥。

抛光（李小毛　摄）

抛光和上釉会根据不同种类的器具，有不同的顺序和不同的工具。火锅干燥到一定的程度（不能完全干透），就会用磨制好的上好碎碗片对其进行抛光，达到相对光滑效果后，再用天然头发制成的毛笔对其上釉，白色的釉色在暗色的坯体上形成弦纹，富有一定的节奏感，有较强的艺术欣赏性，让观者会产生无限的遐想。烙锅是晾干后先均匀上釉，待釉还没有完全干透时用上好的断玉来抛光。

根据制作砂陶类型的不同，制作的流程也有所区别。例如药罐，相对砂锅来讲，就多了“贴耳朵”等流程，药罐两端的“耳朵”需要工人手工贴上去，由于“耳朵”相对罐身来说比较薄，而且其形状成弯曲状，无法使用机械化完成，工人在完成“贴耳朵”这个活时，需要非常耐心，而且必须是手艺成熟者，否则容易导致贴出来的“耳朵”两边不一致，影响质量与美观。

贴耳朵（李小毛　摄）

这之后，最重要的一个环节便是烧制。砂陶的烧制方法独特，且具观赏性。烧制是在一个双火口的地炉上进行。地炉是在地面上掘出无口穴通风道，接上鼓风机，做上炉栅即可。先用煤围上炉口，铺上木屑，点燃后将烟煤覆盖在上面，开鼓风机。由于风机的作用，煤烧得猛烈，3 分钟左右，炉罩内的陶坯即被烧到 900~1000℃；此时，将炉罩挑开，并扣在另一炉口的陶坯上，并将已烧好的砂陶挑至旁边已铺满木屑的炉上，盖上一口大铁锅，并将燃起的火收于锅内熏烧片刻，一只乌黑发亮的砂陶即烧制而成。

烧制场地（李小毛 摄）

织金砂陶的价值

历史文化价值。织金砂陶工艺可追溯到清朝初年，延续至今已有 300 多年的历史，其烧制方法至今仍流传着一个古老的传说，因而承载着丰富的历史。同时，织金砂陶工艺承载着织金县一代代人的文化记忆，是过去时代流传下来的历史财富，忠实地记录了织金县劳动人民生产生活的发展进程，我们可以从中认识、了解过去人类的生产生活。长期以来，它既是一种重要的地方历史文化载体，又是人们必不可少的日常生活用品，曾一度出现过“砂陶生活文化”的景象。

艺术审美价值。首先，织金砂陶工艺采用比较原始的方法，与中国原始的陶器有着千丝万缕的联系，很有可能是原始陶器在地方上发展而成的。其次，陶瓷是一门最简单而又最复杂的艺术，是简约与繁复的结合体。砂陶的艺术审美价值主要体现在砂陶的造型和装饰纹样两个方面。造型决定着陶瓷的基本形态，装饰则起着强化形式美感的作用。织金砂陶上的纹路和花纹都是砂陶手工艺人一笔一画亲自画上去的，其纹路细腻美观，给人以规整、稳定、舒展的视觉效果，以及大方、单纯和简洁的美感。最后，我们可以通过砂陶工艺的创作，形象地看到当时人们的生

工人在认真上釉(李小毛　摄)

存状态和生活方式,了解砂陶工艺的艺术创作方式、艺术特点和艺术成就。

经济实用价值。长期以来,砂陶生产是一种地方形式的家庭经济,是小农经济的收入来源之一。将砂陶工艺品开发为既能满足大众生活需要又满足旅游者旅游购物所需的商品出售,销量极大,利润可观。这种做法不仅提高了这一传统手工艺的经济效益,更重要的是推动了其传承与发展。

织金砂陶传承面临的困难

近几年,织金砂陶传统工艺得到了较大发展,但是在传承方面,仍然存在不少困难。随着社会的发展,不少年轻人外出务工,不愿意主动学习,觉得收入不高且又脏又累。另外,有些父母也不愿意让自己的子女从事砂陶行业,认为比较辛苦,他们大多会让孩子多读书从而选择其他谋生方式。同时,随着我国生产力的发展,生产方式的改变,经济水平的提高,以及商品经济的发展,塑料、金属、电器等逐渐取代了砂陶,砂陶的销量开始下降,迫使从事砂陶制作的手工艺人转行从事收入较高的其他行业。如今,"砂锅一条街"的手工作坊只剩5家,且都是年事已高的艺人在经营,织金砂陶的传承迫在眉睫,应及时采取有效的保护措施。

豆制品制作技艺

大方豆制品产业发展历史与现状

大方县豆制品生产历史悠久,豆棒、腐竹、腐皮、豆豉粑、臭豆干、腐乳、糍粑豆干等产品在省内外市场颇负盛名。大方豆制品是在明朝末期传入大方的。时有湖广人褚氏,途经大方南郊9千米名为沙坝之处,口渴饮水,觉此水不同一般,清香回甜,便决定在此安家定居,经营祖传的磨豆腐做豆干生意,其加工的豆制品几年间就远近闻名,尤以“沙坝豆干”最为有名。随后,石、谢、肖几姓人家也做起了豆制品生意。在大方县小屯境内的果宝山石佛岭下的石姓人家用九股水流域的龙潭优质山泉水磨制的豆制品质地好,韧性强,很有名气。明末清初,大方豆制品制作技术传遍全县各地。

清代,大方豆制品曾被列为上贡之珍品,豆制品种类得以增多。《贵州通志·风土志》载:豆豉各州府县产,以大定(大方)为最佳。1940—1948 年,国民党航空发动机厂设于大方羊场坝时(羊场坝距沙坝 5 千米),大方豆制品生产已具有一定规模,主要销售给该厂厂内人员,其中有的还将豆制品携带出国作为礼品馈赠给国外友人。中华人民共和国成立以来,大方豆制品一直沿用家庭小作坊生产,生产规模小,产品单一,成本高,这在一定程度上制约了豆制品产业的发展。尽管如此,大方豆制品仍在艰难困苦中勇往直前,取得了不少成绩。1957 年,大方豆棒被列为贵州省传统名特产。1983 年,沙坝豆干在毕节地区豆制品评比会上荣获质量优异奖。1987 年,在贵州省毕节地区春交会上,大方豆豉系畅销品。到 1998 年时,全大方县向社会提供的各类豆制品共 40 万千克,年产值 288 万元,纯收入 40 万元。1999 年,大方县获得 100 万元项目资金发展豆制品产业,成立了豆制品开发领导小组,把豆制品产业化生产作为该县“十大财源”之一,贵州省大方县石老祖公豆制品有限责任公司乘着这股东风顺利组建起来。2003 年,大方县石老祖公豆制品有限责任公司的“九股水”牌豆制品被授予“首届贵州名特优农产品展销会名牌农产品”称号,2005 年获“黔绿之星”绿色消费品牌。并在其后的几年间,先后获得“中国广州食品工业展览会金奖”、毕节地区“优质农产品”“贵州省著名商标”“贵州省名牌产品”等荣誉称号。

石老祖公豆制品有限公司所获荣誉

2006年,“琼芳”牌风味豆制品豆豉荣获“中国名优品牌”荣誉称号。如今,大方豆制品产业已经成为全国豆制品产业中一股极为“生猛”的力量,随着新一轮改革发展的推进,大方豆制品产业也将迎来新的发展机遇。据不完全统计,2011年底全县豆棒加工户900多户,年加工销售豆棒650吨,豆干类加工户3150户,年加工销售豆干(臭豆干、白豆干)1549吨,豆豉粑加工56户,年加工销售豆豉粑150吨,糍粑豆干加工15户,年加工销售糍粑豆干240余万块,豆制品开发公司生产腐皮、竹、丝11500余盒,全县年豆制品销售收入1355万元,同时豆制品加工带动了养猪业的发展,加工户养殖出栏肥猪3286头,解决农村富余劳动力就地转移6380人以上。继2008年大方县荣膺“中国天麻之乡”“中国漆器之乡”“中国皱椒之乡”之后,又斩获一新的荣誉称号——“中国豆制品之乡”,这是全国食品行业对大方县豆制品的认可和肯定。对大方县打好“中国豆制品之乡”品牌、做大做强豆制品产业、挖掘豆制品文化、加速全乡经济社会实现跨越式发展将起到积极的推动作用。

大方豆制品发展优势

原材料丰富,大豆品质优良。大方县位于黔西北毕节地区中部,乌江支流六冲河北岸,大娄山西端,黔西高原与黔中山原过渡地带。县境地处黔西高原向黔中山原丘陵过渡的斜坡地带,属中山地貌类型。气候为暖温带湿润季风气候,夏无酷暑,冬无严寒,夏短冬长,春秋相近,雨雾日多,适宜大豆生长,所产大豆质地优良,为大方豆制品生产提供了丰富的原材料。大方县大豆常年种植面积3~3.2万平方米,大豆产量1.4万吨左右。据贵州省农科院分析,大方大豆蛋白质含量居贵州全省之首,生产的豆制品产量高、风味好、质量佳,这是大方县发展豆制品产业的一大优势。

水资源优质且多。大方县地下水资源丰富,年均储量5.07亿立方米。大方县有乌蒙井城之称,县城及周边近郊有99口井之说,其实概指大方多优质泉水。据《大定县志》载,99口井水质不一,有的宜煮酒,有的宜煮豆腐,有的宜熬糖;而据老人们说,大方的井水有“大水”和“小水”之分,譬如煮豆汤,非用“大水”不可,用“小水”煮不烂,其实就是水质的酸碱度问题。大水即pH值≥6,是加工豆制品的优质泉水,大方县豆制品质量好,生产集中的乡镇水质均拥有生产豆制品的优质泉水,其中以大方城区、沙坝、小屯、六龙、阁鸦为最好,优质的泉水资源为发展豆制品加工提供了较好的水资源基础。

劳动力资源丰富且成本低。豆制品加工业属于劳动力密集型产业,大方县农村劳动力共65.6万多人,常年在外务工14万人,全县富余劳动力近30万人,豆制品产业的蓬勃发展,为大方县创造了无数就业岗位,大量闲置劳动力就业上岗,为大方县豆制品行业及经济发展做出贡献。又由于农村劳动人口成本较低,成为大方豆制品发展的另一优势。

交通便利。大方县是黔西北交通枢纽,内有326国道、321国道,贵毕高级公路横贯其间,大方至四川纳溪的山岭重丘区二级公路将大方县与四川省连接,交通极为便利,为豆制品的销售提供了便利的交通条件。

科技和品牌优势。大方县豆制品生产已有数百年历史,传统加工技术技艺熟练,普及程度高。经过多年的研究发展,大方豆制品生产已实现传统工艺与现代加工技术的完美融合,探索出了一条适合于农村实际情况的生产工艺,县内初步形成了科技服务网络、实验和培训基地的道路。拥有一批高素质科技人员,几年来培训加工人员1000多人,奠定了大方豆制品产业化发展的技术基础。另外,县内豆制品加工企业创立的“杜鹃花”“琼芳”“九股水”“香馨”等品牌,已颇有名气,为豆制品产业化的发展打下了坚实的品牌基础。

领导重视。目前,大方县人民政府对大方豆制品的生产和发展都非常重视,采用帮扶政策,激励企业的发展,成立了由分管农业的县委副书记、副县长、有关单位领导组成的大方县豆制品开发领导小组。大方县人民政府2006年6月已将大方豆制品制作技艺列为县级首批非物质文化保护名录。

大方豆制品制作工序

大方豆制品做工独特,选料精良,取水讲究,火候巧妙,制作技艺是经过历代制作者们积累和总结的经验而得。大方豆制品中,主要有水豆花、豆干、豆棒、豆腐皮、豆豉等,其中水豆花、豆干、豆棒、豆腐皮制作工序如下。

(1)选料:选大豆中的优质豆,去掉杂物,用温水浸泡半天后,将豆取出滤干,再换清水浸泡,泡胀待用。

(2)制浆:用石磨将泡胀大豆磨成豆浆,过滤去渣(以前是用两层棕片滤之,现已改用纱布过滤)。

(3)成型:①将滤下的浆,放大火上煮沸,再用热酸汤清点三次,观火候,待浆澄清,出现棉花状豆花,如将筲箕直接置于锅内轻压即成水豆花;将豆花用筲箕滤出放入特制木器包箱重压紧密后,则成大豆腐;用小方块布包制成方块形,置于木器包箱内压榨紧密,取去包布,则成豆干;用稻谷草把小白豆干分层隔放在木箱中恒温发酵生霉,即成为臭豆干。②将滤下的浆,置于中火上热熟散热,结成豆皮,直接揭起烘干即成豆腐皮;如将结成的豆皮用竹条为芯,起一层,裹一层,层层加裹,做成直径4厘米左右,尺余长的棒子则为豆棒。

豆豉制作工序如下。

(1)选豆:去掉豆中坏豆及杂质。

(2)浸泡:用清水将选好的豆泡上两天以上,直至泡胀,不能再吸收水分为好。

(3)上甑:用煤火将甑中之豆高温蒸透,使其熟烂成泥状。

(4)发酵:蒸好的豆泥,趁热移入四周及底部放有鸢尾(俗称豆豉叶)的竹篾器内装好(不能压紧)封严,置于炉边,温度保持20℃左右,一周后可闻到豆豉香味。若用筷子挑起,可看到豆粒中有一层泫物,可成丝状,丝越多越长,质量越好。

(5)捣烂:将闻到香味的豆豉移于阴凉处,发酵20天左右,即舂成泥状,放于太阳下晒一两次后,再舂第二次,若能舂上三次更佳。

(6)成型:用木板将舂烂的豆泥,拍成长方形状的豆豉团,拍制时要拍紧,使之细密,豆豉团上可先抹上一层甜酒汁、菜油或米汤,使团状表皮滋润、光洁。

大方豆制品主要特征

(1)地域性特征明显。大方盛产的优质大豆与丰富的优质地下水,是任何地方的水都不可替代的,这为豆制品的加工提供了有利的条件,使大方豆制产品质优味美,久负盛名,300多年来仍经久不衰。

(2)制作过程讲究。大方豆制品选料精良,取水讲究。浸泡时间的长短,火候的掌握,酸汤的多少要适当适量,才能生产出优质的豆制品。豆豉的制作也很有讲究,每年的农历腊月初八以后才开始做豆豉,称腊八豆豉,正月后做的豆豉称桃花豆豉,夏秋两季也可制作,但质量都次于腊八豆豉。不仅在选料和制作时间上讲究,制作工艺也独成一绝,制作过程认真细致,不容任何疏忽,每一步骤都严格把关,力争完美,如此通过祖祖辈辈的努力才取得如今的成就。

(3)产品特征突出。大方豆制品香味浓郁,质地细嫩,韧性极强,营养丰富,携带方便。此外,大方豆豉更是有着不烂、不硬、不结块,味道鲜美、滋润化渣,油亮无杂的特点。

大方豆制品主要价值

(1)历史价值。豆制品生产技艺自明代传入大方,历经300多年,在传承的基础上不断创新和发展,形成了独具一格、盛誉远扬的大方豆制品系列产品。

(2)营养价值。豆制品营养丰富,含植物蛋白40%以上,植物脂肪17%,糖3%~4%,富含钾、钠、磷、铁等人体必需的微量元素,以及硫胺素、核黄素等多种维生素和氨基酸,易于消化吸收,不添加任何化学制剂和防腐剂,是世人公认的“蛋白肉”和绿色食品。

(3)制作工艺价值。豆制品做工独特,选料精良,取水讲究,火候巧妙,制作技艺是经过历代制作者们积累和总结的经验而得的。

(4)饮食文化价值。豆制品吃法多样,既可入百姓厨房,又可登大雅之堂,丰富了大方的饮食文化。

(5)经济价值。豆制品是传统的地方特产,是地方经济龙头产业,在省内外有着广泛的市场。

包装好的大方豆制品(李小毛 摄)

大方豆制品制作工艺传承现状

由于传统制作技艺程序多,大方豆制品虽然质美味佳,但产量远没有现代技术制作的豆制品产量大,因此,一部分传统技艺已经被现代技术代替,豆制品的传统技艺保护形势严峻。目前,代表性传承人主要为现任大方县石老祖公豆制品有限责任公司法人代表周金美、大方县琼芳食品开发有限公司技术员周祖均。为了使大方豆制品传统制作技艺得到更好的传承和发展,2006 年大方县人民政府将“大方豆制品制作技艺”列入首批县级非物质文化遗产保护名录。2009 年贵州省人民政府将“大方豆制品制作技艺”列入省级非物质文化遗产保护名录。从非遗的角度,政府、社会、民间组织、个人齐心协力,对其进行保护与生产,我们相信,大方豆制品将会发展得越来越好,走出中国,走向世界,让更多的人知道大方豆制品,让更多的人了解中国美食,了解中国的饮食文化。

荞酥传统制作技艺

地处贵州省西北部乌蒙山腹地的威宁,是毕节地区唯一的民族自治县。县域属亚热带气候,冬无严寒,夏无酷暑,气候宜人。年平均气温在 13℃左右,年平均降雨量为 962.3 毫米,无霜期 208 天,日照时间 1801 小时,被气象学界命名为“阳光城”。太阳神的无私惠顾,使动植物大受其益,特别是境内苦荞的生长,特殊的地理环境和独特的气候造就了威宁苦荞独特的品质,使它成为药、食两用的最佳保健食品。

荞酥主料选用产自海拔 2400 米以上的凉山或半凉山地区的优质苦荞。由于苦荞种植方式较落后,苦荞产量较低,但也正是这一原因使威宁苦荞成为真正的纯天然、无污染的绿色食品。

荞麦的种植年代久远,威宁彝族有“荞子”是粮食之祖之说。明代学者杨慎从四川到滇西途经乌撒(今威宁)时,赋诗描绘乌撒气候和人民生活状况,其诗句中就有“岁际丰享唯荞饭,时无冬夏总年裘”的诗句。清人赵翼咏威宁的诗中有“三两毛棚嵌碧螺,城边荞麦水边禾。万山深入都耕遍,始觉承平日以多”。从诗句中可看出威宁种植荞麦的普遍性。

荞麦的食用方法多样,可蒸荞饭、做荞粑,也可做荞凉粉、荞酥等。荞酥就是在荞粑的基础上发展而来。据传,明初威宁有户望族,将苦荞加工成面粉,加入白糖、菜油、猪油、鸡蛋等配料烘烤成饼,馈赠给水西宣慰司女土官奢香夫人,备受赞赏。后来奢香夫人又令其厨师丁长久对其制作工艺在原基础上加以改进,经过 40 余次的试制,最终将荞粑变成了美味可口的荞酥。奢香夫人朝贡时,把一个重 8 斤,上有“九龙捧寿图”的荞酥敬献给明太祖皇帝朱元璋作寿礼,朱元璋品尝后大加赞赏,誉为“南方贵宝”,并钦定为贡品。此传说虽无据可考,但《太祖洪武实录》中“洪武十七年二月乙亥(初七)(1384 年 2 月 28 日)……贵州宣慰使霭翠妻奢香率所部土酋来朝,贡品方物……以后多次朝觐”确有贡方物的记载。所谓“方物”,就是我们今天所说的地方特产,进贡的“方物”之中就有荞酥。1385 年,乌撒女土官知府实卜曾率 770 余人入京朝贡,其中方物亦有荞酥。由此,荞酥为南方贵宝、贡品方物,历史之久,名扬之广,显而易见。

纯手工制作威宁荞酥(孔庆达　摄)

荞酥的制作工具有面板、模型、烤炉等。制作程序有选料、磨面、配料、制作、烘烤、包装等环节。

(1)选料:主料选用当年产的优质苦荞,不用陈年苦荞,因陈年苦荞香味不如新产苦荞,用来制作荞酥口味相对较差,配料选用优质的白砂糖、优质菜油、本地猪板油炼制的混合油、本地优质红芸豆制成的豆沙和本地土鸡蛋。

(2)磨面:将选好的苦荞放入水中,空壳和不饱满的苦荞就会漂到水面,把空壳和不饱满的苦荞捞出,用清水淘洗干净苦荞后晾晒干,把晾干的苦荞用粗磨磨一遍,用筛子筛去荞壳,去净壳的苦荞用细磨磨制如面粉细,荞面即制成。

(3)配料:将制好的荞面按一定比例加入白砂糖、菜油、猪油、鸡蛋和匀,主料即成。荞酥馅有白糖、混糖、洗沙、火腿、水晶、枣泥、玫瑰等多种,因其馅品种的不同而口味也就多样。

(4)制作:首先制作芯子,按配方制作好各种馅,把馅包入配好料的面团内,压入特制的模型内磕出即成。

(5)烘烤:把制作好的荞酥装进烤盘送入烤炉烘烤,这是制作中关键的一步,主要是时间和火候的掌握,稍有差错即成废品。烘烤好的荞酥色泽金黄,味香,入口酥松易化。

(6)包装:把烘烤好的荞酥按两个一包用白纸包好,再装入盒中,全部工序即成。包装好的荞酥保质期较长,外观简洁大方,凸显荞酥特色,销往全国各地。

工人正在制作荞酥(孔庆达 摄)

荞酥这一地方特色食品,因其悠久的历史,特殊的工艺,有着较高的价值。

历史价值。荞酥制作最早可追溯至明洪武年间,延续至今已有 600 多年的历史,作为一种地方特色食品,它的制作工艺能够完整地传承到现在,说明了其品质之独特。对考查当地历史、经济发展轨迹、生态环境变迁等具有较高的历史价值。

文化价值。荞酥制作工艺经过600多年的传承，它已由单一的食品转变为一种地方民族民间饮食文化的载体，是民间饮食文化的重要组成部分。

工艺价值。荞酥制作是一种民间手工工艺，工序虽然简单，但要求细腻，是劳动人民智慧的结晶，是地方的历史文化遗产。

经济价值。威宁荞酥品种繁多，包装精美，香气浓郁，入口酥松，口味上乘，既可食用又具有清凉解热的保健功能，作为一种地方特产具有一定的经济价值。

然而，随着现代生产工艺的高速发展，民间手工艺受到很大的冲击。荞酥生产纯属手工制作，生产成本高，产量低，难以形成规模。在20世纪90年代尚有10余家家庭作坊生产荞酥，如今却只剩5家。虽如此，这一传承了600余年的工艺，仍以强大的生命力在现代社会崭露头角，2005年被列入省级非物质文化遗产保护名录。

彝族赶毡制作工艺

赶毡是威宁县传统手工艺，主要分布在县境内凉山和半凉山的牧区。赶毡技艺产生于特殊的农牧业经济中，从农牧业中产生，又依赖于农牧经济而存在，并服务于农牧民的生活，威宁地区的赶毡有其突出的手工特点，但又始终不脱离农牧经济而发展成为独立的行业。

赶毡使用的原料为羊毛，威宁县平均海拔高度在2200米以上，平均气温在10~12℃，冬春易旱，夏秋多雨，冬无严寒，夏无酷暑，气候宜人，堪称高原春城，独特的气候环境适合藏绵羊的生长。威宁绵羊属山谷型藏绵羊，分群管理，终年放牧，毛粗且短，是织地毯、赶披毡、制毡袜、赶毡帽的最佳原料。制作工序主要有洗羊、晒羊、剪羊毛、弹羊毛、铺羊毛、热水喷羊毛、卷羊毛、赶羊毛、压羊毛定型、喷水、赶制、晾干等。长期以来，赶毡技艺全靠师徒传承，世代相传，另外原料加工大都自然晾干，没有具体的理化指标，全凭经验掌握，由此可见，赶毡制作技艺确属典型的非物质文化遗产。赶毡时使用的加工工具有剪刀、弹弓竹帘、竹弓、木钩、量具、布袋、模板等。主要制品有垫毡，状为长方形，根据大约需要赶制；披毡，形状略呈梯形，上窄下宽，用白色羊毛制成，用于野外防寒、防雨；背毡，即背具，作背小孩用，形为正方形。赶毡工艺工序虽然简单，但要求工序细腻，原料加工到成品经过多道工序全由手工完成，制品结实、防潮、防湿、经久耐用。赶毡制品羊毛毡为高寒地区人们喜爱的防潮防湿御寒用品。赶毡工艺凝结了当地人民的智慧,记录了威宁县特殊地理环境下的特殊历史文化,具有经济社会发展和历史研究价值。

赶毡所需的羊毛首先要用弹弓等工具加工成松软的絮状

赶毡有较高的工艺水平,有硬毡、粑毡两种,硬毡作垫,粑毡作被子,品种极多,与彝族人民的生产生活息息相关,同时也蕴藏着特殊的文化内涵。彝族祭祖时必须放少许羊毛,布摩法衣中的法帽也是赶制的羊毛制品。在嫁姑娘许姑(梳妆)时也要以酒礼歌的形式,劝姑娘披披毡,礼服中的帽子(博士帽型)也是赶制而成。尤其是赶制的披毡,根据适用性有许多种,其大小、造型都各有千秋。特别漂亮的是裙毡,彝语称"许荀"。"许荀"上部似褶裙,中部有约一尺的腰,与主毡分离,腰下中部又有半月形伸出毡腰五六寸长,层叠多次,毡的肩部和腰部用五六寸长的羊毛绳吊须赶缀在毡领毡腰中,每五六寸即有一簇作装饰,美观、大方、耐用。披毡的好坏及工艺水平高低,不仅是家庭经济状况的标志,还是权势的象征。披毡在彝族人民生活中具有多种作用,白天可御寒、避雨和垫背,夜间可作寝具;探亲访友,找对象时可作装饰。

赶毡技术历史悠久,但在威宁没有任何史料记载,据兔街乡工匠李兴文介绍,此项工艺2000多年前传入贵州,传到威宁的时间已无法考证。但在凉山的赶毡工匠中流传着一句话,"风吹马尾千万线,羊毛见水一片毡"。李氏赶毡工艺已传承了十余代,赶毡工艺在明清时期比较兴旺发达,传播范围比较广泛。中华人民共和国成立前夕,由于战争的原因,此行业逐渐衰落,威宁只有凉山部分地区还在进行少量的羊毛毡加工业,其他的逐步走向家庭体系。改革开放后,随着人们物质生活水平的不断提高,毛制品逐渐被工业化产品替代,再加上赶毡制品工艺落后,经济效益低,大多数人已不愿再使用,多数工匠也不愿从事此行业,赶毡工匠越来越少。据调查,威宁县现存的赶毡工艺只有兔街还保留着10余家工匠。为使赶毡技术不

毡制品做好后，要赤脚在上面踩一踩、压一压

致失传，2005 年，贵州省文化厅将其列入省级非物质文化遗产保护名录，并制定切实可行的保护措施，使赶毡传统工艺得以传承、发扬。

鸟笼制作技艺

甘棠鸟笼工艺制作历史悠久，虽然中途因为历史和时代的原因出现过断档，但是近年来又开始得以延续，不少民间艺人开始重新制作鸟笼。其工艺之精湛，构图之精美，在黔西一带堪称一绝。民间工艺师们在继承传统的基础上，不断创新，加入现代气息元素，使得制作的鸟笼在方圆百里都极负盛名。

做工精致的鸟笼

甘棠鸟笼制作工艺，是由笼架、笼圈、笼条、笼门、笼抓、笼钩、托粪板等几个部分组成，笼内安有栖木、食罐和水罐等。黔西传统的鸟笼多用竹制品，主要是在笼门与笼圈等处进行精工细雕，有的还镶嵌着金银珠宝等，显得极为珍贵。甘棠鸟笼的制作有取材、制坯、刻花、打磨等工序，成品式样精美，别具一格。制作

鸟笼局部细节图

鸟笼的工具通常包括篾刀、刮刀、雕刀、手锯、手钻、拉条板、钢圈模、钢锉、老虎钳、一分木凿、一架小台钳等。制作的材料通常是竹料、木料和金属料等。竹料常用淡竹、楠竹和水竹；木料多用楠木、樟木和核桃木；金属料多用镀锌铁丝或不锈钢丝，以避免锈蚀。直径一般以不超过 2.5 毫米为宜，过粗显得笨重难看。金属笼用于饲养嘴力较大的鸟，如鹦鹉、八哥等。

关于竹料。我国的竹种很多，竹料资源十分丰富，产量居世界第一。适合制作鸟笼或其他竹器的常用竹料有多种，但多用淡竹、水竹和楠竹等。淡竹亦称白竹，竹竿均匀细长，笔直端正，纹理直顺，劈篾性好，质地坚韧，刮青处理后竹表光亮细腻，色泽很美，呈淡黄色而略带绿色，是制竹器的理想材料。水竹也称烟竹，竹竿粗大端直，质地坚韧，加热时竹液溢出快，弯曲成形方便，刮青处理后竹表淡黄色，但色泽较淡竹略暗。楠竹又称毛竹，由于产量大，在鸟笼制作工艺中使用的也挺多，其竹竿粗大端直，劈篾性好，质地坚韧，但加热时竹液溢出慢，弯曲不易。楠竹在我国分布很广，产量大、竹质好，是制作竹器的常用材料。

选用竹料制作时，应选取竹节长的水竹、楠竹，使用刮刀刮去竹竿表面的蜡质层后，用篾刀将竹竿劈成比拉条板孔稍大一点的竹条，插入拉条板孔内，以钢丝钳夹住露出的尖端，使劲地将竹条拉过板孔，反复地拉几次，即可拉成直径 2~3 毫米的竹条。方笼笼条稍粗些，直径约 3 毫米；圆笼的稍细，直径为 2~2.2 毫米。然后根据所需鸟笼的形状，来构制框架或制作竹圈。构制方形笼时，可用方样结构组合成方形框架，先用小刨子刨成 8 毫米×10 毫米或 7 毫米×9 毫米的方料四根，为构方形框架的四根立柱，以方凿或打孔机钻眼，然后再做方框架的上方与下方横档，其粗细分别为 8 毫米×10 毫米与 8 毫米×20 毫米。使用胶水黏合方样，连接处用牛筋和油麻绳穿过横杠小孔，固定成方形框架。框架制好后，再打眼穿笼条，或先制成侧扇，再组合成笼。圆笼的制作较复杂，难度大，首先将笼圈加工好，这是关键。无论是底圈或顶圈，都需将竹条沿着

鸟笼图案栩栩如生

钢圈横外侧盘卷,如不好盘时,先以水加热软化,当盘好后,连同钢模一起入水加热煮沸,待竹条软化后,用钳将竹圈逐节夹圆,使竹圈层间无间隙。接着用绳子将竹圈连同钢模一起逐段捆紧,挂在背阴处晾干定型。然后将制好的笼圈和笼条钻上小眼,以竹销钉将两者钉住在笼架上,用两根长笼条穿入上下横架和笼门竹板两端的孔中,使之能上下移动。再将铜制、合金铝条制、木料雕刻、大螺丝连接制成的笼抓(爪和笼钩)安装好。最后,给金属笼刷上油漆,给竹制笼刷上清漆,就算全部完成。

精美的鸟笼制作工艺,历经数百年,在黔西县甘棠乡境内,以及城关镇这片土地上生根、发芽,是人们智慧与劳动的结晶,是竹编工艺与竹雕工艺的完美结合。但是,由于鸟笼制作工艺复杂,对手工编织工艺和雕刻工艺要求甚高,加之其经济效益不明显,很多年轻人不愿意去学习这门复杂的手工技艺,使得鸟笼制作工艺后继乏人。另外,随着生态环境的改变,竹林逐渐消失,鸟笼制作的原材料日渐匮乏,种种因素导致甘棠鸟笼制作工艺处于濒危状态,亟待保护。

金沙酱香型白酒酿造技艺

金沙县位于贵州省西北部,地处乌蒙山脉和娄山山脉交汇处,坐落于乌江流域和赤水河流域之间。其中,金沙窖酒酒业公司和下属源村分厂,以及金沙古酒厂的厂址,均在长江流域的乌江水系旁。金沙县属北亚热带湿润季风气候,冬无严寒,夏无酷暑,无霜期长,昼夜温差大,雨量充沛,适宜多种作物的生长。年均气温12.5~16.5℃,年日照数平均1098小时,年无霜期平均275天,年平均降雨量1050毫米。得天独厚的自然环境,非常适宜微生物群落繁殖、衍化,从而也孕育出了金沙县独特的酱香型白酒酿造技艺。

金沙回沙酒

酱香型白酒酿造技艺历史

金沙县酱香型白酒酿造技艺,历史悠久,源远流长。据史料记载早在光绪二十六年(1900年),黔西州下辖安底场(今金沙县安底镇)的实业家黄毛氏就开办了酿酒坊，生产苞谷酒；民国十七年（1928 年），贵州、四川军阀混战，茅村与四川仅一河之隔，黔军进驻，百姓、工厂常受骚扰，以至茅村酒厂全部停产。此时，实业家黄氏的嫡系传人黄慎初亲赴茅村，与衡昌酒坊老板商议延请衡昌酒坊一流的酿酒大师刘开廷到安底。由于最早生产地在安底陡滩，将“陡”字取谐音化为“斗”字，取名“慎初斗酒”。民国二十一年（1932 年），慎初斗酒正式挂牌生产。

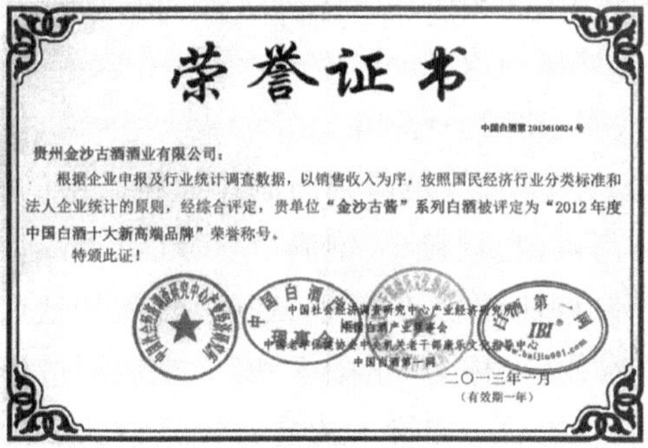
荣誉证书

贵州金沙古酒酒业有限公司：

根据企业申报及行业统计调查数据，以销售收入为序，按照国民经济行业分类标准和法人企业统计的原则，经综合评定，贵单位“金沙古酱”系列白酒被评定为“2012 年度中国白酒十大新高端品牌”荣誉称号。

特颁此证！

二〇一三年一月

（有效期一年）

“金沙古酒”获得的荣誉证书及金沙古酒

金沙酱香型白酒酿造技艺的基本内容

（1）选取原料。酿酒的原料一般为优质的糯高粱和小麦。制造曲块的时候，原料一般采用本地优质冬小麦，因为小麦的黏着力强，营养丰富，非常适宜菌种的生长，这是千百年来人们的酿酒经验总结，也是中国智慧的体现。

（2）制曲。水为酒之魂，曲为酒之骨。被奉为酒骨精粹的酒曲是决定酿酒品质的关键所在。曲药以小麦为原料，先将小麦粉碎，加入水和“母曲”搅拌，放在木盒子里，工人洗净双脚之后，站在盒子里用脚不停地踩。制曲时间一般为每年端午时节，这时，小麦开始成熟，并且端午过后，金沙县等地区将迎来一年中最热的季节——夏季。夏季气温高、湿度大、空气中的微生物种类、数量多且活跃，制曲车间里的温度常常高达 40℃，有利于微生物的生长繁殖，这些微生物混入曲块中分泌出大量的酶，可以加速淀粉、蛋白质等转化为糖分，从而提高了“曲”的含糖量，对于整个白酒工艺起到至关重要的作用。小麦经过“踩曲”做成“曲块”后，需用谷草包起来，进行装仓，放进室内堆积起来，使其发酵。一般来说，曲房采取活页木窗和小青瓦顶自然通风，曲块堆积时采用横三竖三的形式交错堆积，这种堆积形式易排潮也易保温，并以曲块间加稻草调节温、湿度，四周及顶部加盖稻草保湿、保温。大约 10 天后，需对曲块进行翻仓，即把曲块进行上下翻转，让每一面都能充分接触微生物，前后一般要进行两次翻仓。再过 30~40 天，曲块酒做好就可以入库备用了，不过需要存储40天以上方能使用,在使用之前,要将曲块切碎,越碎越好,由以上工序生产一块合格的酒曲至少要3~5个月。在制曲生产过程中因曲醅的品温不同,自然形成了黄曲、白曲、黑曲,这其中以黄曲最香,质量最好,所占比例也最大。自然乃万物之本,由酱香型白酒酿造技艺酿造出的美酒是神秘东方文化的味觉幻化,其中的酒曲更是在孕育的阶段就已经吸天地清明之气吐其尘浊,调和阴阳之衡,把精细淳美的自然之质醇酿在滴滴金沙美酒的玉液之中。制曲工艺流程如下:小麦→ 粉碎→ 加母曲→拌曲、拌料→踩曲→成型→晾干→入室堆积发酵→一次翻曲并加水→发酵→二次翻曲→成品入库→老熟→备用。

(3)酿造。酿造最重要的步骤是"下沙",沙是酱香酒制作原料高粱的一种说法,由于正宗酱酒的原料为红缨子糯高粱,它颗粒小,饱满,呈酱红色,看起来像沙子一样,所以当地人都称其为"沙"。制好曲酒后,时间已从初夏转入仲秋重阳节,在此时开始投料,是酱香型白酒第一次投料,称为"重阳下沙"。在制酒过程中,因所下"沙"的完整程度不同,而产出不同的酒。如投入的是比较完整的高粱,产的酒为"坤子酒",金沙回沙酒最著名的"回沙"工艺,即是指将高粱多次蒸煮出酒,而不是一次榨光酒分。酱香型白酒要经过2次投料,9次蒸煮,8次加曲发酵,7次取酒这一复杂过程。第一次下沙的主要流程为:高粱→粉碎→润料→混蒸→摊凉→拌匀→堆积发酵→窖池发酵→第一次蒸馏。即下沙时先将粉碎后高粱的泼上原料量51%~52%的90℃以上的热水(称发粮水),泼水时边泼边拌,使原料吸水均匀。也可将水分分成两次泼入,每拨一次,翻拌三次。注意防止水的流失,以免原料吸水不足。然后加入5%~7%的母糟拌匀。母糟是上年最后一轮发酵出窖后不蒸酒的优质酒醅,经测定,其淀粉浓度11%~14%,糖分0.7%~2.6%,酸度3%~3.5%,酒度4.8%~7%(V/V)。发水后堆积润料10小时左右。润料完后即是混蒸,先在甑篦上撒上一层稻壳,上甑采用见汽撒料,在1小时内完成上甑任务,圆气后蒸料2~3小时,约有70%的原料蒸熟,即可出甑,不应过熟。出甑后再泼上80℃的热水(量水),量水为原料量的12%。发粮水和量水的总用量为投料量的56%~60%。出甑的生沙含水量为44%~45%,淀粉含量为38%~39%。混蒸这一环节结束后,进入摊晾环节。这一过程主要是对泼水后的生沙,经摊晾、散冷等步骤适量补充因蒸发而散失的水分。当品温降低到32℃左右时,加入酒度为30%(V/V)以上的尾酒7.5千克(约为下沙投料量的2%),拌匀。所加尾酒是由上一年生产的丢糟酒和每甑蒸的酒头经过稀释而成的。接下来便是堆积发酵,当生沙料的品温降到32℃左右时,加入大曲粉,加曲量控制在投料量的10%左右。加曲粉时应低撒扬匀。拌和后收堆,品温为30℃左右,堆要圆、匀,冬季较高,夏季堆矮,堆集时间为4~5天,待品温上升到45~50℃时,可用手插入堆内,当取出的酒醅具有香甜酒味时,即可入窖发酵。堆集后的生沙酒醅经拌匀，并撒上一层薄稻壳，最后用泥封窖 4 厘米左右，发酵 30～33 天，发酵品温变化在 35～48℃。至此，酱香酒第一次投料——下沙流程完成。

1.下沙（投粮）

2.摊晾

3.拌曲（添加曲药）

4.堆积发酵

5.窖池发酵

6.上甑

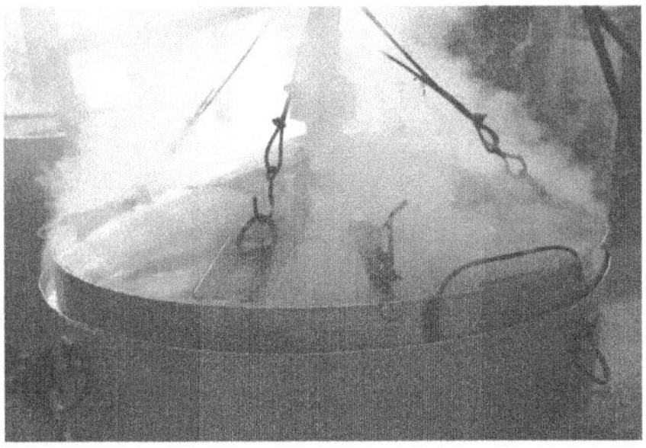
7.蒸煮

8.出酒

酱香型白酒酿造工序

第二次下沙与以上大致相同,所用母糟即是第一次窖池发酵的酒醅。第二次蒸馏所出的酒即是所谓的“生沙酒”,应全部泼回第二次入池发酵的池中。两次投料后,第三次蒸馏取酒,即得到第一次原酒入库存放,而对已初取酒的酒醅仍通过摊晾、加曲等以上工艺操作,但不再加新料,再堆积、再发酵,按此操作可一直取6~7 次原酒入库。

(4)储存勾兑。勾兑是回沙酒最后的也是最重要的独特工艺,勾兑师技能的高低决定着产品的品质。在生产过程中,每次所取原酒的风味都不一样,窖池发酵时,不同层次酒醅的特点也不同,存库时都将会按不同的酒分别存放。时间是最好的酿酒大师,成大器者,不惧隐忍,甘于在漫长的时间里潜心沉淀,让岁月褪去粗糙浮华,只余下灵动的精致和纯粹,返璞归真。好酒永远值得耐心等候,金沙酱香型白酒珍藏多年过后,更见其芳香扑鼻,滴滴胜金,绝非一般酒品可比。储存期到后,勾兑师按照产品的质量标准,根据基酒的不同特点,最终定型成合格的酱香型白酒。

酱香型白酒酿造技艺传承与发展现状

中国白酒的香型大致分为五种:酱香型、浓香型、清香型、米香型和其他香型。在这几种香型中,酱香型白酒独树一帜,受到大家喜爱。据中国白酒工业协会 2013 年年初公布的消息,中国酱香型市场近 5 年来平均增长速度 32%,销量占到中国白酒市场份额的 20%左右。过去,酱香型酒由于品位高、产量低、价格高,百姓要想喝到一瓶回沙酒很不容易。随着人民生活水平的提高,金沙回沙酒已走入寻常百姓家。金沙回沙酒的酿造工艺较为复杂,一瓶酒从原料进厂到产品出厂至少经过 5 年,在这当中,分两次投料、9 次蒸煮,8 次摊晾,经由大、小、鲤、玄、末、吼、尾 7 道工序,并要加曲,高温堆积,入池发酵,取酒、存贮、勾兑。特殊的工艺造就了高品质的酒,其以“酱香突出、典雅细腻、醇厚绵柔、回味悠长、空杯留香”的酱香风格闻名遐迩。

清池贡茶制作技艺

清池镇是金沙县出贵州省的西北大门,交通便利,是元代川盐入黔的古驿站。距金沙县城 60 千米,位于赤水河上游的鱼塘河畔,地处金沙县西北川南线上,两省三地市交界处。北与四川古蔺一衣带水,西与毕节市田坎乡毗邻,东与仁怀市九仓镇、龙井乡接壤,是全县海拔最低的地方。境内有普子河、水边河、渔溏河等主要河流注入川黔两省界河赤水河，属赤水河流域上游中低海拔地带，海拔在450~1300米，年均气温16.5℃，年降雨量740~900毫米，森林覆盖率28%，植被覆盖率45%，有荒山草坡5000余亩，土壤以马血泥、小黄泥居多，主要生产水稻、玉米、小麦、油菜、花生、烤烟等农作物和橙、柚、葡萄、桃、李、核桃、板栗等经果作物，有较丰富的煤、铁、铜、硫、高岭土等矿产资源。

千年古茶树

清池贡茶历史渊源

清池贡茶最早要追溯到西汉武帝元光五年（公元前130年），中郎将唐蒙率部属、民夫万人前往夜郎，以说服夜郎侯多同实行郡县制。队伍从蜀符关（今四川合江境内）出发，沿赤水河到达犍为郡的平夷县境，即今县境清池一带，尝到了土著百姓待客的“神汤”，留下难忘的印象。在会见夜郎侯回程中，特购了当地的“茶、蜜、枸酱”等，回京后作为“方物”进贡汉武帝，时称“夜郎茶”。后成书于东晋的《华阳国志》（约公元350年成书）记述了“平夷产茶、蜜”的史实。后人有诗赞叹：“汉将唐蒙访夜郎，鱼塘岸上赞茗香。蛮方自大随风去，唯有茶名万代扬。”

三国蜀汉建兴三年（公元225年），蜀相诸葛亮南征，七擒七纵孟获，德服蛮方后，采取“不留兵，不运粮”“纲纪初定，夷汉相安”的政策，“即其渠帅而用之”。南方已定，班师回蜀时，沿途安抚军民。他过夜郎大地，走访果瓦、清水塘，看见一片片的茶林，绿浪翻滚，香飘四溢，很是高兴，不禁赞叹：“南方多后劲，不落于中原。”游历清水塘，放眼川南的观音大山，听着涛声阵阵的鱼塘河浪后，他喃喃自语：“关河锁钥，龙蛇蜿蜒；留水有情，流水惊天；钟灵毓秀，天上人间；他年拓垦，后劲无前。”

清池在清乾隆元年以前属于四川永宁彝族土司奢氏领地，清池茶是扯勒部奢家特产。明洪武十六年（1383年），奢香夫人进贡“三青廪积物”（用棕条编袋内装茶叶，外套竹编筐，三者都是常青树的材料，如此包装可保质，故称），明太祖朱元璋龙颜大悦，称为“清水塘灵茶”。后人有诗赞叹：“黔北川南雷吼塘，浴池天将沐奢香。明皇惊叹灵茶秀，尤物原来出鬼方。”

清咸同年间(1860 年左右),清池武德校尉罗子舟开展“评茶赛马”活动,为贡茶的发展搭建了一个平台,极大地提高了茶农生产的积极性,带动了当地花生、核桃、芝麻、瓜子等经济作物的发展,也带动了当地饮食业、茶馆业、旅店业和其他商业的共荣,提升了清池贡茶的知名度,扩大了贡茶古镇的影响,清池茶种植规模逐渐变大,销量连年上升,后成为朝廷贡品,受到朝廷的重视。后人也有诗赞叹:“鹰嘴山高唬马蹄,回龙荡气孕珠玑。评茶赛马功勋著,载入盐茶古道奇。”随着清王朝的灭亡,贡茶一名也渐淡出历史舞台。

清池镇鱼塘河畔盐茶古道上的贡茶碑

清池“秆秆茶”及贡茶生产工序

清池贡茶之西汉“夜郎茶”、明洪武年间“清水塘灵茶”,都属于优质的“秆秆茶”系列,由原始的纯天然民间独特手工技艺加工精制作,采摘后晾晒在青石板或磨盘等石质器具里,用手或光滑椭圆石棒(俗称“擂茶棒”)揉制,日晒或火烘干,成品用竹器和棕袋盛装而成的一种精品茶叶。而何谓“秆秆茶”?“秆秆茶”为茶叶、茶针、茶果并存的一种茶叶,是贵州原生态的、传统的大众茶,也是清池贡茶的鼻祖。唐代陆羽《茶经》记载,“茶之出黔中,生思州、播州、费州、夷州……往往得之,其味极佳”。《茶经》记载的播州,也指今天的金沙一带。这充分说明,金沙县历史上不仅产茶,而且产好茶。由清池镇文联主办的刊物《清池文苑》上,曾经刊登过罗成仲的一篇文章,即《奢香夫人与清水塘“灵茶”的传说》,其中讲到清池当地农民用砂罐炭火烧煮“和合茶”的历史。相传,明洪武年间,奢香夫人将茶献给朱元璋,朱元璋喝后欢喜不已。更神奇的是后来朱元璋每次泡此茶时,只要开水中的“和合茶”茶秆立起来,他都会接到“奢香夫人觐见”的禀报。朱元璋大大惊诧,说:“蛮方竟产此奇物。”后来,奢香夫人便把此茶称为“灵茶”。再后来,清池民间便有一说:泡“和合茶”喝时,只要茶秆直立,必有贵客到来。再后来,“和合茶”被乡民们称作“秆秆茶”。

“秆秆茶”在毕节民间影响极大,直到今天,村民走亲访友,必带“秆秆茶”作为送礼佳品,而行政官员坐在办公室,对“秆秆茶”也情有独钟。其实“秆秆茶”就是四叶、五叶连茶带秆炒制的大宗茶,与县内获“十大名茶”称号的“清池翠片”是两回事。“清池翠片”属一叶、二叶高端精制茶。相比之下,“秆秆茶”大众化,更容易让人接受。“秆秆茶”不是清池茶的唯一品种,随着岁月交替变更,清池茶叶已有“翠片”“毛尖”等很多品种。每个品种的生产工艺大致相同,只不过同“毛尖”等相比,“秆秆茶”的生产程序没有搓团提毫一项工序。清池贡茶主要的传统工艺如下。

(1)采摘工艺。阴天或无雨、日光不强时采摘,竹器运回,竹器(簸箕)选择后,在阴凉处“晾青”12 个小时以上,苦水蒸发后,再按照传统工艺制作。

(2)第一次用武火:“杀青”。双手十指摊开搂散叶片,均匀炒制不准糊焦,闻到熟香味后,放进簸箕等竹器里晾冷,然后用手从轻到重掌握力度搓揉,不让叶片碎烂,搓揉好后成条形。

(3)第二次用文武火:“收汗”。双手搂起茶叶往上抛,让热气散发,感觉 80%干后,搂紧簸箕等竹器摊开晾干,让焦茶回润 10 分钟左右,从轻到重掌握力度搓揉,较之第一道用力小,主要是指叶片规范。

(4)第三次用微火:定香位或提毫定性。用花型手掌均匀摆弄茶叶,边选择不合格叶片。闻到纯香味,手感茶叶已经烘干,搂紧竹器摊晾后选择、分出细面、白块、杆杆。

(5)成品包装。用棉布袋、棕榈袋、坛罐等器具进行包装。

清池贡茶的重要价值

(1)经济价值。清池贡茶作为一种独特的民间手工技艺,带动了贡茶产业的发展,对其进行产业化开发,带动了当地经济发展,增加了人民收入,成为金沙清池的支柱产业;同时,大力发展清池贡茶茶文化,并将其并入茶马古道文化和盐马市场文化,同时与佛教文化和民间民俗文化相交融,促进旅游业发展,带来可观的经济收入。

(2)历史文化价值。金沙贡茶历史悠久,据史书记载,公元前 135 年汉武帝传旨作为贡茶,清朝时期畅销各地,至今已有 2000 多年的历史。经贵州省内专家考证,金沙是西部乃至中国贡茶文化的发源地,保存 40 余株有上千年历史的人工栽培的古茶树群,规模之大,全国罕见。悠久的民族历史和特色民族文化,积淀了金沙油茶、罐罐茶等独具民族特色的茶饮文化。在今天金沙清池与古蔺交界处的古渡口,还保存有立于清同治年间的三块贡茶碑,其中一块就记载道:“清水塘茶,渡船经古蔺出川,畅销各地,连年税贡,惜产少耳。”在清池街上,现今还保存有建于清嘉庆年间的江西会馆。据考证,该会馆当年商贾云集,主要从事茶叶与食盐交易。江西会馆除食盐交易外,还是重要的茶经济、茶文化的传播场所,保存了当年使用的各种茶具,具有非常重要的历史文化研究价值。

(3)旅游价值。清池阳波村的千年古茶树群,是贡茶文化的活化石,由此向西南进入茶马古道,是一条精品绿色旅游线。而镇西北的盐茶古道跨过川黔界河鱼塘河,进入川南的泸叙盐马市场,是另一条特色突出的盐茶文化旅游线。镇中心以盐茶文化交流为核心的江西会馆等古建筑,文化底蕴深厚,亦是独具文化特色的旅游资源。

清池贡茶发展现状

清池贡茶工艺是一种文化产业,世代相传。其传承人已至第十代,传人主要有三位,分别为罗明荣(男,生于 1964 年 8 月 18 日)、罗明华(男,生于 1968 年 3 月 7 日)、任希鹏(男,生于 1978 年 12 月 2 日)。随着“中国贡茶之乡”的申报成功和“金沙贡茶高效农业示范园区”落户清池镇,清池贡茶将迎来跨越发展的黄金时期,清池贡茶传统工艺文化也将得到传承和发展。同时,毛尖、“秆秆茶”生产手工艺得到传承和进一步的改进。翠芽、翠片、毛峰等新工艺产品问世,进一步发展了“清池贡茶”手工艺。

烟火(烟火架)

烟火架历史渊源

烟火在毕节金沙一带称“烟火架”,据传产生于汉代,三国时改进用于军事上的信号工具“孔明灯”,发展于隋唐,盛行于明清,是集剪纸、绘画、编扎、烟花、火光及皮影等技艺为一体的民间艺术。唐朝大诗人、时任通州刺使元稹的《通州元宵》诗云:“绣毂雕鞍花满天,美人轻荡采莲舟;龙冲硝焰腾云汉,鼓动鼍声震斗牛;竹枝高唱如云悠,电闪金环掷火球;灯市踏歌春富贵,边城望月夜风流。”由此可见,要火龙、放烟火架、划彩龙船等在唐朝时代就十分盛行了。这一技艺在金沙县境内沿袭

观看烟火架表演

已有上百年历史，一般每年正月十五晚上燃放烟火架，每逢此时，方圆数百里前往观看的人络绎不绝，汇集观众最多时可达3万人左右，场面热闹非凡，人潮涌动，再伴以舞龙、打铁板花等活动，让节日气氛更为热烈喜庆。目前，这一传统仍然在茶园、安底等乡镇沿袭。金沙安底镇位于县城东部中区，距县城32千米，公路四通八达，可直达名城遵义、行署驻地毕节和省城贵阳。

安底镇的烟火架，可追溯到清代。安底烟火架一般有12折：①老公公背儿媳妇；②两公媳打糍粑；③孙猴子过火焰山；④孙猴子爬灯杆；⑤蚌壳精；⑥鲤鱼跳龙门；⑦李三娘受苦；⑧白蛇精；⑨火爆葵花；⑩夜观兵书；⑪秉烛待旦；⑫下垂四灯笼。安底烟火架观赏效果很好，极受民众喜爱，无论男女老少，无论地域远近（在一定范围内），无论农活忙闲，人们都会聚在一起观赏，具有较强的戏剧性。它的操作和制作都有较严的程序性，人物行为具有奇特性和模拟性，反映了一些历史故事和神话传说。烟火架是安底重要的传统文化和民族工艺的浓缩。

烟火架制作过程

制作烟火架原料简单，但工序复杂、配方独特，外人不易掌握，它由篾条、纸、火药、引线、图片组成，有亮纸→发火→烧花→现字→发绿五道工序。由于工序较为复杂、技术考究，所需时间较长，所耗物力财力较大，所以一般在每年农历冬月就要开始筹划备料，腊月开始编扎。

精彩的烟火架表演

烟火架外形是一个圆桶，一般直径1米，高1.5米，做工精巧，外形美观，四周是灯，中置字画，层层叠叠、内外连贯，内设若干层，每层若干格，每格内容或一折戏或山水人物或飞禽走兽。制作烟火架原料主要有竹篾条、麻线、牛皮纸、火药、硫黄、铜粉、铁粉、木炭、硝酸、图片等；制作程序包括桶子编扎、故事个扎、引线捻制、隔火设计等诸多工艺。

烟火架的现实价值与现状

作为民间文化艺术的精髓,烟火架集纸扎艺术、烟花工艺、古典文学、传统戏曲和自然生态于一体,是视觉艺术、听觉艺术的完美结合,具有浓郁的本土特征、典型的民族特色,以及强大的艺术生命力。

据民间传说,烟火架是由古代军事上的信号工具"孔明灯"演变而成,从战争年代的通信工具演变成为和平时代的艺术品,这是人类追求和平、崇尚和谐共处的体现,是记录人类进步、社会发展的标志。烟火架内容以表现忠、孝、节、义为主,一格一单元,或戏或画,亦庄亦谐、雅俗共赏,给人以听觉上的美感、视觉上的享受,且寓教于乐,发人深省,给人启迪,具有浓郁的本土特征和典型的民族特色。同时,作为观赏性较强的娱乐活动,若对烟火架加以加工改革,使之更具观赏性与传承性,能够吸引来自不同地方的游客前往参观旅游,从而带动地区旅游业发展,促进地区整体经济发展。

目前,烟火架主要传承人有王少明(安底镇)、王战云(茶园乡)、王玉书(茶园乡)、王金云(茶园乡)、刘文强(安底镇)、龙明利(茶园乡)、徐大宽(茶园乡)、刘勇(安底镇)等。

1983 年,贵州电视台曾将金沙元宵节燃放烟火架的节日盛况摄制报送中央电视台隆重播出。目前,烟火架已被列入贵州省省级非物质文化遗产保护名录。但是由于现在婚、丧事从易从简,烟火架难以推广;节日庆典采用流行方式来庆祝,对传统技艺的重视越来越淡;原来技艺较高的传承人已相继离世,而现有掌握传统工艺技术的传承人年龄偏高,传统技艺面临失传的问题。

苗族蜡染(织金县)

织金县苗族蜡染工艺流传至今已有上千年历史,早在春秋战国时期,生活在两河流域一带的苗族就已经掌握了蜡染工艺。现如今,主要流传于官寨乡、大平乡、珠藏镇、后寨乡及其他有少数苗族居住的部分乡镇。

织金蜡染沿革

蜡染古称蜡缬。据《一切经音义》卷十载:"谓以丝缚缯,染之,解丝成文日缬也。”引申为细薄、折叠之物和有花纹的丝织品都叫缬。从我国出土的单色蜡缬绢、两色蜡缬绢等文物中，可以看出，丝绸蜡染在古代已经盛行，因年代久远，工艺失传，现在已没有丝绸一类的蜡染，留存在世的只是麻布和棉布蜡染。织金保存的蜡染工艺也是棉麻蜡染。

织 布

织金的蜡染工艺，历史悠久，主要是由苗族妇女继承流传下来的。苗族称蜡染为棒(báng)，译为蜡花。始为麻布蜡染，20 世纪 30 年代用粗棉布(俗称土布)蜡染，50 年代使用机织棉布(称洋布)蜡染，现在多用平纱府绸，近年有使用的确良试染，但的确良有抗染和不耐温的特点，效果较差，且用开水煮，蜡易变形，而使用细棉质布绘染较好，能绘出精细的花纹图案。很早之前，织金苗族蜡染使用蜂蜡绘画，那时候还未发现靛之类的原料，是将蜡画物放入烂田里染的。这种古老的烂田染法主要是用核桃树叶、皮和马桑树叶浸泡在烂田里，与烂田里的泥起化学反应后变成蓝色，然后将蜡画物品放入烂田中，常翻转染品，待染物变色后取出，煮去蜡质洗净即成蜡染。这种古老的田泥染法，织金的部分偏僻村寨直至 20 世纪 50 年代初仍有人使用。

苗族运用蓝靛的历史可以追溯到明朝。相传明洪武年间，汉族进入比喇(织金)后，带来了靛，苗族习之后改田泥染法为蓝靛靛染法，一直延续到现在。据史料记载，苗族的祖先原生活于黄河、长江流域一带，土肥水美，风景宜人，后来因为战争，苗族人民被迫离开了家园，向西南迁徙，来到了贫穷的西南地区。虽然苗族离开了美丽的家乡，但是家乡的一草一木、河流、山川，都深深地刻在了他们心中，无法忘怀，为了让后代人永远记住祖先们居住的地方，先辈们在没有文字记载的情况下，采用缝制的方法，以多种颜色丝线把家乡的美景绣在衣物上，让人们在举手投足之间都可以看到故乡的景色，引发人们思念故土的深深情怀。织金苗族有六种服饰,虽然款式各异,但花纹基本相同,图案大多是黄河、长江及其流域的田园景色。时光流逝,苗族的服饰虽在质量上不断改进,图案却没有多大的变化,不是他们不知道创新,而是他们要永远记住本民族这段悲壮的历史。

苗族蜡染基本内容

蜡染是织金苗族最普遍、最有名的工艺美术,主要工具是蜡刀、蜡锅和染缸,原材料为石蜡、蓝靛和自织麻布或市场上购买的平纱白布、府绸等,工艺流程分画蜡、染色和漂洗三道工序。

画蜡,即用蜡刀蘸蜡在白布上刻画各种图案。蜡刀形制似一把小洋撬,柄长6~8厘米,刀长1~2厘米,系用几片三角铜片镶嵌于削好的竹杆一端做成。其使用原理与蘸水笔一样,点蜡后,用固定有三角铜片的一端作画,另一端朝上。作画的蜡用时都要经蜡锅加热,使之熔化,但温度要适中,既不能低,也不能过高,否则,要么蜡粘不上,要么点得过浓。为保证均匀,蘸蜡时,蜡刀最好在锅边稍作滚动停留,使多余的蜡流回锅中,同时要适当降低温度,对于所要点画的图案,画蜡者都会心中有数,但最好还要先用较大的蜡刀沿边拉出长线条,然后分段隔成格子,再在格子中点画各种图案,这样,所点画的图案才会均匀对称整齐一些。苗族蜡染的图案较多,常见的有几何图形和花鸟虫鱼抽象化图案,常常是一段以后又进行重复,多段相连,构成一幅美丽的图画。

画　蜡

画蜡结束后,要对布料进行染色。染色的原料是蓝靛,一般栽于房后或村边阴潮的地方,叶子较宽,浸泡后容易腐烂,当年种植,当年收割,浸泡一星期后即可将余渣捞出，然后加入石灰搅动，使之发生化学反应。如果现时染布，就将点好蜡的布放入蓝靛缸中浸染，如需将蓝靛作为固体进行保留，就排除水分，以后染布时加上适量清水搅匀即可用。染色常常需要反复进行几次，直到点有蜡的地方漂洗后能变白，原来空白地方变蓝为止。

染　色

漂洗是蜡染的最后一道工序。根据布料大小，用一器皿盛上热水，将染色好的布料放入水中又快速取出，反复数次，直到点上去的蜡全部熔化脱离布料为止。漂洗所用的热水温度要适中，温度低则石蜡不能充分熔化，温度过高则会将布料烫坏。漂洗后，将布料晒干，蓝底白花蜡染成品就这样做成了。

漂洗后晾晒蜡染布料

一般说来,蜡染成品主要用于缝制妇女服饰或背带,男性服装多只染色而不点蜡,且不经过漂洗。

蜡染的种类

织金蜡染有黑白、彩色两大类。黑白蜡染有粗线条纹、细线条纹两种;彩色蜡染有深色和浅色两种。黑白蜡染遍及全县,以南部的细线条纹出名;彩色蜡染主要分布在东北面,以大平箐脚、龙场熊寨为主。苗族蜡染物品,常用白、红、黄、青、蓝等色调,他们用白色表示纯洁,红色表示欢乐,黄色表示高尚,青色表示勤俭,蓝色表示古朴。蜡染物品主要有女上衣、裙子、围腰(即围裙,有长、短、满三种)、背扇、鞋(有船形、凉鞋两种)、伞套、钱袋、旅游包、手电筒套、枕巾、小手帕、包帕、背褡(垫肩)等十余种,以服装和生活用品为主,服装又分为盛装和普通服装。盛装是蜡染艺术的集中表现。用七彩丝线对蜡染图案的花蕊、鱼眼等突出部分进行挑花或用精美的刺绣布代替某节蜡染布段,苗族妇女通常在跳花坡、跳花场、赴婚筵、酒筵、甜酒筵(俗称送月米)、丧葬等场合中穿戴,平时则是穿普通服饰。老人去世后必须穿蜡染衣物入殓,穿单不穿双,相传如不穿蜡染服装,老祖宗不认是苗家。

蜡染的工具、用具及入染工序

工具:蜡刀(蜡画笔)三把,分大、中、小三种,按绘画花纹的粗细线条取用。很早以前使用的蜡刀是竹质。用一条长 10 厘米、宽 1.5 厘米的竹片,削成上窄下宽的带刃刀形。后来进化到铜竹(上部为竹,下部为铜)结合的工具。

针板:用 10 余颗大针钉在一块长 10 厘米,宽 6 厘米的木板上,蘸蜡定点(头戴长梳的苗族用)。

蜡碗:铁质小碗一个,作加热熔化蜡之用。一般碗口直径在 10 厘米左右。

蜡板:用长 70 厘米、宽 50 厘米的木板一块,作垫画蜡之用。随着蜡绘艺术水平的提高,有些地区用玻璃板代替木板,平整光滑,使线条粗细均匀,绘出的作品效果很好。

蜡块:用一直径或边长 10 厘米左右的圆形或方形蜡块,作填蜡刀(蜡笔)之用。绘画时将溶化的蜡汁蘸入蜡刀铜片内,过热过冷均不适用,需要用蜡刀在蜡块上左右晃动填后再绘。

火炉:炭火盆或煤火炉一个,用文火将蜡熔化成蜡汁。火温不宜过高,使蜡熔化即可。

陶坛:容染靛用。能容染水将染物全部淹没的容器,陶制坛、罐或木桶均可。

锅:一般用口面直径 50 厘米左右的锅一个(铁、铝锅均可),能盛开水煮化蜡染物即可。

蜡染原料的配制及入染工序：

将靛叶、茎浸泡于水池里，再过滤。将 50 千克过滤靛水加放 10 千克石灰水，使靛水慢慢变浓，呈水豆腐状。再加入适量碱，将黄鲜药、一口血等数味中药（在上面中药配料中选用几种均可）洗净研细，放入沉淀的靛水中搅拌，即成蓝色染靛。将 8 两染靛放入能容 15 千克水的容器里（一般用陶坛）按顺时针方向拌转，使染靛溶于水中，待容器中的染水呈青、绿、黄等色后，即可将蜡画物品放入容器内染。染蜡画物时，须将手握住染物在染水内左右摇动。若搅转中的靛水仍是本色（呈蓝色）时，切不可将蜡画物品放进去，否则将使染物效果不佳乃至报废。入染蜡画物时，还要掌握住适当的时间和水温。时间短了则染色太浅；时间长了而染色太深，均不符合蜡染要求。要仔细观察染物色彩的变化程度，染色变好即可（这如同冲洗影片之曝光，但入染无定时，全凭染者之经验）。再将染好的物品放入煮锅里将蜡煮熔化，用清水将染物冲洗干净，即成合格的蜡染物品。近年有的地方靛染效果不好，则再用煮青加煮一次，有的也使用漂白粉使染物白色变得更白。

苗族蜡染分为黑白蜡染和彩色蜡染两种，通常黑白蜡染的蜡绘、蜡染只有一道工序，而彩色蜡染的蜡绘、蜡染需要两道工序。

歪梳苗把粗线条组成的黑白蜡染花纹图案通称为“大花”或“粗花”。这种花纹历史较久，具有古朴典雅风格，且线条需二次续填方能画成。把细线条组成的黑白蜡染花纹图案通通叫作“小花”或“细花”。这种花纹精致细腻，艺术性高，只需一次画成。这种精细的绘画艺术是在古老的大花图案的基础上发展创新的，而长梳苗多以点和粗线条为主体构图，至今仍保持着古朴大方的风貌。

彩色蜡染以身穿彩色服饰者使用较广，在画、染上都比黑白蜡染费工，其操作工序也比黑白蜡染复杂。一般的彩色蜡染很少出现白色部分。彩色蜡染多使用在背扇、衣袖、裙子上。彩色蜡染的蜡绘，先将需要染色的花纹绘上蜡，入染。第一次入染的时间短，使受靛染部分略呈浅蓝色，然后将染物晾干后，再在受染的浅蓝色布料上进行第二次蜡绘，再入染，掌握适当的时间之后取出。然后将染品投入沸水锅内煮化第二次上的蜡绘。洗干净后，第一次蜡绘处呈白色（或本布料色），第二次蜡绘处呈浅蓝色，二次受染呈深蓝色。之后，将黄角皮加入适量盐（约按100∶2）用开水煮成黄色汁，将黄汁绘于彩色或白色（浅色）部分，即成彩色蜡染。

织金苗族蜡染的传承与保护

在织金所有的苗族村寨，家家户户都有人会蜡染，她们相互学习，通过老传少、母传女等传承方式，一代一代地将精湛的传统手工艺传承了下来。苗族少女一般从7岁开始学绘，她们首先学画裙花中的直线条，然后学画花草，再学画鱼。她们称画鱼纹为“装鱼”。必须学会“装鱼”后，才能绘背扇上面的鱼包雀花纹图案。因为，背扇面上的花纹被苗族认为是蜡染物品中的艺术精品，难度较大。歪梳苗少女在临近结婚的时候会做大量蜡绘服饰，为一生中蜡绘的高峰期。制作一套苗族女装少则两个月，多则半年。蜡染带挑花或纯刺绣的盛装则需要更长时间，一套衣裙的价格均在4000~6000元。在全县较有名气的艺人有珠藏镇青山村石鼓寨的杨明美（女，65岁）、王梦江（女，27岁），官寨乡大寨村小妥倮苗寨蔡群（女，30岁）等。

目前，蜡染制品已从传统的衣、裙、背扇、围腰等服饰发展到钱包、壁挂、摆件等旅游产品，不过因手工制作耗时长，尚未形成规模生产。随着旅游业的兴起，经济社会的发展，织金蜡染制品发展空间广阔。然而，受到现代文明和市场经济的冲击，传统手工艺产品的市场份额日渐受到挤占，经济效益明显下降。加之大多数苗族少女选择了外出打工，因而造成该项目技艺失传的问题。

卷五 传统医药

省级非物质文化遗产

火龙丹

金沙县城关镇位于县境中部，属乌蒙山脉与娄山山脉的结合部，河流属乌江水系，从西向东流。日照时数1112小时，无霜期280~300天，年平均降水1048毫米。1941年立县前这里是著名的黔北四大重镇（一打鼓、二永兴、三茅台、四鸭溪）之首的打鼓新场（即分城关镇），当时是川盐入黔的重要集散地，商贾云集，尹氏就是18世纪中叶做布匹生意从四川安岳迁到这里的。

火龙丹药丸

民间的尹氏火龙丹，就是用特制的药丸以类似中医闪火灸的方法施术于患处，对治疗风湿性关节炎有奇效，另外，将火灭后药丸置于玻璃板上，自然形成白色的晶体，将此物置于眼内，可治眼睛昏花和迎风流泪等病症。

制作火龙丹首先将麝香、神沙、樟脑、苍术、黄连等近10味中药用酒浸泡后烘干，磨成粉状，然后与樟脑粉混合，再用泡药的酒将其制成0.7厘米直径的药丸，晾干后密封保存。

点燃药丸

治疗时将皮纸剪成200毫米×70毫米的小片，从密封较好的瓶内取出药丸，用小纸片把药丸包裹拧紧，用明火点烧后在患处反复快速敲击。这种闪火灸似的疗法注重的是药丸点燃后，在患处进行拍打时的速度要快，手法由轻渐重，直至火焰熄灭为止，如此反复操作，轻重要适度，轻而不浮，重而不滞。面部和有毛发处要特别注意。这种方法治疗风湿性关节炎等类似病症是很有效果的。如果病情严重，可用生姜、马粪、白酒等6种中药捣碎后包扎于患处会很快见效。

尹氏先人从江西迁到四川的年代已无从考证。18世纪中叶尹绍沛做布匹生意从四川安岳迁到贵州的大定府黔西州打鼓新场（即今天的金沙县城关镇）至今已经七代了。20世纪50年代，第四代传人尹文漪，因生活所迫还曾靠火龙丹在街上设摊行医，维持生计。第五代传人尹明坤、尹明伦现在都已60多岁，已曾用此单方治愈过多人。可目前此技艺已无人继承。

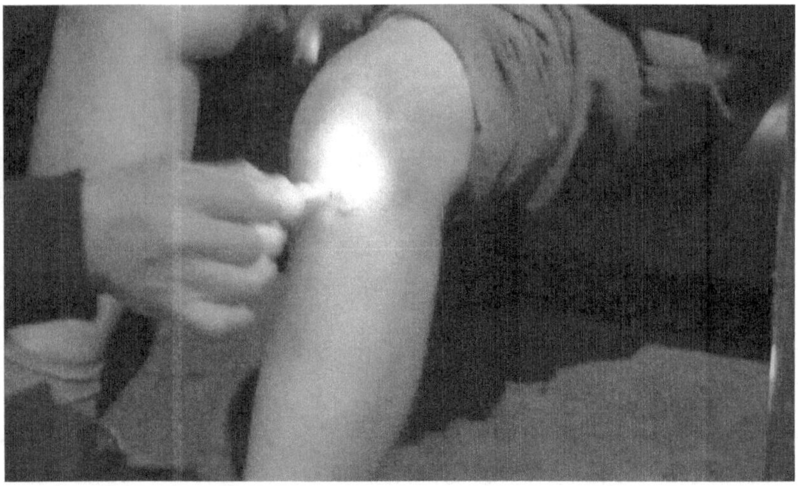

治疗风湿

可以肯定的是，将特制药丸用闪火灸的方式施术治病，疗效十分显著，是对传统中医学的完善，具有一定学术价值。现实中尹氏传人用此法治好了许多患者的疾病，更证明了它具有实用价值。

火龙丹完整的制作工艺和治疗方法，目前仅传到尹氏认为的第五代。尹氏火龙丹面临的断代危机，正是这次非物质文化遗产普查最值得关注的问题。火龙丹入选贵州省省级非遗保护名录，希望能对尹氏火龙丹的传承与保护起到一定作用，将火龙丹发扬光大，造福社会。

黔西王氏食疳医药

历史渊源

疳积俗称食疳，疳积是疳症和积滞的总称。疳症是指由于喂养不当，脾胃受伤，影响生长发育的病症，相当于营养障碍的慢性疾病。积滞是由于乳食内积，脾胃受损而引起的肠胃疾病，临床以厌食、腹泻或便秘、精神烦躁、夜寐不安、呕吐、气血津液不足、神萎、面黄肌瘦、毛发焦枯、磨牙、肚大筋露、纳呆便溏、盗汗、视力下降等儿科病症为主，怪癖有剔指甲、钻耳朵、抠鼻子等，多见于1~5岁儿童。古人有“无积不成疳”“积为疳之母”的说法。

医药器材

相传，清乾隆年间，一位来自化屋苗寨的王姓苗族老人，常年在王家门前摆摊卖药行医，王家经常照顾老人，接济他的饮食起居，因此交往甚密，日久生情，结为同姓兄弟。为答谢王家的厚爱和义气，苗族老人把自己祖传治疗食疳特效的苗药方子和治疗方法传授给王家第三代先祖，从此，祖祖辈辈就这样传承了下来。王氏一族到黔西至“德”字这一辈，已经是第十代，可谓是黔西世居的老户。据王氏家谱记载,清中期王家到黔西的第一代始祖为朝廷命官,如今,王氏食疳药在黔西县全境及周边区域家喻户晓,很多外地患者都慕名前往就医。

主要内容

王氏食疳病症治疗包括简易手术"挑刺法"、服用汤剂药物和"配以食物蒸熏制剂"三个程序。方剂的用药均为黔西本地草药,避开一般小儿疳积方剂中的苦、涩、腥等难以下咽的味道,王氏食疳药气味芳香,无怪味,且能配以可口食物服用,疗效奇特。还适宜不同人群服用,均有调节脾胃、促进消化、增强免疫力之功效,极具保健作用。

所谓"挑刺法",就是在患病孩童的食指根部(此处俗称手钱口)用银针或瓦针(三角玻璃片)轻刺一下,用拇指轻轻挤压针刺口周边,口子里会冒出 1/4 米粒大小的乳白细粒,用小剪子挑出来剪掉,剪掉后用事先炮制捣细的细蒿粉末敷上止血,然后用白纸(构树皮制成)包扎伤口。视其病情轻重,可以挑一只或者两只手。

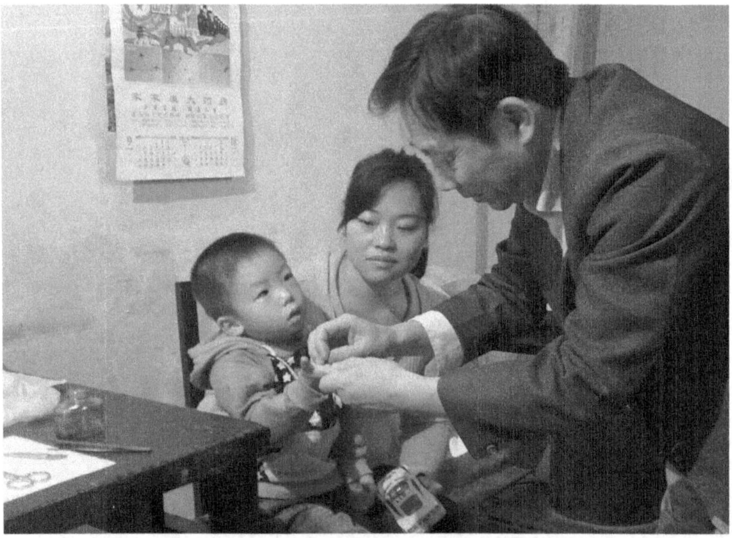

就医现场——传统食疳挑刺法

手术结束后给患者开两种药,一种为粗粒剂,熬水一天服完;一种为粉剂,6~8天服完,粉剂的服用按苗家传统的"蒸熏法",即将每次服用的剂量放入碗里,用一个禽蛋(鸡、鸭、鹅、鹌鹑、鸽子均可)调成蛋花加入适量水放入蒸锅内蒸熟,加入少许食盐服用;也可伴以禽类(鸡、鸭、鹅、鹌鹑、鸽子等)、牲畜(猪、牛、羊等)的肝脏或者肉剁成末加入适量的水蒸食,加少许盐,全喝掉;也可同水产类(鱼、鲜虾、牛蛙等)蒸食。如果患病小孩因食疳病影响视力的,将蒸制好的药碗放在小孩面前,用毛巾盖在头上，让小孩睁大眼睛，目不转睛往碗里看，让药的蒸汽熏其眼，直到蒸汽散尽，然后服下碗里的药、肉、汤。一日两次，三天后视力受损者明显好转，待药服完，视力完全恢复。未患病的孩子和成人服用也能达到明目清心的保健作用。

采药一般在夏秋季节，药采回来后对其进行加工。加工过程为将各种药物分开切碎晾干，可阴干或烘干，切忌暴晒，干透后用研钵捣碎，经破碎机打成粉末，用箩筛筛过，按不同药物的比例配制成散剂。

相关器具主要有银针、三角玻璃瓦针、小剪子、研钵、砂锅、破碎机、切药刀、箩筛、蒸锅等。

大体配方为翠云草、梅叶冬青、溪畔银莲花、鹅掌藤、贯众、野荞麦、黄毛耳草、地瓜蔓等。制品是制成粒剂和粉剂、止血细蒿枝末、白药或者白纸（构树皮制成）等。

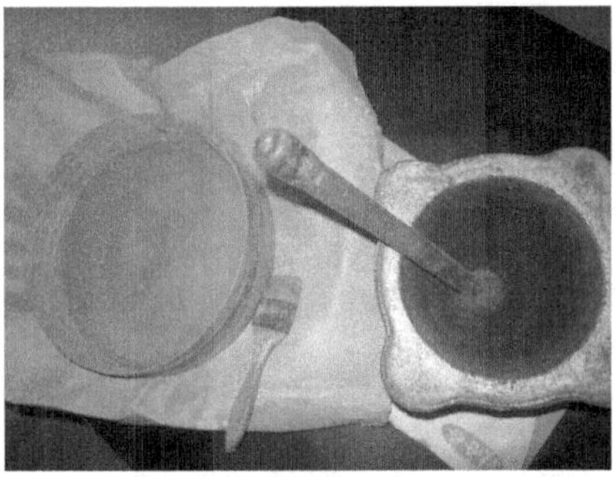
医药器材

药材加工工具

主要特征

①治疗手术简易，程序简单；②王氏食疳的气味芳香，无怪味，且能配以可口食物服用，疗效奇特；③适宜不同人群服用，均有调节脾胃、促进消化、增强免疫力之功效，极具保健作用；④药材简单、医疗方法古朴有效，药性好，见效快；⑤民族特色突出；⑥属于祖传医术，具有民间性，不外传性等特点。

重要价值

民族医药是一门经受了千百年实践考验的传统医药，是医疗卫生工作中一支必不可少的生力军，是中国医学的重要组成部分。王氏食疳医药属于黔西民间苗族医术的一种，是苗族医术中不可或缺的部分。由于受历史和特殊的地理环境等因素影响，王氏食疳医药在其发展的各个历史时期难免受到神灵、宗教、巫术的影响，带有不少封建迷信的色彩。但是，王氏食疳医药是王氏先民几百年来的生产实践结果,通过世代相传而保留至今,对丰富祖国医药学做出了贡献。

传承与保护

王氏食疳医药由于是祖传医药,其药方不外传,不利于医术的广泛传播,特别是受传统观念传男不传女思想的禁锢,若其子孙不愿继承将面临失传。目前,王氏食疳医药传承人已到第十一代,主要传承人有第七代王永荣(已故)。第八代王镇中(已故);第九代王大本(已故);第十代王德俭、王德敏兄弟(由父亲王大本传授)。第十一代侄儿王晓由叔父王德俭传授。女儿王芳随父辈经营医药。

传承人王德俭

目前,黔西已建立王氏食疳医药保护和发展基金,落实传承发展的各种措施,完善黔西王氏食疳医药的各种传承体系,对黔西王氏食疳医药的传播和研究非常有利。同时,还建立了黔西王氏食疳医药名录电子和纸质档案信息库及传承人电子和纸质档案信息数据库,把黔西王氏食疳医药列入了黔西县民间医药推广范畴,为研究黔西王氏食疳医药的文化内涵提供了翔实的素材,这些举措将有利于黔西王氏食疳医药的保护与发展。

卷六　民俗

国家级非物质文化遗产

彝族火把节

彝族火把节，也就是彝族年。彝族人的眼里，火象征光明、正义、兴盛，象征着能够摧毁一切邪恶的强大力量。火把节是彝族人民播洒欢乐、传递爱情和幸福的节日，是最具魅力的节日之一，享有“中国民族风情第一节”“东方狂欢夜”的美誉。2010 年，赫章县彝族火把节被列入第三批国家级非物质文化遗产名录。

火把节来历的传说

关于“火把节”的来历，彝族民间有种种传说。

一种传说是：在很久以前，彝乡人民迎来了金秋的收获季节，眼看就要丰收了，可是天王恩泽古兹不愿让彝族人民过上好日子，派十大力来到彝山，欲把所有的庄稼都踏坏。彝族人民满腔愤怒，从人群中走来一个名叫包聪的小伙子，要跟十大力斗个高低。包聪与十大力拼搏了三天三夜，终于战胜了。十大力灰溜溜地低下头，变成了一座秃山。天王恼羞成怒，就撒下了一把灰粉，霎时间变成了数不清的害虫，像一片乌云遮住了太阳，纷纷落到彝乡危害庄稼，眼看一年的辛苦就要落空了，彝族人民每人举起一把火，把所有的害虫一烧而光，夺得了丰收。从此每年农历六月二十四日这一天，就成了彝族人民点火把除恶灭害，盛庆丰收的传统节日。

第二种传说是：很久以前，天上地下相通。有一年，天神思体古惹派思惹阿比到人间收税。由于人间闹灾害而歉收，人们交不起租税，于是有位能吃铜铁的大力士俄体拉巴便把收税人思惹阿比打死了。天神因此大怒，先发洪水想淹没地上的人类，但洪水被人们战胜了。天神又放出各种害虫到人间来吃百姓的庄稼，俄体拉巴和大伙儿围在火塘旁商量治虫的办法，无意中发现一只掉进火塘里的虫很快就被烧死了。于是，俄体拉巴就组织大伙儿举火把烧虫，最终战胜了虫害，夺得了丰收。久而久之相沿成俗，形成了彝族的火把节。

火把节主要活动

彝族火把节在每年的农历六月二十四日举行,一般历时三天三夜。

第一天为“都载”,意为迎火。这一天,村村寨寨都会宰牛、宰羊和杀猪,以酒肉迎接火神、祭祖,妇女还要赶制荞馍、糌粑面,在外的人都要回家吃团圆饭,一起围着火塘喝自酿的酒,吃坨坨肉,共同分享欢乐和幸福。夜幕降临时,临近村寨的人们会在老人选定的地点搭建祭台,以传统方式击打燧石点燃圣火,由毕摩(祭司)诵经祭火。然后,家家户户,由家庭老人从火塘里接点用蒿杆扎成的火把,儿孙们从老人手里接过火把,先照遍屋里的每个角落,再田边地角、漫山遍野地走过来,用火光来驱除病魔灾难。最后集聚在山坡上,游玩火把,唱歌跳舞,做各种游戏。

火把之夜(杨元德　摄)

第二天为“都格”,意为颂火、赞火,是火把节的高潮。天刚亮,男女老少都穿上节日的盛装,带上煮熟的坨坨肉、荞馍,聚集在祭台圣火下,参加各式各样的传统节日活动。成千上万的人聚集在一起,组织赛马、摔跤、唱歌、选美、爬杆、射击、斗牛、斗羊、斗鸡等活动。姑娘们身着美丽的衣裳,跳起“朵洛荷”。在这一天,最重要的活动莫过于彝家的“选美”了。“选美”由一位德高望重的老年人任裁判。裁判宣布“选美”开始后,参加竞选的彝族姑娘就围成圆圈,后者拉着前者手中的花帕,边走边唱优美动人的民歌。小伙子们觉得哪位姑娘最健美,就把早已准备好的礼物交给裁判,请裁判代为转交给那位姑娘。哪位姑娘收到的礼物最多,裁判就宣布她当选为美女。当选为美女的姑娘背着许多礼物,脸上带着笑容走出会场的时候,亲朋好友都围拢来表示祝贺;小伙子们更是围在姑娘的前后,叮叮咚咚地拨弹月琴,表达自己的心声。当傍晚来临的时候,成千上万的火把形成一条条的火龙,从四面八方涌向同一个地方，最后形成无数的篝火，烧红天空。人们围着篝火尽情地跳啊唱啊，一直闹到深夜，场面盛大，喜气浓烈，因此享有“东方狂欢节”的美誉。当篝火要熄灭的时候，一对对有情男女青年悄然走进山坡，走进树丛，在黄色的油伞下，互诉相思。故也有人将彝族火把节称作是“东方的情人节”。

火把节月琴队（杨元德　摄）

第三天，彝语叫“朵哈”或“都沙”，意思是送火。这是整个彝族火把节的尾声。这天夜幕降临时，祭过火神吃毕晚饭，各家各户陆续点燃火把，手持火把，走到约定的地方，聚在一起，举行送火仪式，念经祈祷火神，祈求祖先和菩萨，赐给子孙安康和幸福，赐给人间丰收和欢乐。人们舞着火把念唱祝词，“烧死瘟疫，烧死饥饿，烧死病魔，烧出安乐丰收年”，以祈求家宅平安、六畜兴旺。这时还要带着第一天宰杀的鸡翅鸡羽等一起焚烧，象征邪恶的精灵和病魔瘟神也随之焚毁了。然后找一块较大的石头，把点燃的火把、鸡毛等一起压在石头下面，喻示压住魔鬼，保全家人丁兴旺、五谷丰登、牛羊肥壮。最后，山上山下各村各寨游龙似的火把聚在一起，燃成一堆大篝火，以示众人团结一心，共同防御自然灾害。

火把节的主要特征

彝族火把节历史悠久，群众基础广泛，覆盖面广，影响深远。在长期的发展过程中，形成了多方面的特征。

一是火把节充分体现了彝族敬火崇火的民族传统，保留着彝族起源发展的古老信息，具有重要的历史和科学价值。

二是火把节期间举行的祭祀、文艺体育、社会交往、产品交流四大类活动是彝族文化体系严整、完备的集中体现。各民族的一些传统节日，往往产生于历史上的某一个神话传说或某一方面的宗教活动，或产生于人们的某一种共同习惯和生产活动。这里所讲的正是以神话传说的方式来反映彝族人民勤劳勇敢，热爱生活，敢于同自然灾害做斗争，敢于反抗剥削和压迫的不屈不挠的斗争精神。

彝族酒歌（王贤　摄）

三是火把节是彝族传统文化中最具有标志性的象征符号之一，也是彝族传统音乐、舞蹈、诗歌、饮食、服饰、农耕、天文、自然崇拜等文化要素的载体。

四是火把节对强化彝族的民族自我认同意识、促进社会和谐具有重要意义。同时，火把节作为彝族人民与各民族交流及促进民族团结都有现实作用。火把节的主要活动在夜晚，人们或点燃火把照天祈年，除秽求吉；或烧起篝火，兴行盛大的歌舞娱乐活动。节日期间，还有赛马、斗牛、射箭、摔跤、拔河、荡秋千等娱乐活动，并开设贸易集市。男女青年们在离摔跤场不远的偏僻处跳着欢快的大三弦舞，唱着悠悠的情歌。入夜，一支支火把点燃了，远望像繁星坠地，近观似火龙飞腾；一堆堆篝火熊熊燃烧，飘动着透亮的火焰。火的队伍在原野与田间穿梭。年轻的人们举着火把嬉闹着，相斗着，青春在火光中闪烁。待火光完全融入夜幕之后，青年们还要纷纷下水游泳，据说节日之夜痛痛快快洗个澡，更能求得常年吉利平安。

赫章彝族火把节承载了先民神圣的崇火敬火信仰及其礼仪和厚重的族群历史文化记忆，长期在乡土民间的传承中集纳了地域色彩较浓的民俗游艺竞技活动，展示了彝族节日庆典的独特魅力，起到了促进文化交流和社会互动，增强民族团结

双人秋千(李学友 摄)

和民族感情的重要作用。近年来,赫章县政府通过多种形式和途径加大非物质文化遗产保护工作的力度,目前完成了火把节的文字图片、影像纪录等出版任务,有关数字化建设也逐步提上议事日程。然而,我们也要深刻认识到在新的时代条件下,随着彝族农民外出务工人员的增多,赫章彝族火把节的传承保护同样面临系列问题和困境。火把节节庆开发利用也出现为迎合客人的需求而快速变迁的现象,这是需要警惕的。唯有以高度的责任感和使命感,依照火把节保护规划实施整体性村落保护,继而以民间操守和官方主办互为依托与相得益彰,永久延续彝族火把节的纯真性和本源性,才能活态留住这一不可再生的宝贵的重大民俗节日,为探索人类非物质文化遗产的传承与保护提供鲜活的实践个案。

箐苗服饰

纳雍县苗族服饰主要是箐苗服饰。箐苗服饰作为苗族服饰中的一种,已经形成一个固定的文化体系,蜡染、刺绣已与本族群形成了不可分割的关系。一件苗族服饰就是一部苗族史诗,世代相传。

箐苗服饰的原生环境

纳雍县东西长 56 千米,南北宽 48 千米,总面积 2448 平方千米。全县辖 25 个乡镇,479 个行政村,共有少数民族 22 个,是一个汉、苗、彝、白、布依、回、侗、壮等多民族杂居的县。

纳雍秦时属于汉阳,西汉时为平夷县属地。唐时属赫州和汤望州,宋时称罗施鬼国,元时为八番顺元路宣抚司、宣慰司、安抚司等,明改顺元为贵州,随后置贵州宣慰司,后改为贵州水西宣慰司。清康熙年间以水西(今贵州境内,以鸭池河为界,鸭池河以东叫水东,鸭池河以西为水西。)地置大定、黔西、平远三府,纳雍为大定府所辖地。民国初废府置县,纳雍大部为大定县辖。据《淮南子·齐俗训》记载:"三苗髽首。"而苗族的族属渊源,和远古时代的"九黎""三苗""南蛮"有着密切的关系。"髽首"被许多学者专家界定其遗痕为居住在纳雍等地苗族的头饰。由于这个支系苗族的头饰都是用很大的木梳与黑毛线和头发、马鬃等掺和搓成一根根细线于头顶挽起高髻,露出两角,有仿牛角或月亮的痕迹,因此把这种头饰作为"三苗髽首"的证据来论证纳雍箐苗族与古代"三苗"的关系。《山海经·大南荒经》中"蚩尤氏耳鬓如剑戟,头有角,与轩辕斗,以角触人,人不能向"成为苗族与三苗、蚩尤之间关系的物化证据。从许多反映各族头饰的资料来看,中国的 56 个民族中只有苗族有牛角饰,而牛角发饰最接近汉文献记载的蚩尤,三苗的头饰又以这部分苗族为典型,这从一个侧面支持了纳雍苗族与三苗的关系是源远流长的。

纳雍县箐苗族为纳雍苗族四个苗族支系之一,这支民族明朝就居住在贵州腹地,成为贵州的居民。但居住在现在的地点是在清朝初年,康熙三年(1644 年),吴三桂剿水西,水西宣慰使安坤(彝族首领)率领水西领土上的各民族奋起反抗,苗族是其中一支,水西战役失败后苗族为了躲避战乱四处逃散,他们躲到六枝、织金、纳雍三地交界处海拔 2000 米以上的箐林中,以狩猎为生,才得以保存下来。这支生活在黑羊大箐里的苗族成为苗族的另一个支系——箐苗。纳雍箐苗主要聚居在张家湾镇的老翁,81 户 398 人。百兴镇的丫口老寨子,77 户 371 人。水东乡平寨,64 户 314 人。其中,30~40 户的有 6 个寨子,15~29 户的有 6 个寨子,以百兴、张家湾镇为主要聚居点。

箐苗服饰的类型及特征

纳雍箐苗服饰从用途上分为生活便装和节日盛装两种;从款式上则类似燕尾服,制作工艺分蜡染和刺绣,其中箐苗全刺绣服饰尤为精致。以妇女盛装为例,上身前襟至腰,后披至小腿的对襟衣呈燕尾形,全部绣满精美的花纹。下身花条百褶裙,腿裹擀毡羊毛护腿,脚穿翘头挑花钉子筒鞋,头戴“V”状木梳,盘以祖辈人等的头发揉成的长 3 米,重 2 千克的黑色“牛角状”高髻发式,雍容华贵,西方学者称为具有“殿下气质”的民族。衣服以黑色面料为底,主要配以红、粉红、蓝、白等丝线刺绣,色调和谐柔美。刺绣手法多样,有数纱绣、剪纸绣、编织绣、蜡染绣、拼贴绣、卷纱绣、滚绣、盘绣等。技艺有明挑(即正面挑、反面看)、暗挑(即反面挑,正面看)等。图案造型质朴、美观,富有寓意,花纹图案繁简相宜、疏密有致。一套苗族盛装,集纺、织、染、绘、挑、绣、缝之大成。

刺绣(祝绯　摄)

箐苗服饰花纹有整体的,有单个的,有简单明了的,有整合相融的。简单明了有“房架花”“八瓣花”等。整合相融的花纹则是全件刺绣的精髓,是最有研究价值的部分。如,┼┼┼┼(龙)、※(蝶)、×(叉)、乙~(钩)、χ(转子)、卐(筛、车、旋、水虫)、∽ ≌ (江、河、水)、♀(人)等,这些刺绣文字,形、音、意俱全。方格代表祖先原居住的田园,方格中的横条代表鱼,花纹代表田螺和天星,弯条代表树林。有些基础花纹还有圆形、半圆形、葫芦、圆勾、圆勾藤串、S 形花瓣、旋涡、小圆圈、梯形等。一块绣片叠人众多刺绣文字,也承载了苗族的历史信息。服饰图案代替了文字,从而使没有文字的苗族在这服饰文化史书中找到了自己特殊的文字,使服饰图画艺术成为苗族传世的“无字史书”。一件由几十块绣片缝合而成,需 3~5 年方能完成的绣品宛如一幅精美的画卷,一部苗族史诗。

翘头刺绣鞋及绣片(祝绯 摄)

全刺绣正面装(祝绯 摄)

总之,箐苗服饰具有多方面的特征,主要表现为:一是花样图案古朴,载有远古历史的信息。蜡染以全天然植物染料为原料,做工复杂,蜡染多以平手画为主,花样图案古朴,花纹多呈对称型,十字对称,四角对称,棱形对称;也有单个图案独立存在等方式,有形象、写意多种手法,图案多与自己生活息息相关,载有远古历史的信息,也有现时生活中所见的花鸟鸣虫等。箐苗服饰同样也同其他支系的苗族一样,服饰上有祖先生活过的田园山川,裙子也有两条明显的代表黄河、长江的图案。二是刺绣手法多样,含有较高技术含量。均以黑色为底,花线喜用蓝色和水红色或橙黄色套以其他杂色,挑花时先用线勾出轮廓,再按图案隔一根纱或几根纱插针,而且,多为背面挑,正面看。花纹多呈几何形,常是几朵不同纹形的小花拼成一大朵,外套菱形方格,以布的经纬纱交叉呈"+"字形为"坐标",对角插针成"×"形,通称"+"字或作"-"字形,称平挑花。成品花纹有疏有密,花簇有繁有简,互相辉映,典雅美观。

全刺绣背面装(祝绯 摄)

箐苗服饰的艺术价值

箐苗服饰在长期的传承和发展过程中，具有多方面的价值。

一是历史价值。苗族是能工巧匠，妇女更是心灵手巧。传说苗族在迁徙中，苗族妇女站在高山顶上回望自己居住过的地方，把一切都留在心里，并随手采摘木叶用牙咬，用此方法把家乡的美景留在叶片上，再把它绣在服装上。而在现时生活中，小孩从三岁起就开始挑花绣朵，在制作的过程中，苗族的历史也就传承了下来。苗族的历史文化是靠口头文学和服饰艺术来记录的。与许多无字民族不同的是，苗族不仅将历史传统倾注于口头文学之中，更将它倾注于图画之中。他们用针当笔、用彩线为墨，把几千年的苦难和迁徙的坎坷绣在衣裙上，组成一部可歌可泣的史诗。

二是精神和情感价值。苗族的祖先与黄帝逐鹿中原，战败后从黄河流域退到长江，又退到云贵高原莽莽的群山之间。他们居住的环境长年与花草为伴，终日和燕雀为邻。苗族妇女用自己灵巧的双手把自己居住的地方和一路迁徙所经之地用各色丝线绣制出来，缝成衣服穿在身上以示对祖先、对家乡的怀念。可以说，这些绣品上精美的图案及其内涵非常深刻，是他们思想感情的寄托和对现实环境的热爱。

三是艺术与审美价值。箐苗服饰主要分刺绣、蜡染两种，成衣形式为全刺绣和刺绣、蜡染相间两种，其中全刺绣手工精巧，技艺高深，手法多样，花样精美、大方，古朴而艳丽。箐苗刺绣独特之处在于其图案造型与和谐绚丽而又质朴的色彩相搭配，最常用的是红、黑、青、白等。图案是一个民族最富有人文内涵的符号，苗族服饰图案中最具代表性的还有其“族徽”式图腾含义的动物图案，如牛、龙、凤、鸟、鱼等，主要用在头巾、衣领、袖、腰、袖口、衣肩、褶、衣摆、腰带、裹脚布巾、鞋子及围兜上作为装饰。因此，箐苗服饰极具艺术与审美价值。

四是传承价值。箐苗男耕女织，自耕自种，自编自纺自织，蜡染以天然植物为染料，家家户户有染缸、自制纺织机，孩子从小接受刺绣技巧教育。一件刺绣成品，由几十块绣片缝合而成，一件成品要 3～5 年的时间才能完成。当然，在传承过程中，由于纳雍箐苗居住地交通闭塞，经济落后，加上年轻一代外出打工，拒绝本民族的服饰，闭塞的山寨的原始生活方式被打乱，一些祖先遗留下来的东西，特别是蜡染、刺绣等工艺，面临失传状态。因此，加紧对这一支民族的文化、习俗的拯救已经迫在眉睫，特别是濒危灭绝的刺绣工艺更是有待拯救与保护。

省级非物质文化遗产

仡佬族吃新节

仡佬族吃新节是仡佬族一项传统的民俗节庆活动，主要分布在贵州省金沙县安底镇、茶园乡一带。茶园乡位于县境内东北端，茶园乡治所离县城35千米，该乡所管的永丰村岩石组、新明组、场背后组，茶园村的太平组和齐心村联合组绝大部分是仡佬族。这里是原北亚热带季风区，地处大山下的低丘坝地，自民乐渠道贯通后，大部分农田已成为旱涝保收地。由于田地肥沃，适宜水稻等农作物的生长，对有水稻种植传统的仡佬族文化的发展，起到得天独厚的传承作用。

据史料记载，商周时期，中国南方有一种被称为“濮”的古族群，因其分布辽阔、人口众多，故称“百濮”。春秋战国时，广西境内的部分越人溯水北上西进，进入西南地区，与濮人杂错而居，逐渐发展成为一个新的族群——僚（獠）。唐初，僚人中的一部分发展成为单一民族——仡佬，在贵州所有民族中，仡佬族是贵州最早的开拓者。明代以后仡佬族人口开始逐渐减少，到了清代，占境内统治地位的彝族土目对仡佬族采取掠夺性治理，使辖区内一部分仡佬族集中到了自然条件十分恶劣的红梓、箐门，而一部分则避开土目的统治，集中到人口发展相对稳定、地处山间田坝的茶园。

“吃新节”是仡佬族的祭祖祀典，是“三月节”“吃新节”“小年节”三大节日中的第二个节日，内容比过年祭祖丰富，比祭山、祭树更加严肃认真。300多年来，金沙县茶园乡永丰等村仡佬族每年都会过“吃新节”。这是一年之中仡佬族最隆重的节日，跟汉民族的过年一样。每年农历七月初七这一天，仡佬族群众总是互相邀约，除留一人在家料理家务外，其余人都出动，踏着自己耕耘的土地，一边观赏硕果累累的庄稼，一边择地开展活动，以此来纪念垦荒辟草的先人和庆贺丰收在望，祝愿来年风调雨顺、人寿年丰、六畜兴旺。

吃新庆丰活动，以开展民族传统体育活动和吃转转酒为主，参加人数计千余人。白天开展打“篾鸡蛋”（即竹篾条编织的球）活动，按习惯将参加者分为若干队，并视场地之宽窄来研究各队人数，不分性别、年龄，但双方人数必须相等。活动以固定范围“对打”和不固定范围“追打”两种形式进行。对打:划定边线、底线和中线(形如篮球场),双方队员在指定的区域内要求,要得者为发球队。发球队指定一队员,用手击球向对方打击,对方回打球,球在空中来回运转。若一方发、打球,打在对方任何一个队员身上,称为被“烧倒”。而被烧倒者,记负一次,并供胜队吃蛋一次。若发、打球超过边底线者,称为“漏毛”。发、打球不过中线者,称为“内闷”。其“漏毛”“内闷”均判为失误,由胜方发球。照此明确规定,以“烧倒”次数来计算全场活动的结果。吃蛋达12次者为胜队,反之为负队。并当众公布胜负战绩。追打:划定中线为界线,又在距中线50米、100米或更长一点的地方,划出底线,仍以手击发球方式进行追打。球在空中来回运转,若球在哪一方落地,那一方便立即进行追打。球在空中来回运转,若球在哪一方落地,那一方便立即退却防守,对方球队急速追至落球点,继续发球追打。双方往返循环,你退我进,直至篾鸡蛋打出对方底线才终止全场活动。被打追出底线者,为负队。负队淘汰,另选一新队上场,同胜队又开始鏖战。夜晚,全村仡佬族群众,就近围坐在各家吃“转转酒”,边吃边拉家常。

仡佬族吃新节时需杀牲,隆重时有杀牛祭天,杀马祭地之说,最起码都要杀三牲,即猪、羊、鸡等。同时进行采新活动,采摘新鲜时令的作物,主要是水稻、苞谷或其他菜蔬。仡佬族采新不像其他民族只在属于自己的园地里采摘,还可到各处采摘。若是稻谷,有大田采三雕,小田采一雕,若是苞谷,有大土取一个、小土取几粒等的约定俗成的规定,正因为仡佬族是最早开垦此地的民族,所以才有这类规定。

吃新节杀鸡

吃新这天的活动还有唱洋戏、对山歌、吹竹号、跳踩堂舞、打篾鸡蛋、荡磨磨秋或甩甩秋等。然后集体吃饭,吃饭时采新得来的粮食作点缀、引子,加上陈年的粮食一起做,就是名副其实的吃新。

在金沙县安底镇茶园乡一带流传着这样一个传说:仡佬族开荒辟草,挖田种粮是盘古王教会的,“吃新”也就是在谷子成熟的第一年,为了庆祝丰收而兴起的。此后,当人们看见一年一度成熟的谷子,想起即将进口(吃到)的新米饭时,就会想到盘古王的恩情,想到部落首领竹王的功绩,想到开荒辟草的祖先。所以,过“吃新节”目的一是供奉神灵，二是祭祀祖先。

仡佬族以前过“吃新节”，一般为两种方式：一种是仡佬族各家各户自行择日（农历七月初七至初十三）过节，祭祀仪式较为简单。据永丰村几位仡佬族老人介绍，每年农历的七月初七，正值新谷成熟阶段，各家各户都要到田里采摘新谷，去壳成米，将新米煮成熟饭。同时，把六吊谷穗挂在家中堂屋神龛的左右两侧，并在神龛前面的桌子上摆放酒肉饭菜和香、蜡烛和纸钱等，祭祀祖先。另一种是在仡佬族聚居人口较多的村寨，由族长或共同推选一位德高望重的仡佬族老人主持“吃新节”仪式。茶园乡永丰等村的仡佬族，分别于 1984 年、2007 年在乡政府的组织领导下，经县民宗局和文广局文化馆的具体指导，举办了两届仡佬族“吃新节” 祭祀活动，活动开展得隆重庄严，其祭祀活动的程序有四项。

一是祈神采新。采新熟谷物来祭祖先，这叫“采新”，也叫新米祭献。聚居在永丰等村的仡佬族，有“七月初七吃新节，新米饭祭祖先”的习俗。届时不管稻谷是否全部成熟，都要到稻田里掐几把籽粒饱满的谷穗炒熟磨成粉，撒在饭上。如有成熟的稻谷，就在田里选掐谷穗 1~2 斤，脱粒后放在铁锅里用温火炒干去壳，煮成新米饭，用于敬奉神灵、祭祀祖宗，表示对祖先的缅怀和感谢。

二是祭祖献新。永丰等村的仡佬族十分崇敬竹王和祖先，活动中要搭制祭祖台，安放竹王和祖先的灵牌。灵位前摆放一张案桌，案桌上摆放碗、筷、杯，盛满酒、饭、菜及新鲜瓜果。烧纸点烛、请祖宗尝新，保佑家家户户平安吉祥、五谷丰登、六畜兴旺。然后主持人宣读献词和族规、族训，最后带领仡佬族族人叩拜先祖，礼仪告结束。

祭祖献新

三是欢庆丰收。此项程序是“吃新节”祭祀活动中的高潮,其内容有打“篾鸡蛋”、舞“草把龙”、转“磨磨秋”、打“秋千”等娱乐性的传统体育活动。活动中,有的呐喊助威,有的跃跃欲试,队员和观众乐在其中,笑声、喝彩声交织一片。节日的盛况,充分体现了仡佬族人民的丰收快乐景象。就连观看祭祀活动的汉、苗、布依等兄弟民族都情不自禁地参与到此项活动中,形成了各民族团结友爱的和谐场面。

喜获丰收采新

四是欢聚尝新。此项程序是摆上用采新果实制作的晚宴,将酒装入一个瓷坛中,并将若干根吸管插入酒坛内,仡佬族族人欢聚在一起,轮流喝坛中的酒,名曰吃“转转酒”。在这欢快的喜庆节日里,族人们边吃边拉家常,心情舒畅地痛饮“庆丰转转酒 ”。酒过两巡,大家各抒己见,既虔诚地祈求祖先保佑,又朴实地总结交流一年来生产、生活的经验,以利来年有更大的作为。人们饮足了烧酒,在笑谈声中相继离开,一年一度的七月初七“吃新节”圆满结束。

如今,农村空巢现象严重,使得吃新节这一团体活动难以开展。加上族中有名望的朱登高、梁明亮等老人相继去世,更是出现无人组织的局面。现如今人们只是在节日当天杀鸡祭奠,已十多年无人组织大型活动,而杀牲采新、烧香秉烛、开坛祭祖的中小型活动也已断断续续濒临消亡。抢救和保护吃新节这一仡佬族独特的非物质文化遗产,对加强民族团结,丰富人民群众的文化生活,构建社会主义和谐社会都有重要作用。

彝族年

过年时，姑娘们在歌场对歌（王飞翔　摄）

赫章彝族年主要活动区域在赫章县境内，分布于赫章县珠市乡、双坪乡、河镇乡、铁匠乡、雉街乡、松林乡、兴发乡、水塘乡、德卓乡、辅处乡、结构乡、古基乡、古达乡等地。赫章县位于贵州西北部乌江北源的六冲河和南源的三岔河上游，东邻毕节市、纳雍县，西抵威宁县，南接六盘水市，北与云南省镇雄县彝良县毗邻，县境属黔西高原中山峡谷区，处于滇东高原向黔中山地丘陵开始过渡的倾斜地带，山高坡陡、峰峦重叠、峡谷幽深。平均海拔 1996 米，属暖温带气候区，为南温带、中温带之间所特有的高原山区气候类型。

“彝族年”，彝语称为“凹洪打偷”猪月（即亥十月）朔旦，即“十月年”节，始兴起于“五帝”时期的颛顼时代，历史上称为“颛顼历”。颛顼历以十月为岁首，岁首即正月，正月初一即年节，所以彝人向以朔旦代称年节。自古以来，赫章县境内彝族将“十月初一”年节谓之“凹洪打偷”，也就是“建亥元年朔旦纪念日”的意思。彝族重礼仪道德，后世不忘先祖，夏时虽改行建寅元年制，但仍过“十月初一朔旦年”节，一是对先祖颛顼的纪念，二是告诉人们建寅历来自建亥历。

在赫章境内每年农历十月初一这一天，每家每户备好丰盛的酒菜，邀请客人来家中欢聚后，又到各家各户串门喝酒、叙事，欢庆节日。午饭完毕，村寨中每家每户都得把自己养的牛牵出来，在牛角上挂上花，插上米糍粑，由男女青年牵到水塘边饮水，让牛在倒影中看到节日的喜庆。之后把糍粑让牛吃掉再放上山，青年男女们就开始对歌。对歌时，男女分开，在对歌中表达情意。如遇上情投意合的人，就可以私订终身。据说这一天订下的姻缘可以和睦一生、白头偕老。晚餐过后，寨子里的人集中到神树、神庙或神山前祭拜（祭拜对象是“三皇五帝”，各种神灵），以祈求家人平安，来年丰收、人畜兴旺。祭拜完毕，家家张灯结彩，然后点起熊熊篝火。篝火一般是三种类型：老人们围坐的篝火一般烟雾小，火势稍低，他们把自家的好酒都带上，团团围坐在火旁，由年纪最长者先把自己的酒向右边依次递出，这样，每个人都把其他人带来的酒品尝了一轮又一轮，直至酒喝完为止。青年男女们则燃起火势最旺的篝火，围绕火唱歌跳舞。此时，如果在白天对歌中有产生感情的男女，就会主动拉上对方的手尽情欢跳，其他的人则把花儿向他们的身上狂抛，表示祝福。家长们都很通融，允许他们眉目传情。孩子们则先给长者拜年，礼毕后放鞭炮，在四周点起篝火，往返于篝火之间奔跳、唱歌、玩游戏。整个晚上唢呐声、月琴声、笛子声、二胡声，悠扬婉转在山间回荡，非常热闹。

拦路酒（王飞翔　摄）

彝族年是彝族人民对颛顼历的继承，体现了彝族人民尊敬长辈、尊重劳动的优良传统。彝族人民把他们的才华和智慧表达得淋漓尽致，在活动中交流情思，增进友谊，加强团结。祭拜时，在家中祭拜祖先，然后集体对“三皇五帝”和自然界的各种神灵进行集中祭拜，与自然和谐相处。彝族年体现了彝族 人民对先祖的怀念和崇拜，展现了他们丰富多彩的祭祀文化，折射出古代历史文化和生活状况。在长期的生产劳动过程中，彝族人民无比丰富的物质财富和精神财富，在“彝族年”中得到直观印证和形象表达，通过节日活动代代保留下来。

彝族年祭年活动（王飞翔　摄）

彝年喝咂酒（王飞翔　摄）

“划筷奠祖”苗俗

水东乡猫寨村位于纳雍县城东南方向，距县城60千米，地处织金、纳雍两县交界地，与织金县隔河相望。整个村子依山而建，呈梯状分布。村内沟深地窄，林木茂密。四周群峰耸峙，沟壑纵横，林茂藤绕。该村共有10个村民组，其中6个村民组全是苗族，其他村民组也多有苗族杂居。

纳雍县苗族共分4个支系，即白苗、黑苗、箐苗和小花苗。居住在猫寨村的苗族属4个支系之一的黑苗。“划筷奠祖”为该村杨姓一族所传承的奠祖苗俗。

据猫寨村杨氏家族年长者介绍，其家族是从织金境内的珠藏一带迁徙至此定居的。由于时局混乱，当时三兄弟各奔东西，一个搬到小曹（即越南），一个搬到猫寨，还有一个搬到布依族（或壮族）居住的地方，要走七天七夜。搬到猫寨的始祖即杨天成，其余两兄弟则下落不明。“划筷奠祖”苗俗从杨姓搬来猫寨便沿袭至今。据苗族鬼师杨永科介绍，老天天（即祖辈之意）迁来以后，家里没有其他值钱的东西，在儿子成年结婚分家之时，通过“划筷奠祖”方式一方面表示儿大分家，应该自立门户了，另一方面让儿孙不忘祖先。

儿子分家第一年就开始划筷子，选择冬月间的日子，首先置备香、蜡、纸、烛，在竹林边焚烧祷告，祭拜祖先以后，选择并排的3棵黑刺竹中间的一棵用于划筷。共划大小筷子33片。其中大筷3片（也称大卦），筷巅长3指宽、呈剑状。33片筷子代表了三辈人（死去的曾祖父、祖父和父亲），筷子中最大的代表曾祖父，其次是祖父，而后是父亲。其余小筷代表子孙后代。小筷只有一个节道，上半节长3指宽，下半节长4指宽。划好以后放入容器里面浸泡2~3个小时，不致变霉生虫。之后用牛角盛浸泡过筷子的酒分与众亲友饮用。拴筷是用麻皮搓反手绳3尺余长，拴筷时正拴（顺时针方向）3次、反拴3次，余下的绳子将小筷拴牢。立筷是用公鸡、酒、饭、粑粑等祭品祭拜祖先以后，再将拴好的筷子悬挂在堂屋二梁上的第三棵竹篱笆上。立筷以后，新娶媳妇方能上楼，表示从此可以执掌这个家庭了。

第二年冬月间洗筷子，主家用红稗做一块大粑盖满簸箕，将立了一年的筷子放下来清洗，先用水洗，而后放到酒里浸泡，清毕再悬挂到原来的位置。如筷子有缺少，全族人都要把筷子放下来清查是否错拿，如有，则退回。

第三年冬月间做母猪鬼，把母猪杀了之后，配以红稗粑三团进行祭拜，做母猪

鬼师选用竹子做筷子

鬼时专由鬼师用苗语主持操办。

放在房梁上的33片筷子

第四年还愿，儿子分家的第四年九月至十月间，选良辰吉日，主家打一头牛，祭拜主家祖辈，同时请全族亡故者陪亡，请时依长幼顺序逐一呼唤死者姓名，备以酒、肉、饭祭祀。待立筷之人儿子结婚时，方把筷子从梁上放下来藏于柜中，等其死后置筷于盆中（或簸箕里），再放在死者棺旁，等击鼓、吹笙、打嘎、绕嘎、鬼师念指路经等一切程序结束以后，再将筷子焚烧在村口，同时杀一只公鸡祭拜。

猫寨村苗族的“划筷奠祖”仪式主要围绕划筷、洗筷、火化筷子三个方面来进行。完整的“划筷奠祖”程序前后至少要用5年的时间才能完成，主要由鬼师主持。用黑刺竹划成的33片竹筷从成年男子分家的那天起将伴随他走完一生直至灵魂回到祖先的居住地。“划筷奠祖”活动原始而质朴，复杂而多样，如交牲祭祖，打牛祭祖，公鸡、母猪祭祖，绕嘎祭祖等，而33片筷子贯穿于整个祭祖活动的始终。苗族同胞在一次次的迁徙和逃难中，没有发展的机会，他们通过祭祖这一形式，一方面表达了对祖先的崇拜信仰,祈求祖先的护佑,另一方面使本民族的文化得到传承,本民族共同体得到维系和发展。

在猫寨村的后山梁上,立有石碑一方,它是纳雍县迄今为止发现的唯一一块记载苗俗的苗族碑,此碑立于 1943 年,为杨姓立碑以示后人,碑的正面和反面记录了此“划筷奠祖”苗俗的程序和内容。

正面的碑文:

划筷奠祖苗俗纪念碑

照得垂碑古事,众族团结肃清;
军荒国难当顶,次后各奔前程;
本境未居苗住,各自伟去逃生;
久来知祖献礼,可有碑记为凭;
此碑来立何处,独存大屯闸门;
未知献仪点祖,碑板石字鲜明;
来到此处观望,十条款项记清;
第一项划筷子,二件则母猪牲;
第三条洗筷子,三件礼仪周全;
第四年节献奠,五件捶牛能行;
第六言先亡故,七条论新亡人;
八说亡故日满,九语火化筷尘;
第十来做照化,十条已毕肃清。

背面的碑文:

碑页背面用竖排小体字刻写碑文,内容如下:

江西吉安安福县东月街,贵州大定四甲。民七年拨入织金西路。民三十年划拨纳雍。住址刻卧过扎。族谱宗同:天文成光开,金国永茂如松怀(疑为槐)。历代阴礼顺从祖,家兴祥瑞福寿来。

纳雍是少数民族聚居地,仅苗族就分布在全县各个乡镇,大多苗俗传承面广,而“划筷奠祖”苗俗仅限猫寨村一带,具有独特性。在时局动荡的年代(1943 年),采用非常方式(勒碑)使后世子孙铭记这一具有重要意义的奠祖仪式(此举、此碑迄今在全县尚属唯一)。该碑和碑文从侧面反映了此苗俗在苗族人民心目中的重要地位。同时,“划筷奠祖”仪式从不同的角度反映了一定的苗族历史渊源和其生存环境,以及苗族人民的思维方式,为民族学、民俗学家的研究提供了鲜活的素材。对其的保护和传承,也有利于增强民族自尊心、自豪感和凝聚力,使各民族的文化交相辉映,有利于构建和谐社会。

“划筷奠祖”苗俗已有 200 多年的历史,它之所以能够传承至今,除该村苗族的重视外,与这个地区交通闭塞,与外界交流甚少等因素分不开。但随着社会的发展,生存环境的不断改善,外出谋生的年轻人不断增多,以及外来文化的渗透影响,“划筷奠祖”习俗将面临失传的危险,保护迫在眉睫,刻不容缓。其濒危现状引起了政府及相关部门的重视,2006 年 12 月,纳雍县文体广播电视局通过走访,在召开专家调查论证会的基础上,将水东乡猫寨村“划筷奠祖”苗俗向毕节地区文物局、贵州省文物局逐级拟申报为省级非物质文化遗产。2007 年年初,政府及相关部门再次深入到猫寨村,对“划筷奠祖”苗俗做了进一步的核查、挖掘、整理,采取拍照、摄像、访问等方式,将整个祭祖活动作了本真、立体的记录,制作了专题片和电子、书面文本,在纳雍电视台、毕节地区电视台及贵州电视台作了宣传介绍,同时整理补充申报资料报送贵州省文物局。2007 年 5 月 29 日,贵州省人民政府以黔府发(2007)16 号文将水东乡猫寨村“划筷奠祖”苗俗公布列入第二批非物质文化遗产保护名录。

大屯三官彝族祭祀

大屯三官寨彝族祭祀丧葬习俗主要分布在贵州省毕节市大屯乡三官村、田坎乡、龙场镇、普宜镇、小吉镇、大方县长石镇、金沙马路乡等县(乡)等区域。其中以大屯三官寨彝族的祭祀丧葬习俗最为完整。大屯彝族乡三官寨,彝语名“协阔迪”,位于赤水河南岸,在毕节市大屯彝族自治乡北面,地处两省(川、黔)四县市(毕节市、大方县、金沙县、古蔺县)的边区。三官寨为一东北西南走向的狭长谷地,长约 4 千米,谷地平均宽三四百米,两边为陡山坡。全寨地势上下落差很大,从海拔 1400 米的村头黄泥村民组一直下降至河边村民组,海拔只有 700 米。全村辖 6 个村民组,占地约 8 平方千米,耕地面积 800 余亩,居住着彝汉两个民族,总户数 246 户,总人口数 1000 余人,其中彝族户数 224 户,人口 900 余人,占总户数和总人口数的 91.06%和 91.07%。三官寨是毕节地区唯一获得省级“民族传统文化保护与建设”项目称号的彝族村,历史上系大屯土司庄园十八寨之一。毕节地市两级政府于 1985 年授予三官村“文明村寨”大理石碑,贵州省文化厅于 2001 年授予其“民族文化艺术之乡”称号。三官寨彝族传统文化丰富多彩,独具特色。宗教信仰、民居建筑、婚丧习俗、彝族歌舞、语言文字等神秘古朴,仍保留着原始色彩,彝族传统文化特色浓郁。其中,三官寨的祭祀丧葬习俗保存完好,民族色彩浓厚。

祭 奠

大屯三官寨彝族祭祀丧葬习俗主要分自然崇拜和祖先崇拜两大类。祖先崇拜主要是近祖崇拜。人畜两旺靠近祖保佑,故日常祈福许愿的对象是近祖亡灵。福禄的根源在近祖,故把近祖的部分遗体(指甲、头发)和遗物(衣襟)尊为堂神(财神)供奉,分"堂神"为弟兄分家时的大典。家庭不安,诸事不利,多认为是近祖亡灵回来打扰,必须祭祀,故有各种形式的祭祀仪式活动。儿女的命运与父母息息相关,占卜往往以父母亡灵为主要询问和显示对象。特别是为近祖亡灵做好解冤指路被认为是子孙兴旺发达的根本,故有隆重的冷热丧葬祭祀活动。

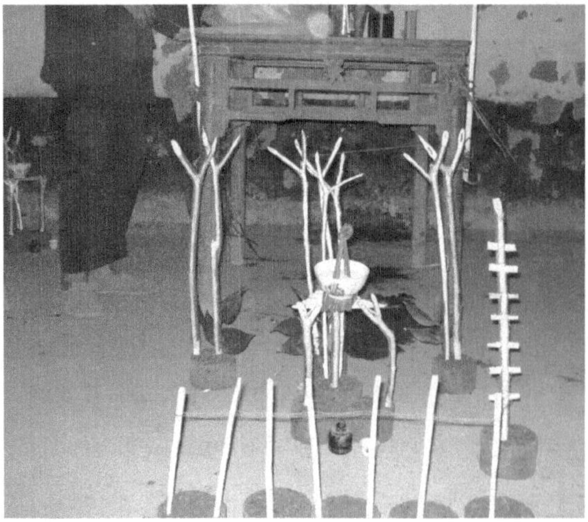

祭祀前的阴阳关

"冷丧指路"(西加纠木):人死了,儿女要请"布母"主持仪式进行追悼祭献,为亡魂指路回"老家"(祖源地)与祖宗团聚,过幸福的"生活",同时还要作"灵筒"供奉,表示不忘。由于"指路"是这一仪式的核心和最终目的,认为不指路亡魂将游荡人间,受苦受难,甚至会危害家人,久之要变成鬼,关系重大,故此地把这一仪式简称"指路"(纠木)。"指路"一般又称"作祭""办丧"等。"热丧指路”（西粗纠木）：与“冷丧指路”相对而言，即人死后立即举行的“指路”仪式。此仪式举行时，如上辈中死后尚有未举行“指路”的，必须同时补办冷丧指路，这种合并举行的仪式称为“热冷丧指路”。

如今，大屯三官寨彝族祭祀活动有重大影响的传承人主要有 4 人，他们分别是陈文均（男，彝族，生于 1939 年 3 月，小学文化，无职业）；陈大进（男，彝族，生于 1953 年 4 月，大专文化，从事彝文翻译）；范越（男，彝族，生于 1987 年 3 月，初中文化，无职业）；范熙（男，彝族，生于 1979 年 6 月，高中文化，无职业）。

扎好的祭祀台

在大屯三官寨彝族祭祀丧葬习俗中，祖先（神）地位在诸神中最尊，三代近祖是祸福的主要根源并且是仪式活动的主要对象。该习俗是传统彝文化的突出表现形式，其活动内容涉及衣食住行等方方面面，具有民族学、民俗学素材的珍贵价值，对研究原始宗教有重要的意义。

近年来，由于受到外界影响，年轻人纷纷选择外出务工，主持仪式活动的布母、毕摩基本上没有传人，面临失传的危险。

彝族毕摩习俗

毕摩是彝族历史文化的创造者、研究者、传播者、代表者及民众教化大师，是彝族的知识分子，从宗教职能来说是祭司，是宗教礼仪的主持者，是沟通人与神的中介，在彝族古代“君、臣、师”三位一体的政权结构中，毕摩属三大要员之一，系贵族身份，是统治者中的关键人物。毕摩文化博大精深，包罗万象，学术价值高，有经文典籍，在社会、历史、地理、天文、历法、语言、文字、文化、政治、军事、哲学、伦理、风俗礼仪、文化艺术，医疗卫生等方面有着丰富的内容。

赫章县各乡镇的彝寨，特别是财神镇马鞍村、可乐乡大山村、珠明乡朱明村、雉街乡联发村、河镇乡毕摩院子、珠市乡核桃村、古达乡官寨村、古基乡卓多村等彝族村寨,毕摩习俗保存完整,最具代表性。

历史起源

据有关彝族文献及史料记载,毕摩初始阶段起源于原始母系氏族时期的哎甫时代,至今两万年左右,是原始宗教产生后作为人们信仰图腾产物的祭司登上历史舞台。彝族“献酒经”记载:君位居左,臣位居右,师(毕摩)位居上,民位居下,各有其位……。汉文化也有记载:毕摩称为“鬼主”,既是宗教首领又是政治领袖,即是政教合一的“大毕摩”。古代毕摩享有自己的分封领地。《延请毕摩经》记载:“有毕摩就有字、有毕摩就有书、有毕摩就有文(章)、有毕摩就有史”。彝族“六组”(春秋战国时期)分支之后,毕摩地位逐渐走向下坡路,特别是明代改土归流后,毕摩才没有政治特权,从贵族变为平民,只能从事民间各种祭祀和主持各类平民活动仪式。

毕摩从产生之时即是彝族部落社会中的执政者,随着毕摩产生而产生的毕摩文化,处于彝族社会“官文化”的地位而受到重视。无论从古代彝族社会政治、军事、文化、战争建设中,还是今天的民间丧葬及各类祭祀活动,择期、消灾、解难等都造福于民,毕摩在彝族历史发展进程中做出了不可磨灭的贡献。

毕摩所用道具

毕摩有经书、法帽(又称钻天帽)、法衣、法杖、法铃、法刀、神箭筒、神索,做法事时全副武装。

(1)经书。由于历史原因,原有的毕摩经书曾遭大量焚毁,现存经书是孔令凯冒着生命危险藏在山上保存下来的,有 20 多种,全用彝文记载。原有的经文有 40 多种,即:解结经、开路引魂经、请圣经、献水经、献酒经、献饭经、招灵经、献牲经、领牲经、设灵经、驱邪经、净灵堂经、解冤经、驱毒经、绕堂经、扫堂经、过地狱经、脱关经、解刑经、净身经、解罪经、斩邪经、净灵房经、请神经、谢神经、除妖经、寻药经、献药经等,分别用于不同的祭祀场合。

彝族的丧祭文献和其他彝文文献一样,大多是以手抄的形式传承。一般用绵纸书写,与别的文献通常用正反两面不同,毕摩所用经书只使用纸张的一面书写。从文体上看,经文多是五言或七言的韵文。有的以单本的形式流传,有的是几部经书合集流传。从装帧形式上看,多采用传统的线装。从排版上,大多数文献都是竖着一列一列地书写,很少采用横写的。彝文丧祭文献是从左到右竖写的,有的是用麻布,有的是用羊皮或牛皮线装。

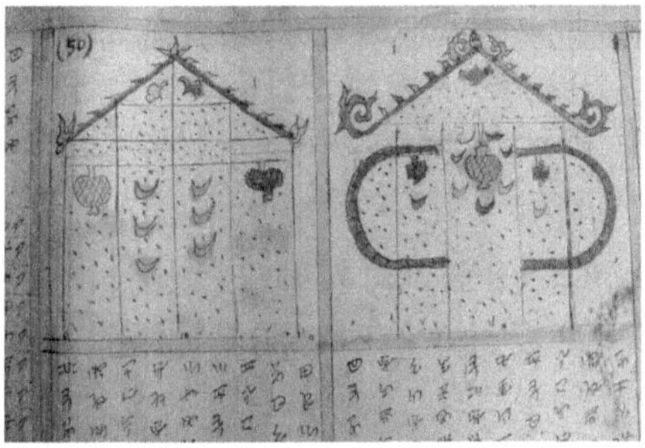

教化经书

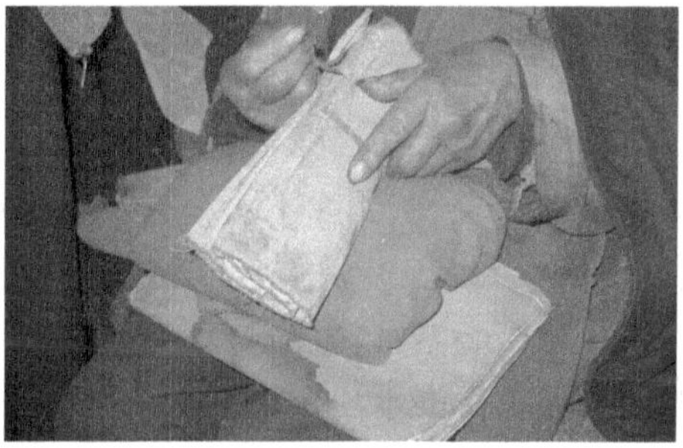

经书古籍

彝族丧葬文化的精髓体现在丧祭所用的经文文献上。在一场完整的传统丧葬仪式上,粗略计算,毕摩需要念诵约 40 部丧祭经书。由于死者身份的不同,念诵的丧祭文献也不相同。彝族丧祭文献体现着祖先崇拜、万物有灵的生死观。不论是献水经、献饭经、献酒经、献牲经,还是解结经、解冤经、指路经,都是希望亡者的灵魂能够顺利到达祖先的发祥地,在那里过上幸福的生活,以保佑后代子孙繁荣兴旺。

(2)法帽。法帽形似斗笠,用竹子编织成圆形,外用羊毛做原料粘上制成。做祭祀活动戴上帽子表示毕摩神会来保护自己。法帽彝语称"五侯"。法帽下系有一对形如法帽状的银饰及符文,符文称法冠符,用来驱邪除魔。

(3)法衣。法衣分内外法衣。按彝文古籍记载:内法衣是白色的收腰长袍,布料为丝织品、麻织品,白色,寓"洁净清白"之意。穿白衣者是懂知识的人。长袍从前胸开口到脚边,袖宽一尺左右,腰及边上镶有花纹,前胸及背上刺有符文,称护身符。外法衣就是一件披毡,也像雨天的披蓑,彝语称"脱"或"五侯",是用羊毛特制的,形似鸟的翅膀,是毕摩的标志,因为彝族崇拜龙,毡衫上佩戴有精致的银饰。

(4)法杖。法杖可特制,也可临时用一根竹子制作。

(5)法铃。法铃是古代青铜制成。行法事时摇法铃,一是呼唤神灵,二是驱邪除魔。

(6)神筒。神箭筒在丧葬期时用,彝语称"碗脱"用黄松短木棒制成,内空,头上形如鱼嘴,内装 12 根细竹签,用红、绿线捆着,传说竹签是毕摩的神笔、神箭,在行法事时,遇到凶险,神箭会自然射出防身。

(7)法刀。彝语称"黑"或"活",所有活动都用,用来制作工具。法刀用铁特制而成,形状犹如小长刀,1 尺 5 寸左右长,传说源于天神尼阿德的斩邪刀,行法事时助其威力,

(8)神索。临时用茅草特制而成,上挂有青松枝,传说是天神吐米沓之神物,用来捆绑妖魔,后毕摩系在法衣上作防身,也称"护身索"。

丧葬仪式

彝族丧礼旨在超度亡魂，在彝族原始的宗教观念中，彝族人普遍信仰灵魂不灭，“万物有灵魂，无魂不会生，人生魂来附，人死魂先去”。灵魂主宰着人的生存和各种活动，人死后灵魂回到祖先的发祥地与祖先团聚。祖先神灵与后辈子孙存在某种依附关系，祖先神灵受子孙的超度与供奉，反过来护佑后代子孙平安吉祥。整个仪式由毕摩主持。

彝族丧葬仪式烦琐，礼仪规范宏大，死者子孙请毕摩超度后指引亡魂安然回到祖先发祥之地，享受与祖先团聚的美好生活，并教导亡魂死亡不是悲伤的事，生与死都同样享受美好生活，在阴间与阳世都要做贤良人。表达出彝族先民乐观享受今世生活、坦然面对死亡的态度，集中反映了彝族人好生乐死的生死观念。

1.沐浴更衣（断气前的习俗和仪式）

在人快要断气前，为之洗身，并把事先准备好的新衣、新帽、新鞋穿上。若是突然死亡的年轻人则现制衣。每个孝子必须喝一口沐浴的水以示尊重。穿戴完毕后拿一张四方桌子或椅子放在堂屋神龛前，由晚辈将老人扶坐其上，双手放在膝盖上，脚踩在装有玉米的斗里，直至死亡。

2.殃杀与停尸

断气后，进行殃杀。从屋顶揭一个洞，把一根 1~2 米长的竹子或木棒横穿在这个洞之间，主要表示让死者灵魂从屋顶出去。在堂屋侧面靠墙放两条长板凳，再放几块木板，之后拿一条羊毛毡或被子铺在板子上，将死者放在羊毛毡（或被子）上，用一团白纸做成枕头，放在死者头部下面。在死者胸口放一个铁犁头，尖部朝死者的头，并做一个十字架放在犁头之下（十字架用刨木树制成），表示邪魔不敢靠近死者，驱邪之用。接着放爆竹，以示村里某家有事需帮忙。

3.入殓习俗

第一步：棺材放在正堂屋中央，大头朝门。用白纸铺在棺材里，并且不能少于三层，从大头往小头依次铺起。然后再用对角纸铺一层，铺后盖上一块蓝色的布。

第二步：扫材。用桃树、柳树、救急粮树和几根竹子做成火把，边念经边扫“火把”，像扫地一样来回八下，这表示不让死者把活人、牲畜和五谷杂粮的魂带走。

第三步：扫材后，把死者放进棺材，并把棺材边缘上的对角纸折回来盖在死者身上，以示让死者保暖。再盖上一层蓝布，然后用白纸对角相折成条形，并相互交错，斜铺在死者身上。

第四步：再进行一次扫材后盖上盖子。

4.棺材盖好后的程序及仪式

棺材盖好后，孝子跪在棺材前（此时孝子不穿孝服，而是系一根麻皮在腰上），由长辈杀一只鸡(公鸡或母鸡)来祭奠,把鸡煮熟之后用鸡头、鸡脚、鸡尾、鸡肝等,与酒、茶、饭放在棺材前,每个孝子上前供饭,并且念供饭经。供饭时先献酒,再用筷子挑起一点饭在鸡肉上蘸一下,扔在棺材前,重复三次。

5.报丧的方式

如果时间早就是下午去,晚的话第二天去。派孝子之外的人到后家和“马兰”家报丧,并告诉超度的日子。报丧的人到后家或“马兰”家时,要站在门外,由主人用一瓢冷水放有饭或菜,从门里泼出去,表示让死者吃,不再干扰家庭的安宁。报丧的人方可进屋。

主人一手提鸡,一手拿竹子做成的“响把”,绕火堂三圈之后把鸡拿到岔路上宰杀。宰杀时在宰杀的地点搭一个临时小房子,让死者灵魂暂时居住,小房子前搭一个“净架”,即用两根小木棍插在地上,然后横放一根木棍。

鸡肉煮熟后,再拿到小房子前祭祀。这时用细木棍串一片叶子成圆斗形,插在“净架”前,做三个,分别装有酒、饭、肉。这算报丧结束。

6.迎接毕摩

请人带上酒去请毕摩,毕摩在家先用酒祭奠毕摩神,即“请圣”,念请圣经。毕摩到达死者家中是在晚上,到达时,孝子穿孝服跪着迎接,毕摩念请圣经,念完后,回到屋里,孝子跪在棺材前,毕摩念献酒经、献水经,孝子献水、献酒、献饭。

7.招灵

招灵前在神龛侧面放一张桌子,上面放一个簸箕,簸箕里铺一张棉纸,棉纸上写好死者的名字,用刨木树扎成的“十字架”压在上面。招灵时,毕摩用木勺敲另一个簸箕,并且念招灵经(招灵表示将死者灵魂招到此处)。招灵之后,献牲。献牲需三个毕摩,分别念献牲经、献酒经、献水经,此时孝子磕头。念完经后杀牲畜(鸡或羊),然后将其煮熟,用来供饭。

8.解结

用茅草扎一个草人,黄松树 6 棵,青秆梨树 3 棵,人形木块两个。

①设灵。用几厘米长的“净竹”(细竹子)作中心,羊毛绕在“净竹”上用花线捆绑(男的用红线,女的用绿线或蓝线)放在竹筒里,则制成“神筒”。设灵时,孝子跪在棺材前,面向门外,地点设在屋檐下。用 4 块刨木树板围成一个矩形框,框内铺上青松叶,再放上一块白布,然后在白布上放一个用刨木树做成的十字架,最后把“神筒”放在十字架上。设灵完成后,念献牲经,杀一只母鸡(除白色之外),此时孝子脸朝屋内,跪在棺材前,让亡灵入灵位。之后,用鸡肉供饭。

②为亡灵驱邪。用一碗水放在装有粮食的升子上,碗底上拴一根麻皮,旁边插上“神童”,把升子放在棺材前,开始驱邪。毕摩抱着一只仔鸡,念经的同时,分

毕摩祭祀

别用鸡头、翅膀、尾巴、脚绕“神筒”三圈，每次绕的时候都喊死者的名字，并且把麻皮的一端给主孝咬着（表示把邪魔去掉）。随后拔一根鸡毛让孝子同麻皮一起咬住，把刀在“神筒”上绕三圈以后，把鸡毛和麻皮分三次割断放在升子里。随后，用黑线扎在草人上，放在“神筒”旁，再绕一根白线在草人上，白线的一头给大孝子咬住，黑线的一头给另外一个孝子咬住，念完驱邪经后，黑白线用手拧一次，捆草人一次，这样连续三次，这表示邪魔让草人带走。最后点火烧了麻皮和鸡毛，将装水的碗倒放在火把上，驱邪完毕。把鸡肉煮熟供饭。

9.转场

（1）开丧。开丧表示真正丧事的开始。开丧之前，灵房安置在神龛角。由点火把的人（彝语称“测莫”）拿着火把在前面，扛着引魂帆（纸板做成的四方形船帆形状），毕摩端着法水（水里有一个十字架）让孝子洗手，边走边洗。

牵着羊，扛着纸做的鹿、马跟其后，围绕房子周围转 3 圈。死者是男性左转，若是女性往右转。转完 3 圈后回到屋里，孝子磕头，毕摩念献牲、献水、献酒经，之后宰羊，仍然将肉煮熟后用来供饭。

（2）招魂。用茅草做成人形（称死者影身），用布做成草人的衣物，把这些东西放在簸箕里；装一盆水，水里放梳子和帕子。孝子迎门磕头，毕摩念招魂经，招魂开始。每念完一段，毕摩喊一次死者的籍贯及其祖上的名字。招魂经念完后孝媳给死者影身梳洗、穿衣，在把其放在灵房里，招魂结束。

（3）招魂献牲。“测莫”点着火把，扛着引魂帆，端着法水在前面，其余的人拿着灯笼（排灯），并牵着一头牛或羊，在房子周围转 3 圈，之后用牲口祭奠，进行供饭。

（4）出堂。抬出棺材。请帮忙的人端着斗、升子，拉着小猪围绕火堂左转三圈，把“净架”扶在门槛上，将小猪、斗、升子从净架递出，送到灵堂边。之后，毕摩按死者的死亡日期治改（彝族人称“坑杀”），治改完后毕摩起棺，最后把棺材抬出放在大门口，同时灵房抬出。

（5）入灵堂。首先毕摩扫场，即拎着鸡、端着法水、拿着刀围绕场地转 3 圈，然后在灵堂前将鸡头砍下,在灵堂内挖一个小坑,把鸡头埋入其中,用碗盖上,把法水放在一旁(表示镇场的作用)。毕摩带领众孝再围绕场地转 3 圈,但一圈比一圈的距离近,把灵房放在灵堂内,最后供饭。

(6)接寿元(给不满 60 岁的死者接寿元)

在法事堂右侧搭一个水架(如下图所示)

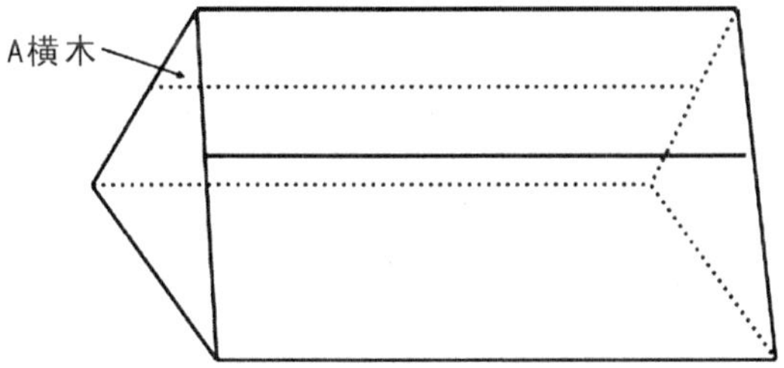

水架每只角上拴一只鸡,水架背面的一根横木上拴一只鸡,顶部的一根横木放一副马鞍,马鞍上放一袋粮食(20~30 斤)。水架前放一个装有粮食的斗,斗上放一个有粮食的升子,升子里有一个碗,7 根灯草放入其中点燃(七仙灯),并放 9 个鸡蛋,9 个酒曲,9 条鱼,点燃 3 支香;斗的前面放一床草席,草席上放一块布(天冷时放一床被子),毕摩以此在席上念经,席子四角上分别放一把装有粮食的升子;席子两旁,一边插 10 棵树枝,一边插 9 棵,用麻绳在其中绕 12 道,树枝后面插青杆梨树;在山羊上绑一条口袋(称"搭衣"),放有 9 个石头,9 个黄松果子,两个草人,称为"茅草人",用一个反手茅草绳给养驮起;毕摩削一根木棒作刀耙,用针穿一根线。

每个孝子点一根香拿在手里,跪在法事堂前面,毕摩在水架后念经叫死者名字,念完一段经后,由"测莫"点着火把,扛着引魂帆,引着毕摩和众孝围绕法事堂转 3 圈(左转),之后,又到灵堂前,再次呼唤死者,念接寿元经,围绕灵堂转 3 圈,绕转的同时,用刀在灵堂的每个房角边顶一下,把针从里到外穿出。转完之后,又回到接寿元的法堂再转 3 圈。接着,孝子跪在水架前,毕摩坐在水架顶部的口袋上呼唤死者名字,念一段经后,把法衣、法帽脱下放在口袋上,从水架下来趟在水架前的草席上念经。念完经后,主孝点着火把跪在草席上,把麻线交叉处烧断,烧断一处喊一声自己的父亲或母亲。烧断后,给每个孝子发一根香,其他人拉着养或拿着鸡,"测莫"点着火把,扛着引魂帆,带领着围绕水架 3 圈,然后把水架翻倒压在草席上,把 19 棵树枝拔起,送到场地外的果树脚。羊驮着的口袋取下挂在树上,针插在树上,杀一只鸡把血滴在树上的东西及木棒上,最后把七仙灯放在树脚,接寿元完毕。

(7)进场与大转。进场的顺序是大后家→小后家→大"马兰"→小"马兰"。

在场地外,孝子跪接后家及"马兰"家,到达后,必须把孝子拉起。进场之后,来到标有各自名字的火堆旁。"马兰"家由别人领着围绕火堆及灵堂转 3 圈(后家不转)，转完后，孝子及后家、“马兰”家到灵堂前供饭。吃完饭后，后家围绕方杆转3圈，再围绕丧场转3圈，随之供饭；“马兰”家从大到小围绕丧场绕3圈，不绕方杆，最后到灵堂前供饭。

大转结束后，把后家或“马兰”家带来的牛、羊等祭礼在灵堂前祭奠，念献牲经后宰杀。

10.指路

天亮后，由“测莫”点着火把，扛着引魂帆，拉着指路羊和头天用的小猪，带着孝子围绕火堂转3圈，到丧场内围绕灵堂转3圈，请毕摩念献牲经，由小“马兰”家打倒羊，用刀从胸部划一个口掏出心放在羊身上，再把小猪绑在羊身上。用一块布条打成结放在指路羊上，请毕摩驱邪。念驱经的同时孝媳洒水(洒在灵房边)，并且在灵房前搭一个架子，放一碗水，孝媳用竹叶在碗里把水洒出，洒3次，洒完后，通知后家解邪带，解开后又打结，让“马兰”家解邪带。

大“马兰”家砍方杆，中“马兰”家搬灵堂，把棺材和灵房移到向西的地方，接着孝子供饭。通知“马兰”家，把扛来的鹿和马排列在灵房边，孝子请毕摩指路。孝子在法事堂前磕头，毕摩画一碗法水，穿起法衣、戴上法帽把法水喷在孝子身上，为孝子驱邪。随之孝子在灵房前磕头，毕摩在孝子之后，在毕摩前方搭一对净架，放上一块白布，让毕摩从净架穿过靠近孝子，这时毕摩的前方会插一根“指魂棍”，旁边放一个茅草编织的草碗，里面装一些刨木树砍碎的木屑，毕摩念指路经，指路开始。每念一段经文，喊一次死者的籍贯及其祖上名字，意思是领回原地；并且念几句，撒一些木屑。指路经念完后指路完毕。之后，毕摩把“指魂棍”往前方丢出，棺材移到丧场之外，灵房、方杆上所挂之物、鹿、马就地烧毁。

11.送葬

如果送葬的地方是毕摩看的，毕摩应该跟着送葬，如果不是毕摩则不用去。

棺材在前，“测莫”点着火把，扛着一束钱纸领路，孝子送行，到达埋葬地点之后，毕摩破土；供饭、念破土经。念完后，挖葬坑，因为坑底呈“井”字形，葬坑也称井(“井”如下图所示)。

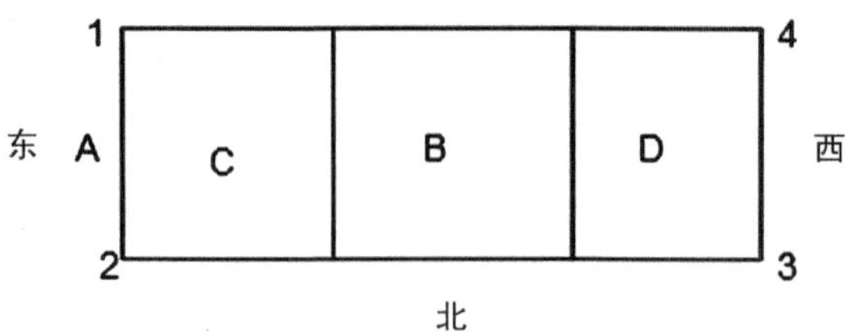

若是男性死亡，在 B 区用米铺成八卦图（如下图所示），若满 60 岁画完整的八卦，未满 60 岁画半卦。

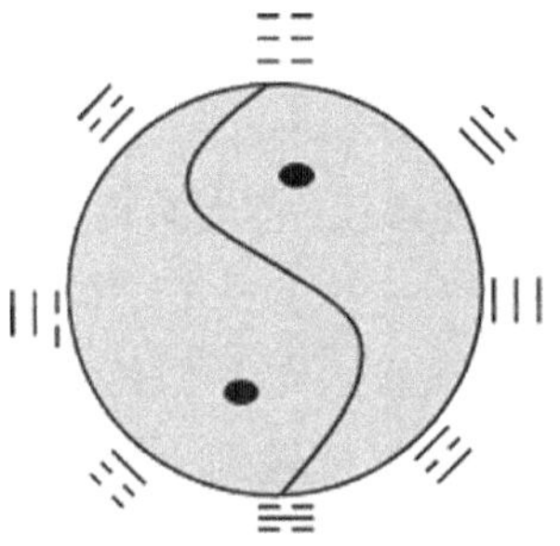

满60岁

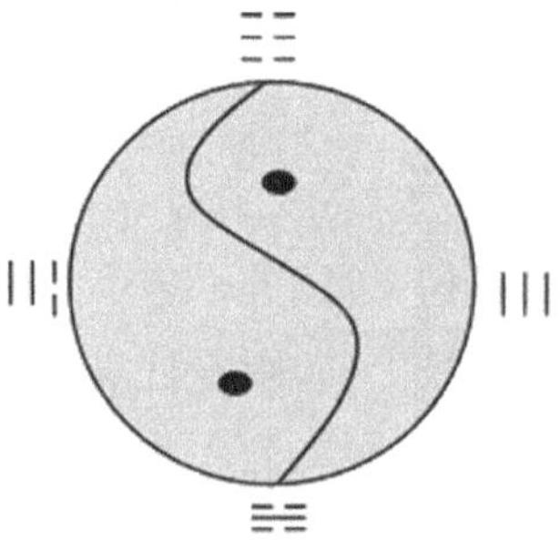

不满60岁

若死者是女性，B 区画灵花。大于 60 岁的画八个花瓣，小于 60 岁的画四个花瓣。

其中 C 区与 D 区写成一对对联。

“井”底图形制好后，用鸡冠在“井”底四角上分别点一下，并念经文。走出“井”口站在 A 区念一段经文，把鸡扔在“井”里，如果鸡啄米，就是吉利的象征。毕摩拿火把、桃棍在“井”一下，这叫扫井，为了驱除生魂落入井内之意。

扫完井，把棺材放入葬坑内，之后，用罗盘把相位拨正，毕摩念上土，并念上土经，孝子盖土。其中盖土之前女孝先用衣袖兜土，男子捧三次土，毕摩再撒“禄米”（五谷杂粮）给孝子接住。盖好土后，把土堆高起来，称“垒坟”。

送葬回来的当晚给死者送饭，既是点起香、纸到坟前供饭；接下来的晚上，在半路送饭、“祝葬”，并烧一个火堆；第三天晚上在家的附近送饭。

三天后，到坟前“服丧”。把原来“扫井”用的鸡宰杀煮熟后供饭，并给坟上土。

12.合灵

在场地上方插 9 棵黄松树，每一棵黄松树前插一棵刨木树杈，炮仗花树插在黄松树旁。黄松树前用 4 块刨木树板摆成矩形框，框里放黄松树叶，然后铺上白布，布上再放“十字架”，框前放马鞍。马鞍前的地上，下面放草垫，然后放毡条，其上放衣服，最后盖上被子。衣服男的放在左，女的放在右。扎灵位，用竹秧、羊毛制成灵位，男的用红线扎，女的用蓝线扎。将灵位给两个人拿着，男的拿男死者的灵位，女的拿女死者的灵位，毕摩念合灵经，拿死者灵位的两人互相对话。每对一次话后，将灵位分别放入亡灵的衣服内，行男女之事，这样重复三次。之后，将两人的灵位放入一个竹筒，然后用麻皮的一头拴在用刨木树制成的十字架，另一头拴在鸡脖子上。毕摩念献牲经，孝子抱着鸡跪在地上，然后割断麻皮、宰鸡，用鸡供饭。再念合灵经，将刨木树板一头削尖，另一头飘带头，上面按男左女右的顺序写死者的名字(如:某某之灵位),然后将神筒绑在有名字那面木板上。在簸箕里装碗米,将神牌插在碗里,由“测莫”端回。到大门时,在门槛内打初碳。到神龛前,拿一根青杆梨树和神牌合在一起打“初碳”,并插在神龛旁边。

13.扫屋

在堂屋里放一张桌子,上放升子,里面插五种树枝(青干梨树、刺老包树、五跑叶树)。一根黄松树丫枝、五个茅草人、一碗米。一个人点火把,拿灭害灵(原来用树皮粉末或苦荞面)上前,跟着是拿鸡、端升子和法水。先将本家祖神安位,用粉火驱邪。毕摩拿着粉火每人打一次,并将茅草人、树丫枝送到十字路口。在十字路口,毕摩请师,后念咒语、杀鸡,将鸡血染在茅草人神上,并将鸡的头、鸡爪和翅膀用火烧后,放入净水碗中,然后再放一些米在碗里泼出去。扫屋完成,邪魔被驱除,意味着今后将平安了。

传承与保护

毕摩在彝族社会中地位很高且神圣。在彝族社会的“兹(土司)”“莫(法官)”“布(毕摩)”“格(工匠)”“卓(百姓)”五个等级中,毕摩的地位处于第三位。在彝族社会的宗教信仰、历史、教育、科技、人生、法律、婚姻、礼仪、艺术、医学、探索、丧葬、艺术、预测等等方面起到重要作用。毕摩在作布过程中针对不同内容有系统的议程,神秘古朴,充满奇幻,是对古老文化习俗的一种继承。毕摩按彝文经书演诵不同的祭祀有不同的唱腔,其作布时的说唱是一种以彝族民间特有的文学与音乐相结合的艺术体裁,具有古朴、纯真、恐惧、高亢、低沉等变化无穷的腔调,令人听之感到殊属而神秘。毕摩文化是由毕摩和彝族人民共同创造和传承的以经书和仪式为载体,神鬼信仰和法术祭仪为核心,念经或口诵为手段,牺牲用物为媒介,同时涉及和包容了彝族的社会历史、哲学思想、伦理道德、文学艺术、天文地理、医药卫生的一种特殊的宗教文化,是彝族文化的基石和核心组成部分,对研究彝族人文、道德、伦理、艺术、文化、历史等方面有着极高的价值。然而随着社会的快速发展,彝族人民的生活、教育、宗教等方面发生着急剧的变化,特别是受到了基督教极大的影响,赫章彝族毕摩濒临断代,毕摩传承人和毕摩习俗如再得不到更好的保护和传承,将会走向严重的濒危阶段。

彝族丧葬习俗

特殊的地理环境

金沙县位于贵州省西北部，毕节地区东部，地处乌蒙山脉与娄山山脉交汇处，乌江与赤水河之间。位于该县西北部的马路彝族苗族乡，坐落于东经105°47′~105°54′，北纬27°35′~27°42′，总面积82.5平方千米，以低、中山地为主。东与清池镇接壤；东南与太平彝族苗族乡毗连；南以小河与大方县为界；西、北以马洛河与七星关区为界。年平均气温14.2摄氏度，降水量874毫米，无霜期280天，日照射980小时。全乡居住着彝族、苗族、仡佬族、白族、汉族5个民族，总人口14037人。其中少数民族3367人，彝族近3000人，主要集中在所辖的马路、契默两个片区。历史上契默彝族土目陇氏远近闻名，目前，陇氏庄园犹存，建筑别致，为县级文物保护单位。由于这里地处金沙、毕节、大方三县（市）交界处，地理位置相对偏僻边远，因此彝族生产生活习俗和传统文化在这里得以相对完整地延续和传承。尤其是丧葬习俗沿袭至今。

丧葬过程

在古代，彝族先民多通行火葬，以示亡者的灵随烟火升天到极乐世界，不在凡间受苦受难。其做法是请“布摩”（先生）做各种法事指路超度，择一吉地用刚劈的干净的柴块搭一“井”字形柴楼（男搭九层，女搭七层），将遗体收拾好后放在上面点火焚之，最后把骨灰装在坛罐中，埋在向阳的山顶上（或葬于岩洞中），坟体多为圆形，既供亲属和后人祭拜，又可于坟顶上竖一高竿，长期观察阳光照射的投影变化以测天象，故称“向天坟”。到明清时期，因汉人大量迁入，他们认为火葬过于残忍，有失风雅，于是多次向朝廷反映，到清同治年间被下令废止，改为入棺土葬，但“布摩”超度亡魂的法事内容和程序基本不变，延续至今。

1.报丧及筹备

（1）去世前的习俗与忌讳。凡老人在病危期间，其直系亲人，特别是亲生儿女，须昼夜守候照料，以防老人落气时无人守着，否则视为晚辈不孝并有不吉。落气时须找来一个升斗放在老人面前，让其双脚踏在升斗上，由族中年长者掌着落气，子女及在场的人跪在面前烧斗纸（倒头纸），意思是拿给老人在去阴间的路上作各种花费（包括交买路钱）。接着，由其子女端一杯酒递与懂的人，请他为亡者剃去头发（女性不剃，只用剪子剪下少许头发），再剪下手、脚指甲，用纸或布包好放于香炉内，待装神筒时取用。然后，为亡者洗净身子，换上老衣，停放于堂屋左侧中柱的位置，再拿来一只雄鸡，由亡者族中长侄子提到房屋后，对着停放亡者的位置叫其乳名三声，意思是叫亡者来拿引路鸡（彝语称“柩逅哇”），然后，将鸡拿回来系于停放亡者的丧架上，丧架下要点七星灯，并鸣炮三声，以此告知寨邻，寨邻人听到三声鸣炮后，便知有丧事发生，即闻讯赶来。

提来雄鸡

部分人家在老人临死前，还要准备一头未穿鼻子的牛，在老人要落气时，搓一根反绳把牛套住牵到老人面前，并将绳子另一端拿与老人手中握住，老人一落气就把牛打交给他（她），打牛的一般是正孝子（或孝家出利市钱请一屠夫代打）。宰杀牲口时任何人不得说汉话，否则视为有岔，亡灵不与领受。这样做的意思是，老人生前富有，死后到阴间仍然富有，这头牛彝语称叫“知陪腻”。打牛后，孝子要边烧纸奠酒，边用彝话向亡者表明，并吩咐亡者牵好管好，以示儿女孝道。

（2）请“布摩”（先生）。人死后，主人家要派人去请“布摩”（先生），向“布摩”道明亡者的生辰八字和死亡时辰，请其择定办丧事和下葬的日期和时辰。请“布摩”的人要拿着择定的日辰先回去，以便主人家好根据确定的日期筹备办丧事的各项内容，布摩同时也在家里作好去办这台丧事的各种准备工作，等待主人家来人接。

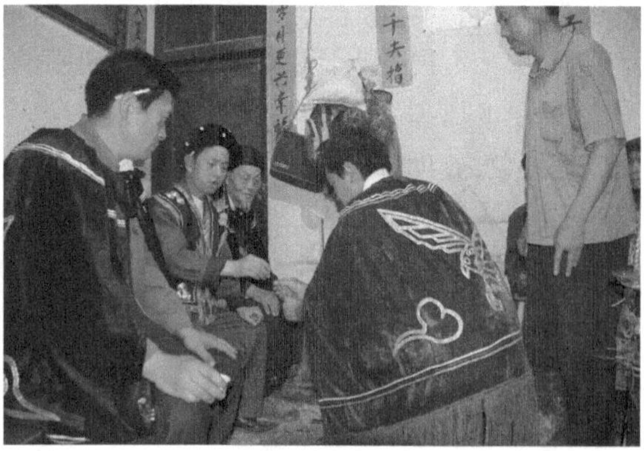
接布摩

（3）报丧请客。请“布摩”的人拿来择定的日期后，主人家要与总管商量，安排恰当的人去各方亲戚家报丧礼请，不同级别的亲戚家所用的礼物有所不同，最厚份的是死者（女性）的后家，或死者（男性）的姐妹家，请亡人的其他晚辈亲戚家可以不带礼物。去报丧者要手杵削皮成白色的桴樱棒，到要请的亲戚家时，不能直接走进屋里，只能坐在院坝边，把白桴樱棒直插路口，亲戚家看见客人和白木棒后，便知是来报丧的，于是迎进家里，装烟、倒茶、杀鸡款待。杀鸡时，要用茅草扎一茅人，将鸡血滴在上面，送到报丧者来的路线的某一隐避地点，以示两层意思：一方面款待客人；另一方面又回送了随报丧者而来的亡人的阴灵。在送报丧的人走时，要备一个鸡蛋，待其走到院坝边时，朝他背后甩去，表示几家吉利。

(4)筹备。把报丧请客的人安排走后，主人家便把各方面的事情交代给总管，从此，丧事的所有事情便全由总管主舵操办，来帮忙的所有帮忙弟兄均听从总管的安排和调度，做好充分的物质和后勤准备。丧事的大小根据主人家的具体情况而定，有的人家还要把以前已去世但因各种原因而未超度的亡人跟着现在刚去世的这位老人一道操办，超度刚去世的人叫“热丧”，超度以前去世的人叫“冷丧”，办“冷丧”要在住宅附近的一块平地上为每位亡人搭建“丧房”，一般一位亡人要给搭一正一厢，分灵堂和孝堂，灵堂供停放招回的亡灵，孝堂供来祭奠者举行相关的仪式，门一般为圆拱形，房脊设为斑鞠型。

(5)接先生。筹备工作完毕，孝家需安排一位弟兄提着礼物去接先生（布摩），这位去接的人要替布摩背经书、法具等。布摩到孝家，孝男孝女得向布摩一行磕头赎罪，以此表示对亡故老人的孝敬和对布摩祖师爷的尊重，并递酒、装烟、倒茶，让布摩得位休息，然后带着帮忙弟兄一起作好做法事的相关准备，如扎灵台、神位、搭云梯等，然后摆晚餐。

2.开坛

晚餐过后，孝家在堂屋香火下安上一张坛桌，打来一个香升（升斗），装满粮食，香升里放一碗印卦米（“橱积”），加上适量盐和茶，再用8寸见方白布一张垫于升斗底，同时打来敬水一碗置于布上，孝家将准备好的一切用火炭淋水熏过（打醋炭），烧香纸一巡，内总管吩咐孝家递酒与布摩，请布摩开坛，同时递与“哞哼”（乐师）、“骂卸”（统兵元帅）、“持魔”（守灵人）、“以狄”（香灯师）等，然后按以下程序进行：

(1)成孝（服）。专指家孝，正孝的孝帕最长，一般要与棺木一样长，其他一般为三尺，此时女孝还要穿上白色的长孝衣。

(2)升棺入殓。帮忙弟兄把棺材抬到堂屋内顺着摆放在亡人旁边，然后孝家要把棺材里面打整干净，再用火纸折叠在里面按人字形铺平，待布摩口头上表一通后入殓。

(3)开孝。除开布摩孝外，还接着开给参与法事的人和总管、帮忙弟兄等。其他亲戚及家族的人一般在第二天正办时来了再开。

(4)开坛铺设。如果有“冷丧”随办，布摩晚上还要用灵草扎茅人，缝制衣、帽、鞋、袜给其穿上，以代亡身，扯下孝家住房四个角上的房檐草或瓦片为之作铺垫，彝族人认为，已故亡人如果没得到超度，其灵魂会回到家屋的某一角落，给阳间的家人带来不吉，因此，往往趁办"热丧"之时一道把以前亡故而未超度的亡魂接来一同操办，让其开开心心跟热灵一起超度，安慰之后，以保阳间后人清静，顺利平安。为了这一愿望，也有的人家专门择期办"冷丧"，超度已故多年的前辈亡人。给亡灵铺垫设置完毕，随即斟酒由孝家反向半跪递敬布摩，请布摩告冥上表，吟诵《献酒经》献与亡者，安慰亡者得位。安慰完毕，炮师鸣炮，孝子哭丧，铺设结束。如果无冷丧，开完孝后放杀凳上交与长孝，并将草绳的另一端拿在亡者手中握住，然后杀交给亡人（若长孝不能杀猪，就用利市钱并端酒请屠夫代杀），交牲这段时间，任何人不得说汉语，否则视为在岔，亡灵不与领受。

杀牲后，布摩要在猪的前夹处割取一小块有三根毛以正三角形长着的皮（意为了愿解冤之物）用于祭献，并割耳（猡逮）设祭，此时孝家要递酒与布摩和卡署（后家来掌刀的人），递给布摩要反递，递给卡署要正递。然后布摩上表、献酒、念经（净身经、交牲经），将耳交与亡者去净身，随即由厨师取出五心肝胆、半边猪头、三匹胁肉，加上适量盐，用于回赎安慰亡灵，开坛铺设到此结束。孝家正面递酒酬谢布摩后，安排休息。"持魔"（守灵人）要昼夜烧香守候。

3.开祭（正办开始）

（1）招请。次日晨，布摩起床后，若有冷灵，则需先到坟山上破土献酒，喊灵接回到丧房内安位。上山接灵时，由布摩亲自带队，孝子反披蓑衣、头戴斗笠、背着布摩所造的亡身，乐师鼓师跟在后面，孝男孝女随跟，帮忙弟兄带上香纸、敬酒、刀头、敬饭、一对鸡（一雌一雄）在后。到了坟山上后，布摩将亡身取置坟前，然后破土五方，孝子烧香纸于破土处，再反向递酒与布摩，布摩上表一通，吟诵《献酒经》《招灵经》，再用鸡从五方呼喊亡者乳名引招亡灵。咒毕，由长孝反跪，手向后于亡身旁扯草一棵交与布摩，布摩将其通过秘咒，再将此草捆附亡身，交给长孝背着回丧房。来回路上，背灵的孝子不得与任何人话语，否则视为所接之灵被岔，超度无效。

（2）安位。亡灵接回丧房后，布摩要用茅草、桴樱木、冬青、豆豉叶、白布、五色布、皮纸、竹子、水碗等搭起神座，将亡灵之身安位，随即由"骂卸"带领帮忙弟兄架一云梯（引斗）于神座前右侧（即亡灵后左侧）。云梯的架法是，除座位外，男架九层，女架七层。造好神座，由"以狄"（香灯师）打来升斗、五谷盐茶、香纸、敬酒等，用火炭、水把神座、云梯及所需物品熏过（打醋炭），然后点上香灯，孝家递酒请"卡署"（掌刀的人）陪同布摩到神座前，等待开祭。（此后的做法与热丧同）。

（3）开祭（"吃煮"）。即将开祭前，孝家要递酒请"持魔"（守灵人），"骂卸"（统兵元帅）、"哗哼"（乐师）、炮师等作好"吃煮"准备，然后，布摩吩咐骂卸带领孝男孝女，捉猪一头，由骂卸手执于亡灵前，将猪撞棺木（冷丧撞亡身灵架）三次，呼叫亡灵乳名三声，叫他（她）来领“吃煮瓦”（晚餐菜）。这时热闹场面开始，骂卸在前，长孝随跟，持猪的帮忙弟兄跟随在后，其余孝男孝女每人手执一炷香随行，乐鼓师在后压阵，从灵前开始为亡灵踩五方（灵前、大门前、房屋或丧房四周），破地狱，围绕亡灵所在房屋（或丧房）绕三圈，每绕一圈踩一次，到第三圈时，执猪的人在灵堂后把猪交与长孝，拿到神座前等候，待其他孝男孝女到孝堂执香肃立守候好，长孝便面向亡灵双膝跪下，用木槌猛击猪头，此时卡署必须呼喊亡灵乳名，叫其来拿“吃煮瓦”。猪被击死后交与布摩割耳设祭，完毕，孝家斟酒递与布摩和卡署，请其开坛将牲口交与亡灵。

布摩做好准备，孝子反向递酒与布摩，正向递与卡署。布摩口头上表一通，吟诵《献酒经》献酒与亡灵，随后念读经文。所念经文有《天象净身》《地态净身》《历史变迁》《庆丰收》《叙牲畜》《交牲畜》《受牲畜》《回赎》《扫场》等，其中，《叙牲畜》《交牲畜》《受牲畜》《回赎》《扫场》要根据临场具体情况作不同的表达，布摩要先将割耳（归播）交与“持魔”，由“持魔”通过三拜献与亡灵，再请厨师取出五心肝胆、半边猪头、三匹肋肉，加上适量盐、用碟子端着或用竹签串上，取来敬水、敬饭、敬酒，请帮忙弟兄每人端一样，在布摩念经的同时，由骂卸带领孝男孝女，吩咐乐师鼓师一同，在灵堂前院坝里转三圈，意为破阳关献冥食，之后以三拜九叩之礼交与持魔，由持魔亲手献与亡灵，布摩念《交牲回赎经》和《扫场经》，礼毕，“吃煮”结束。孝家敬酒，安排休息就餐。

4.摆饭（稼科）

（1）摆先生饭（布摩稼科）。“吃煮”完备后，得摆先生饭。先生饭要摆在堂屋内，和内堂人员一起，以便行动统一，如持魔、以狄、索卡、骂卸、哞哼哞喇果等。每一坛法事的开始都得同时起步。因此，要使事情能按时顺利完成，人员必须统筹在一起，才能达到办事目的。

（2）摆老年饭（署摹稼科）、摆孝子饭（奢署稼科）。摆老年饭和孝子饭这一程序，在整个过程中占有重要地位。这餐饭是为亡灵受食而准备的。程序是：摆了先生饭立即摆老年饭，随着摆孝子饭。摆老年饭时，要求下祭来的每一家叫一位年长的人来吃这桌饭，可坐着吃。而摆孝子饭时，以正孝带头，下祭来的各家必须叫一个或几个参与吃孝子饭，且吃饭时要双脚盘着蹬在地上吃。吃完饭后，满桌的人要手牵手一同站起来，表示亡者家族亲友今后能共同繁荣发展，平安幸福。

5.上云梯（引逗达）

（1）开坛。稼科（摆饭）结束，布摩即吩咐骂卸一行作好开坛准备。这时孝家得来递酒与内坛一行，从布摩起，依次为骂卸、持魔、以狄、哞哼哞喇果等准备开坛。

上云梯

(2)上云梯(引逗达)。布摩从神座前起坛,然后请师祖师爷登上法座,接着孝家递酒与布摩,布摩上表献酒,开始为亡者诉苦解冤。上云梯有男女之分,超度男者架九层,超度女者架七层。架好柴楼,带起孝男孝女乐鼓师举着火把围绕丧房开始为亡者踩九州破地狱。布摩听见骂卸不同的启动声,亦着好"引斗达"(上云梯)的准备。骂卸一行绕转三圈后,回到架柴楼处,将所有火把放柴楼上,一边焚化,一边唱"啃哄"(悼念歌);边唱边跳脚(边唱边舞)。歌词内容有"赞扬死者功绩,或对死者沉痛悼念,或述古论今"等,丰富多彩。所念经典有《俄莫也》《斜索也》《黑打也》《启菊米》《启炸米》《突启米》等。

(3)为亡人倒洗脚水(启启逅)。布摩念至《启菊也》得吩咐骂卸带领男女孝及下坛一行为亡者做"启启逅"倒洗脚水,这是为亡者净身的一个方面。这时,"骂卸"端着一盆水带领孝男孝女(手持一柱点着的香)在灵堂前院坝里为亡者再破地狱,尔后回到灵堂前。在这一过程中,女孝承担主要责任,即"垛子给(捡火种)"。垛子用高粱枝的外茎皮扎成梅花瓣,在亡灵前作三进三退敬拜之礼丢于水盆中,观看花瓣是否沉于水底,若有沉于水底者,应立即告知布摩,布摩在法座上为其解除可能存在的隐患,以防该孝子的阴魂被亡灵吸引跟随而去。"垛子给"结束,持魔得将所丢捡的花瓣包好,次日送灵时一并送到灵位的地方焚化,意为为亡者保留阴阳分界的火种,等待布摩吩咐。

(4)为亡人献奠汤药。布摩念至《启炸米》,吩咐骂卸带领男女孝到神座前"起夺",即为亡者献奠汤药。献汤药用的设备是,药钵一个,用草果、银洋荷捣碎装钵内,白蒿和冬青分插神座两旁,男孝和女孝以三跪九叩之礼,采药献酒于药钵内,"以狄"夹火炭掷药钵中,一人搅拌,一人执冬青叶扇其熏烟,以示为亡者驱邪治病,使亡者的在阴之灵早登极乐,保佑在生者六畜兴旺,五谷丰登,人财两法,四季安康。布摩为亡者念《献药经》,药经中有这样的叙述:"汝体着的诺,起额搭舍这,写暑起夺碍"。意为:"死者有子孙,具一钵好药,亡者饮就愈"。这也是为亡者净身的一个方面,"起夺" 完备,等待布摩吩咐。

(5)为亡人倒洗脸水。布摩经典念至《突启米》,便吩咐骂卸带领男女孝到灵堂前为亡者再次净身,意为《突启逅(倒洗脸水)》操作过程与《起启逅(倒洗脚水)》相同。

(6)交牲、献酒。《突启逅》完毕,便进入《旨折米》,若有三牲礼——“猪、牛、羊”,则礼有猪、牛、羊的亲戚和主人都要做好充分准备,和正孝一起将所有牲畜打杀于亡灵前,随后进入《接车也(递酒)》。布摩宣读到《接车也》时,所有唢呐都变了曲调,此时,由骂卸带领男女孝,唢呐吹着献酒曲、交牲曲。从亡灵前开始,女孝装烟,男孝端酒递与持魔,由持魔献与亡灵,再到法座前递与布摩,布摩在法座上为亡灵上表一通交牲与亡灵。让亡灵领着牲畜做好准备,等待布摩为其开路。

(7)指路。递酒完备,吩咐男女孝手持香于法座前,面向亡灵候驾,布摩在法座上为亡灵开路,念指路经(《觉牟也》)。所指路线多为祖先迁徙的路途。彝族先民认为,人死后有三个灵魂:一个在灵房,一个守在坟地,一个回到祖先发祥地。祖先从哪里迁徙而来,布摩就指引亡者沿着祖先迁徙的路线返回到祖先发祥地。指路完备,布摩要在法座上为所有前来参与追悼仪式的亲朋寨邻、男女老少唤魂,念唤魂经(《洪讴也》),以防家人男女老少或寨邻亲朋的魂魄与死者同去。

(8)布摩下法座。指路完备,布摩吟诵《隰车米》《隰署米》,回神下法座,废掉云梯,孝家递酒接布摩回屋休息,接着用早餐。

(9)为亡者献早餐。布摩休息片刻,转到灵堂前举行《痴煮》仪式。在这个过程中,若有三牲礼(猪、牛、羊),孝家得为布摩换鞋袜,用升斗装满五谷盐茶,布摩得站在斗里做完这堂法事,不得坐着。在这里布摩所念经典主要是《献酒经》《血河经》《交牲经》等四十八卷。

(10)回赎。《痴煮》仪式尾声,要将所交牲畜五心肝胆、三匹肋肉和半边头,加上适量盐制熟,孝家预备汤饭、敬酒,由骂卸带领男女孝、唢呐队,举着取下的牲畜祭品在灵堂前院坝里绕太极、破阳关、达地极,给亡者回赎。

(11)下坛扫场(遗漏)。回赎完备,立即举行遗漏仪式。遗漏是这次追悼仪式的最后一个过程。肯夺时正转,遗漏时反转。意为把追荐始末所有祭品和斋场各处留下的冥食残余密封交与死者,让其安心带走。法师最后上表一通,封印棺木交与总管发驾出门。追悼仪式到此结束。

6.安葬

布摩一切拴锁清楚,不再送丧安葬除魂。送丧途中不撕买路钱,埋葬时,只用“枢逅哇(引路鸡)”跳入井内再跑起即可棺木落井。通过正棺后,由持魔将“枢逅哇”击死于井中,喊亡者乳名收领“枢逅哇”即可覆土垒墓。所击毙的鸡,由吃魔备一桴樱木扎上茅草,将鸡毛围插在茅草上,并将此插在坟尾左侧即可。掩土至平棺,要在坟尾棺木顶再架一柴楼(高粱枝或香签均可),将亡者生前穿过的沾汗衣物部分置柴楼上焚化,再于坟前或坟后取两棵草,分别裹上泥团,由正孝和一至亲跪着,正孝跪坟前至亲跪坟后,面对面交替互甩泥团三次,甩泥团过程中,由骂卸直呼亡者乳名。第三次正孝获得哪一棵，就以哪棵为准，由正孝反披蓑衣，头戴斗笠背着灵草返回家中，交与布摩招灵备用。

7.令搁（招灵）

追悼仪式结束，把亡人安葬之后的最后一个议程就是招灵。布摩设置神座，制作灵筒，用灵草一棵，绵羊毛、棉花各适量裹灵草上，再裹上青布或白布、花线（男者用白布和红线，女者用青布和白线）扎一灵身装入灵筒，配以五谷盐茶，通过布摩念经呼唤亡灵入筒得位。一切就绪，男女孝来为亡灵献药。孝子通过三进三退，三跪九叩跪拜灵筒，正孝开场收场，开场和收场都得杀鸡滴血敬献，进行途中，客边若来有鸡牲，谁家来的由谁家亲手杀牲献与亡灵。确实不能杀牲的，也可以端酒请别人代杀，布摩念《受药经》。献药完毕，布摩将就绪的灵筒交与长孝，长孝反披蓑衣，头戴斗笠端着灵筒，“卡署”端着所奠药钵，骂卸带领男女孝和乐鼓队，随带刀头、敬酒、敬水等，将灵筒送到灵房安位。安位完毕，正孝返回招灵处，递双杯酒与布摩回神清场，然后，正孝还需递双杯酒接请内堂执事一行回屋休息，丧葬追悼仪式到此完满结束。

8.清宅

彝族人认为，人有三魂七魄，通过做法事超度，三魂已分别安位到三个地方（即：祖先最初来的地方、灵房、坟地），而七魄中有的属吉星，有的属凶星，布摩在择期时，要根据亡者生辰八字及死亡日辰，在斗书（《玄通大书》）上看有无犯煞，若有则说明有的凶星会留在家里不出，有的则会克制布摩，这会给布摩和主人家带来诸多不顺，因此，要通过避煞和除煞将其驱除，以保布摩及主人家安宁（若无犯煞，则无此程序）。

（1）避煞。最初请布摩时，布摩若在斗书上看出有犯煞，则要让来请的人回去告知主人家，准备一只冠正的红色雄鸡，在接布摩时拿来布摩家，并让总管吩咐所有的人，在布摩去到丧家时，任何人不得喊叫布摩，否则，会出些不顺利的事。布摩把这只雄鸡作些操作后，还要抱回孝家再作一些操作，由孝家保管好，待整个丧事完毕，送布摩走时，又将回煞鸡一同送至布摩家，解除避煞，双方即得顺利。

（2）除煞。是布摩在查看斗书时，根据死者生卒年月日时查对，若有亡者七魄中某些凶星确有对主人家庭中的人、畜、田地，每年四季有不祥之兆时，必须举行此项程序。

①主人在香火脚下摆一神桌，桌上打一香升，摆上升斗、五谷、盐茶，焚香一巡，烧纸献酒。

②布摩起程开坛，设位除煞。若死煞为男者，外界阴阳关设九道，若是女者，外界阴阳关设七道。

③起坛。香火下的升斗、五谷、盐茶到位后，还得在大门槛上骑一板凳，板凳上亦用一升斗、敬水一碗、敬杯一个，布摩在香火前通过一定程序之后，转向大门边（屋内），让孝家递酒一杯为“几车”之坛上表献酒开坛。献酒献水过后，吟诵《几车》除煞经。诵经到达某一程序，将事先准备好的雄鸡在大门神桌上通过一定程序，再拿到亡者落气的地点，将所有凶煞交与雄鸡去观察，雄鸡站在布摩肩膀上，凶煞在哪里，雄鸡便从布摩肩上跳下。此时，布摩得施加秘咒，用白木屑与砂锅粉混合的黑沙驱赶雄鸡奔出门外。如凶煞微弱，雄鸡立即奔出门外；如凶煞过强，雄鸡赶不出门外时，布摩再次施加秘咒，直至雄鸡奔出门外为止。然后由一帮手将雄鸡捉住，待布摩将大门查封过后，将雄鸡执到屋外所设阴阳界定处，再由布摩手执雄鸡依次一殿一关地送归阴府。

丧葬习俗的传统特征与重要价值

由于地理位置相对偏僻边远，金沙县西北部的马路彝族苗族乡彝族丧葬仪式不仅保存完整，而且独具特色。首先，其程序完整，形式古朴，基本延续和保持了传统风貌。其次，整个丧葬仪式内容丰富，具有深厚而古老的彝族人文内涵。最后，法事从开始到结束都有唢呐（配以鼓、铰）伴奏，为丧事增添了气氛，其曲调丰富并与各程序配合，形成了固定的曲牌和套路。

金沙彝族丧葬习俗的每个环节，都充分浓缩和体现了彝族先民古老纯朴的“礼”“仁”“道”等哲学思想，具有丰富、深厚的人文内涵及较高的历史学、人类学、民族学价值和民俗价值。

彝族丧葬习俗的延续和存在，使得古老的彝族文化，特别是各种彝文典籍得以世代传抄而保存下来，为当今学者进行各类研究，特别是对彝族历史、彝族语言以及古文字的研究提供了丰厚的原始资料。整个丧葬习俗以活态的方式传承和演绎了这个民族一直以来所崇尚的人生观和世界观。并且在每一个仪式阶段都有专门的唢呐（配以鼓、铰）音乐伴奏，曲调丰富多样，程序井然，娱乐性强，为丧事的全过程增添了热闹气氛，其独具特色的形态和曲调风格，是民族音乐学领域，特别是民族民间器乐学科值得探索和研究的课题。

一直以来，金沙及贵州境内的彝族人民均世代沿袭这一丧葬习俗（不同地区有所差异）。中华人民共和国成立后，在“破四旧、立四新”时期，这一丧葬习俗曾遭到不同程度的禁止，改革开放后才得以兴起，但由于汉化程度的进一步加深，人口的大量流动，以及城市化的加快，使得这一习俗逐步淡化，并在一些地方消失。20世纪90年代中期以前，金沙县境内的马路、石场、太平、箐门、大田、安洛、新化等民族乡均不同程度的有所沿袭和保留。但由于以上原因，加之老“布摩”们相继辞世，后继乏人，目前在马路乡仅有两位“布摩”先生（沙忠兴、晏朝辉），因此，这一习俗现在基本上只在马路乡范围内保留，其他地方已基本消失（改按汉族习俗操办），对这一古老习俗的保护已显得尤其重要。

苗族跳花节（金沙县）

据《金沙苗族》的资料记载，青苗是最早进入金沙、大方、黔西一带的苗族。早在春秋战国的楚威王时期（前339—前329），楚将庄蹻（洞庭湖古三苗的后裔）率兵循江而上，经赤水河过茅台，到了现在的金沙城关干田。庄蹻给杨亚六4000兵丁，令其驻下戍边，自率大队人马西行。数年之后，爆发战争，杨六亚和其女格古德芈率众跟踪西行，途中，格古德芈阵亡。杨六亚纵马过江搬兵。援兵到，江路塞。楚国这支远征军便从此流落定居在金沙、大方、黔西、修文、息烽交界的山区里。两千多年来，这支远征队伍的后裔还传述着女英雄格古德芈的故事，沿袭着苗族的“跳花场”等种种习俗。

盛装参加跳花场的青苗姑娘

相传，古代苗族女英雄格古德芈生前与名叫“格囊儿保”的男青年相识恋爱。儿保带兵出征西土时与格古德芈失去联系。年过几春，自寻对象，格囊儿保找不到一个如意的女友，格古德芈也找不到一个称心的男友。一个春光明媚，阳光和煦的日子，格囊儿保带兵返回，就在今天的木杉嘎这个地方，格囊儿保与格古德芈会合。当时为了庆贺他们的重逢，也为了纪念他们自由恋爱的成功，就选择木杉嘎这个地方为花场，组织苗家众族定时跳赶。从此，格囊儿保和格古德芈的恋爱方式为后人所仿效传承，形成了每年农历二月和七月举行的苗族跳场节。过节时，广大苗族青年身着新装盛服，由有声望的苗族寨老组织跳吵吵舞，开展吹奏横箫、立箫、姊妹箫、木叶、对山歌等大家喜闻乐见、具有浓厚民族特色的丰富多彩的娱乐活动。

苗族跳花场发展至今，其活动形式，以及存在价值与意义都逐渐丰富起来。据老年人说，跳场有两个目的，一是图吉利，二是还愿。世代相传的说法是，哪年不跳场，哪年就不风调雨顺，年轻人就不得安宁。因此，哪家做事不顺利，或是人畜多灾多病，就许下愿望，待来年跳场时，将自家亡灵接回参加“跳场”，这样就会消灾灭病，诸事顺利。随着社会的进步，人们思想觉悟提高了，现在“接亡灵”参加跳场的仪式已被边缘化；而欢度佳节，男青年寻觅伴侣则成了跳场的真正目的。

每当跳场前夕，各地的苗族同胞早就赶到木杉，他们或是投靠亲友，或是住在哪家等待跳场。跳场分三个阶段进行。

第一天为“踩场”。有族中推选出来的场头与同族长辈带领男女青年，先到场坝查视一番，了解场坝情况，清理场坝环境卫生，布置第二天跳吵吵舞、对酒歌、对山歌等场地，安排场务管理事宜。

第二天是“跳场”。这一天，跳场的人们从四面八方涌进木杉。小小的木杉场仅两三个球场大，但最多时密密麻麻云集了一两万人，热闹无比。过节时来到木杉场，“咿咿呜呜”的芦笙尤其引人注目，有弯管芦笙和直管芦笙两种。弯管芦笙是用长竹子弄弯来做发声管的，独特的发音孔呈三角形，吹起来音量大而浑厚，曲调柔美悠扬。而另一种直角芦笙的发音管短而直，音孔是圆的，吹起来的声音雄浑刚劲，吹出来的曲语节奏比较欢快，由于短且小巧玲珑，特别适合在动作变化大而复杂的芦笙舞表演时吹奏。只有在一年两度的“跳花场”上，打击乐“吵吵”才派上用场。为了相互了解，自由恋爱，青年男女都十分珍惜并充分利用这难得的吉日良辰，其中围起圈子跳舞是必不可少的环节。跳场节，苗族青年男女不分情感亲疏，不分先后主次，两男两女为一组，男青年舞动吹奏芦笙在前，女青年打红伞摇吵（铜制或银制小排铃——苗语为贾斗）跟后，几十上百组芦笙队将花场主场地圈围起来，在花场主管人的主持下，跳起苗家欢快的芦笙舞，该舞以女青年摇吵伴舞为主，又称吵吵舞。男青年吹芦笙要向前进三步吹一段芦笙谱，又向后退三步吹一段芦笙谱，再往右移三步吹一段芦笙谱，才算完成一个小节的吵吵舞。吵吵舞芦笙吹奏有热情、欢快、奔放的旋律和节奏，吵吵和芦笙的配合有其鲜明的技巧，芦笙曲谱有较强的逻辑和特殊的艺术创造力，旋律优美。姑娘娴熟自如的摇吵伴舞动作，一个不漏的捕捉小伙子们芦笙内容和变化的灵敏性，把全场吵吵舞推向一个又一个高潮，引起观众雷鸣般的掌声、笑声、喊声，催人奋进，使人沉浸在愉快的氛围中。吵吵舞通过三进三退再三移的舞步展开，

红伞下谈情说爱

顺次跳了三五圈之后，有意地情侣各自找一个僻静的地方，相互了解，互述衷肠。彼此有好感的少男少女互赠信物，只要女青年赠予男青年花腰带、花手帕或小红伞等，就表示能继续交往。跳场时，总能见到未婚姑娘们，手中拿着小红伞，明亮的眸子注视着在吹、跳、弹、唱的小伙子们；小伙子们的眼睛也不停地在姑娘群里搜寻。当小伙子看中了某个姑娘，便大胆地抢姑娘手中的红伞。若小伙子几经夺伞，姑娘不松手，小伙子便怏然离去；若姑娘见抢伞的是自己的意中人，便松手放伞，有时候故意将伞抢夺回来，但立刻把伞打开。无论是抢到伞的小伙子，或是姑娘把伞打开的，对方都会钻到伞下，两人肩并肩地相互询问起家庭、父母、兄弟姊妹等情况。若双方满意，一对情侣便肩靠肩地在小红伞下唱开情歌，以此表白心意、倾吐情怀。苗族跳花场半年一次，苗家男女青年通过跳花场，结为情侣，大多组成了民主自由的婚姻家庭。

第三天叫“复场”。实际上是前一天跳场的继续，一直要到日落西山，夜幕降临，人们才难舍难分地离去。

跳场节有固定的时间和地点。在金沙、大方、黔西三县交界 300 多平方千米的范围内，每年的农历二月和七月，苗族同胞都要分别赶 8 次花场，场与场的直线距离在 40 千米左右，8 个花场的总距离近 300 千米。具体的赶花场时间是：初八在黔西中建的石板井；初九于黔西花溪的土地丫；初十为金沙高坪的叫鸡坡；初十二日是金沙新化和城关的打坝；初十五日在金沙安洛的木杉嘎；初十七日在黔西重新镇的歪头坡；初十八日在金沙安洛的宋坪；初二十日在大方黄泥。

“跳花场”以青年为主体体现了古老苗族的青春崇拜，其承载着苗族丰富的历史文化信息和原始记忆。在活动中，苗族男女通过对酒歌、跳吵吵舞、对山歌等形式，建立较为隐秘的情侣关系。花场场地的选择是由有声望的寨老（60 岁以上，夫妻和睦、家庭富有、子孙满堂的老人）决定，花场场地必须是山清水秀，环境幽雅，雀鸟喜嘲的地方。这样的选择体现了苗族道德规范对人性的极大关注，同时是外化为人与人、人与自然和谐相片的标志。

“跳花场”是苗族地区为纪念古代苗族女英雄格古德芈的活动之一。活动中对酒歌、对山歌少不了要提到格古德芈与格囊几宝的情爱关系，这实质上是苗族对自己祖先的崇拜，通过跳花场的形式展现了苗族同胞后继有人的家教文化。同时，跳花场还体现了苗族服饰不朽的艺术价值。活动中，男女青年穿着新装盛服，戴的头饰、头巾、腰带花样及图案设计表达意蕴独具特色。图案中有表达祖先历史渊流迁徙的，有蕴含家庭团结和睦的，也有表达人与自然和谐统一的，内容丰富多彩，充分展示了本地区苗族民间艺术丰富多彩的存在状况和高度艺术成就。同时透过服饰装扮，亦充分体现了苗族人民的艺术审美观及其高超的工艺水平和创作天分，记忆着苗族服饰的形成和发展历史，折射出深厚的苗族文化内涵。

苗族跳花节(赫章县)

赫章苗族"跳花节"分布在结构乡、兴发乡、河镇乡、雉街乡等苗寨,其中,以兴发乡最为集中。

兴发苗族彝族回族乡位于贵州省毕节地区赫章县东南部,东面与松林坡白族彝族苗族乡接界,南面与雉街彝族苗族乡毗邻,西面与珠市彝族乡、水塘堡彝族苗族乡相连,北枕古达苗族乡、威奢乡。乡政府驻地兴发村距离县城 37 千米,是"撤并建"前兴发区公所驻地。赫章经兴发至松林公路直贯西东,往东可达纳雍县姑开乡、水城县金盆乡,往南沿发盘公路经雉街乡可达水城县等地。兴发村是全乡经济文化中心,是兴发、雉街、松林坡三乡的公路交通枢纽。兴发乡平均海拔 1935 米,无霜期 210 天,年降雨量 950 毫米。地形以山地为主,地下溶洞星罗棋布,喀斯特地貌发育较好,气候为暖温带季风性湿润气候,雨量充沛,自然资源丰富。

苗族"跳花节"的源流,可以从苗族理词、芦笙词、风规礼俗和有关典故传说中窥见一斑。

"跳花节"的来历有三种说法。第一种说法为川黔滇次方言第二土语支系。据兴发乡已故苗族艺人杨明才的口述记录:从前,苗族居住在美丽富饶的尺木地高原,当时各村寨相隔较远,往来非常不便,当地冷董家人口多,家业兴旺发达,但是由于无法与外界联络往来,儿女们虽已长大成人,却难以找到配偶,冷董为此很担心。他想了各种办法,还是不尽如人意。后来,终于想出了一个两全其美的办法,即举行"赶花场"活动,既为儿女们提供歌舞竞技的场所,又给年轻人提供彼此认识和了解的机会。冷董把时间定在每年春暖花开的正月、二月中旬。届时,他把四面八方的苗族同胞们邀请来,请德高望重的蚩尤杨鲁做主持并管理花场事宜,让"跳花节"的盛事传播天下。

冷董家"跳花节"到来时,年轻人纷纷带着自己心爱的芦笙、口弦、箫筒,背着干粮,一路邀约着赶赴冷董家的花场。随着冷董家花场名气的扩大,来赶花场的青年男女也逐年增加,"跳花节"一年比一年热闹。花场理词这样传唱:"兴的是冷董老人的花场,行的是蚩尤杨鲁礼仪。"老人们就是这样一代代传讲,年轻人赶花场,觅良姻,行古礼,将跳花节的习俗礼仪代代相传。

跳花节当天,蚩尤杨鲁让年轻人把砍来的香樟树、万事青树插在花场中央作为

跳花场盛况

花树,苗语的“搓簸”,意为花树。那些能歌善舞的青年男女们围着花树唱歌、跳舞、吹芦笙。冷董把花场兴起后,来自各方的很多青年男女从相识到恋爱,结成了美满婚姻。

第二种说法:川黔滇次方言第一土语支系的苗族对花场的传说是,蚩尤娄没有儿女,后来得到祖神保佑,晚年多子多福,儿女满堂,于是就上山祭祀山神、石神、树神,兴起了一种古规礼仪即现今的“赶花场”。

第三种说法:滇东北次方言支系的典故传说中,一是两个部落族群为了生产生活而发生争斗,召集族人大规模聚会商议,后演变为“赶花场”。二是根据“那里芳”苗语音译,“那里芳”苗语直译为“看城变”,意译是看那些城池改变了没有。引申意为:在远古时期,阿髦部落与异部落发生战争。阿髦人败退转移迁徙后,人们为了让族人永远记住这个历史事件,带着妇女小孩一道上山行祭祖仪式,怀念苗家古老的故园城池,后来逐渐演变为了一种以娱乐为主的节日活动。三是为了纪念阿髦人的祖先们在石柱城战斗中,那些男儿将士解救围困的妇女儿童时的一种古规礼仪场面。即老人们占一个小山头,妇女、姑娘们占一个小山头,而年轻小伙们也占一个山头,对唱《石柱城》古歌。后来演变为青年男女相好的活动场所。

在赫章县境内,虽然三个方言支系的苗族同胞对“跳花节”来历的传说不同,但关于“跳花节”如何兴起和缘何兴起,都与一个相关的人物或事件有关。

苗语“捉簸”是踩花场之意。苗族举办跳花节的第一道程序就是踩花场,通过踩花场仪式后,花场才能得到公认。

苗族跳花节按传统习俗都定在农历正月十五或二月十五,但不管定在哪一天,都必须在一个月前踩花场。踩花场仪式由花场所在地的寨老们带领本寨的数名芦笙手到确定好的花场地点插上一棵象征性的花树，芦笙手们围着花树跳上几折芦笙舞，然后大家坐在一起商量花场事宜。指定主持花场的寨老5~7人，并组织若干人负责管理花场秩序。踩场后，花场宣布成立，随后族人将跳花节的音讯对外广泛宣传。音讯传得越广，花节越热闹。

苗语"升搓簸"，意为插花树。其仪式为：节日的当天早上，由寨老们选定的年轻人到山上去把早已物色好的香樟树（小树）砍来作为花树，由德高望重的寨老扛着走向花场，青年歌手和芦笙手们同时唱起歌，吹奏着芦笙一路把花树送往花场。到了花场，送花树的人们随着花树在踩场指定地点吹笙跳舞绕场三圈后把花树在地上插稳。

寨老扛花树

插稳花树后，扛送花树的寨老从怀中掏出预先准备好的酒，斟上一杯对着花树用苗语吟唱祭山神花树词。

念毕，把酒倾倒在花树下。寨老选定的芦笙手们立即围绕着花树跳起了花场芦笙舞，此时来自各方的芦笙手同时加入到花树下的舞圈中，跳花节的活动正式开始。

花场上来自各地的青年人为展示自己的技艺开始自由的赛歌比舞活动。在自由的比赛中，虽没有评委，但最好的评判人就是观众。比如，男青年中谁的芦笙舞技艺最高超，谁家的姑娘穿着的衣裙做工最精细漂亮，谁家的年轻媳妇背娃娃的背扇制作得最精美等都会得到观众的青睐和好评，被赞美的妇女和姑娘们都引以为傲。而花场上的苗家老年人们则借一年一度的跳花节会亲访友，三个一堆、五个一群地围坐在一起,打开各自带来的烧酒,开怀畅饮、论古道今、互诉情怀。

当天,不仅有本寨的人参与,各临近村寨都要组织和训练舞队参加。参加跳花节的队伍除了要学会跳芦笙舞,还要学会各种礼仪和有关跳花节的古歌理词。穿戴漂亮的苗族盛装去赶花场,是每一位年轻姑娘展示自己才艺的绝佳机会,她们要把自己最好的带有刺绣蜡画的服装和裙子展示出来,以显示自己心灵手巧。

中午是花场最热闹的时候,男女青年自由在场中寻觅,选择各自的意中人,他们以歌代言,自由地谈情说爱。有些年轻芦笙手们头戴雉尾帽,除了参加花树下的集体芦笙舞外,为了交流芦笙技艺,还在圈外扯起圈子跳起了花场竞技舞,来自各地的芦笙手们为了展示他们的技艺,也自由地加入了花场竞技舞中,以不同难度的舞姿自由竞赛,互比高低。

傍晚,除管理花场的寨老外,妇女、儿童和年老体弱的老人都回家休息,其他人仍然留在花场上欢度节日之夜。

芦笙竞技舞

花场夜晚,歌声更加嘹亮,芦笙更加狂放。特别是未婚的青年男女,他们各自选定歌手对歌,互诉衷情,互赠信物,幸福洋溢。天亮后,主持花场的寨老们按议程把花树收掉,跳花节就此结束。

"跳花节"是苗族千百年流传下来的宝贵文化遗产,是苗族传统文化最集中最典型的体现,是人们了解苗族历史和文化的窗口, 也是苗族人民追求爱情和幸福的传统节日。随着社会的快速发展,人民的生活水平、教育等方面的不断提高,"跳花节"的传统仪式和活动内容面临逐渐消失的风险,保护和传承刻不容缓。

苗族跳花节(大方县)

大方六寨苗族跳花节所在区域位于八堡彝族苗族乡和兴隆苗族乡。全寨地势高峻,山脉气势磅礴,海马箐、火烧箐高耸云端,呈东西窄而南北长之势。这里气候四季分明,有凉爽多雨的夏天,也有寒冷干燥的冬天。村寨周围自然生态环境较好,古树参天,茂林葱翠,修竹成片,群鸟栖息歌唱。塘有菱角塘、鸭子塘等,可供人们游泳及娱乐,是节日唱歌跳舞的理想场地。同时,寨内还有凉井水源,清澈透明,可供人畜饮水用及灌溉良田,居住于此的苗族人民安居乐业,过着精耕细作、自给自足的生活。良好的生态环境和充实的生活为六寨苗族进行丰富的民间民俗活动提供了基础,其中有着悠久历史的跳花节便一代一代传承并慢慢发展起来。

据六寨苗族长辈们叙述,很久以前并没有跳花习俗。苗族经常与外族打仗,为了预防外族对苗族过年时进行偷袭,族长们便把苗族男女青年组织起来站岗放哨,岗哨处烧着大火,火光冲天,被敌人看见,就不敢来偷袭,让大家安心过年。即使敌人来犯,守卫的人就点火相告以便抗敌。后来,战争结束,不需再传递信息,苗族的自然领袖、寨长、族长将原来的烽火点改成跳花坡,给苗族世代男女青年作“跳花”使用。端午节那天,苗族儿女都会相聚一起,唱歌跳舞吹笙,共同庆祝端午。

中华人民共和国成立后,六寨苗族将“端午”节移到八堡。中共大方县委、大方县人民政府、大方县民族事务委员会于1958年拨给专款,在八堡街背坪子上修建一座跳花台,1982年,县政府资助六寨苗族再度修葺跳花场,为六寨苗族展现了一幅美好的新图景。

大方六寨苗族跳花节,也叫跳花坡、赶花山等,是大方六寨苗族的重要节日,每年的春节(正月初一到初四)和端午节(农历五月初五)寨子里都会举行大型的跳花节活动。“春节”跳花,六寨苗族按其自然村寨及姓氏,划分各花山点(烽火点),从正月初一踩到初四,活动主要是展示六寨苗族男女青年谈情说爱等内容,丰富多彩,非常热闹。端午节这天的跳花节内容和春节跳花差不多,届时青年男女身着节日盛装,小伙子背芦笙,带口琴,姑娘们背彩衣绣裙,成群结队从四面八方赶到花场,择地换装,上场表演歌舞。一般会在花场中央竖立一根20米左右高的直木花杆,花主在花杆顶端挂上一疋“红”和一朵大红花及一只内装食品的花篮,作为当天花手争夺的标的。活动开始后,若干青年人围着象征团结、繁荣、吉祥的花树,

穿着节日盛装前来参加跳花节的美丽姑娘

吹奏起喜悦欢快的芦笙舞曲，翩翩起舞。紧接着，年轻的芦笙手闪亮登场，围绕花杆表演各种世间芦笙舞艺，精彩绝伦。比如，有的人表演用鼻孔吹芦笙，不但笙音不断，悦耳动听，表演者还能通过地上滚翻等动作，将地面上的硬币衔起来；还有人架着人梯吹芦笙的，以及吹着芦笙倒爬花杆等。吹奏动听，舞姿美妙，不但博得了大家的喝彩，而且赢得了姑娘们的倾慕。最后，身着鲜艳美丽苗族服饰的男女青年们，围着花树跳起欢快的舞蹈，一边跳，一边等待心爱的意中人的到来。随后，相互敬酒，好不热闹。跳花节当天节目众多，其中最引人注目的便是比赛爬花杆了。爬花杆时，谁爬到顶端谁就是英雄，倘若当天有几个人都爬到了顶端，那么谁爬的姿势优美、杆上表演技艺高超，便认定谁是当天的花王，谁就有资格摘下花杆顶端的饰物，披丝挂彩，将花篮中的粑粑、糕点等抛向花场中的观众分享。

苗族跳花节为苗族青年男女喜结良缘搭建了很好的“鹊桥”。花场也成为六寨苗族同胞展示节日盛装和进行文化交流活动的场所，是苗族青年男女谈情说爱的地方，在这里可以领略到六寨苗族丰富多彩的传统文化和民族风情。

跳花节的热闹场面

六寨苗族跳花节，以其独特的方式和精彩的表演吸引了来自四面八方的参观者，每年举办的时候场面都极其壮观，可谓人山人海。跳花节是苗族的传统节日，对其进行保护和发展对传统的民族民间文化的传承和保护、研究有着重要的价值和作用，为研究黔西北苗族文化提供了重要的研究场所和实物佐证资料；对弘扬优秀的民族文化，增进民族团结，构建和谐社会起到很大的推动作用。近年来大方县八堡彝族苗族乡人民政府和兴隆苗族乡人民政府通过认真组织每年六寨苗族跳花节活动，一方面丰富了群众的文化生活，另一方面调动了苗族同胞积极参与保护和传承自己优秀传统文化的积极性。遗憾的是，跳花节虽已成为六寨苗族约定俗成的传统节日，但由于受社会经济发展的影响，多数年轻人外出打工，许多优秀的民间传统歌舞和体育竞技未能得到很好的传承发展，今后，应加强对跳花节传统民族文化的传承与保护，引导其正确的发展，将苗族跳花节发扬光大。

苗族服饰（金沙县）

金沙县城关镇属乌蒙山脉与娄山山脉的结合部。城关镇的丰景村和双兴村都是苗族聚居的地方。两个村总人口 3211 人，其中少数民族 2004 人，除少数彝族外，其余全部是苗族。这里的苗族同胞又分为两个支系：一是自称“川服饰”的，占苗族人口的 10%，其余占苗族人口 90%的，就是自称“花服饰”的苗族。城关镇苗族服饰手工技艺，主要分布在丰景和双兴这两个村。

来到城关镇，我们不仅可以一睹保存千年的古老文化，还可以领略苗族世代沿袭的古老手艺的风采，新一代苗家儿女在对其独特的手工服饰完整继承的基础上，将现代元素与民族传统融为一体，使得这一古老的艺术焕发出了更加灿烂夺目的光彩。据了解，两个村的苗族服饰手工技艺是世代传承下来的，虽无文字记载，但花苗族服饰在这两个村已传承九代人。

苗家妇女在织布

苗族姑娘一般七八岁就开始提针摸线学蜡染。在城关镇，无论你走到哪一家,都能看到织布用的木机床和供蜡染用的大小瓦缸或木缸,随便哪家姑娘或媳妇,个个都能飞针走线,挑花绣朵,“不会蜡染绣花,长大没有婆家”。只要是女人,就必须学会苗家服饰手工艺术,就好比人人都必须学会走路那样,这种传统手工工艺是丰景村和双兴村的苗家儿女最值得骄傲的独到本领。

绣　花

丰景村和双兴村村民的屋前屋后,一般都会种有一种当地人称“高脚蓝”的草本植物,作为蜡染上色的颜料。其实,城关镇街上有染布用的各种染料销售,但很少有人去买,他们更喜用这种土生土长的高脚蓝,因其纯天然,同时也能保证苗族服饰的独特性。这种植物除苗寨外,其他地方均未种植,甚至难以找到野生的高脚蓝。高脚蓝在农历正月播种,二月移栽,五月采收。成熟期的形状如黄豆苗,但不结果,叶子比黄豆叶厚,杆稍粗。需要留种子就让其开花结籽,若用作颜料,待即将开花前就连杆带叶全割下,将其放入木缸,用水泡三天,将杆和叶全捞出,再倒入石灰水,让高脚蓝汁沉淀后,将清水倒掉,另外用荞灰水(荞灰含碱)与沉淀物混合,待七天左右就会“潮烧”,发现面上起蓝色“云斑”就能染布了。

苗族服饰中作蜡染图案的工具有三件,梳刀、线刀和点蜡刀。蜡染的过程为:先将自己织的或市场上买来的白布放在一块平整的木板上,用适量起“云斑”后的高脚蓝或锅烟墨放入溶化的石蜡里,用这种黑色的蜡在布上打底,其法是用梳刀蘸蜡后,按图案需要点在白布上,梳刀口约2寸宽,是一排像梳子似的铁齿,蘸上黑色的蜡有规律地在白布上打点,其作用相当于绘画的打底格。待打好黑点后,在需要留直线的地方用线刀蘸上无色石蜡点在布上。想做什么花,就用石蜡点成什么花纹。点上石蜡的地方不会进水,也就染不上色,仍是白色,而未点上石蜡的地方是蓝色,这样,一块蓝白分明、鲜艳夺目的蜡染成品就出来了。

绣　片

除蜡染外,城关镇苗族最具民

族特色的就是手工挑花和绣花了。苗族姑娘做挑花、绣花时一律不用绷子,一块布拿在手上就开始做,除花线外,现在的苗家女还选用各种彩色毛线,或者本地羊毛纺线染色来做花。“花服饰”上面的各种图案全凭想象,不管是蜡染、挑花还是刺绣、织花,根本就没有“花模子”,各种成品的图案永远不会类同。巧妙的构思和独特的想法,都被巧手的苗家姑娘在一针一线中表达得淋漓尽致。

丰景村和双兴村的苗族服饰手工艺术远近闻名,姑娘们穿戴着自己精心制作的各种漂亮服饰,经常在参加息烽、修文、黔西、大方等县的民族节日活动中一展风采。待姑娘远嫁他乡时,也往往将其独特的手工艺术分别传播到这些县的苗族山寨,让美丽的苗族服饰在其他地方也能生根发芽,得以传承。

绣片细节

但是,随着现代文明的进步和发展,市场上染布的颜料举手可得,省事简便。用草本植物“高脚蓝”作蜡染染料,除需栽种外,工序还繁杂劳累,因此,好多人家已不再种植,蜡染工序将面临“缩减”。同样,机床织花、挑花、绣花所需原料(如线,底布等)已很少自纺自制,为了方便与高效,已大都取自于市场,原始工艺面临简单化。再加上随着农村九年义务教育的普及,好多家庭都选择让姑娘好好读书,较少让其提针摸线,苗族服饰手工工艺面临传承断代的危险。在苗族聚居地区,平时都是“汉化”简装,只有逢重要节日和重要事件时,苗家女才盛装穿戴,少数人感觉这门手艺“实用性”不强,民族“认同感”出现危机。对于苗族服饰的保护已势在必行。

纳雍小花苗服饰

纳雍县位于贵州省西部,毕节地区南部。东西长 56 千米,南北宽 48 千米,总面积 2448 平方千米。全县辖 25 个乡镇, 479 个行政村,共有 22 个少数民族,汉、苗、彝、白、布依、回、侗、壮等民族交错杂居。其中,小花苗是县内苗族亚族群中人口最多的一个支系,为纳雍苗族四个苗族支系之一。主要聚居在纳雍县的东北、西北、西南三个方向的乐治、沙包、寨乐、化作、懂地、维新、姑开、羊场、锅圈岩、昆寨、猪场、左鸠嘎、龙场、阳长、新房、百兴16个乡镇，部分散居在全县境内平均海拔1800米以上的高寒山区。小花苗共有大小苗寨76个，其中猪场乡的裸保鸠苗寨有500多户，昆寨乡的大寨苗寨有300多户，姑开的发珠寨苗寨有200多户。其他100多户的寨子和几十户的寨子及十几户的寨子散居在纳雍的其他乡镇，形成大聚居、小杂居局面，总人口达6万多人。纳雍县境内苗族10万多人，而小花苗占苗族总人口的3/5。纳雍苗族的语言属于汉藏语系苗瑶语族苗语支苗语川黔滇方言川黔滇次方言。根据自称和他称，以及服饰、方言土语、风俗等的差别，纳雍苗族有四个支系，即小花苗”“白苗”“黑苗”（也叫歪梳）和“箐苗”。四个支系进入纳雍的时间各不相同，小花苗支系是最早进入这里的民族之一。

小花苗“盔甲”（祝绯　摄）

原先苗族有自己的民族文字，《苗族古歌》记载了苗族先民因逃避战争和朝廷的追杀，不得不将文字焚烧、抹去，当仅有的那些为数不多的知识分子去世后，文字也随之丢失，留下的只有那写在衣服上的文字。展开一件苗族服饰，长方形的洁白布面中间，是一个四方形的，有田园、山川、河流、房舍严谨的城池。这是苗族人当年的“蚩尤城”。再把白底上嵌“蚩尤城”标志用旗杆高高举起，那就是一面永远不倒的“蚩尤旗”。将这面有田园、山川、河流、城池的旗帜，从中对折往身上一披，俨如坚固异常的铠甲，小花苗青年穿上它，如同出征战斗的小战士，英姿飒爽，威风凛凛，从中亦折射出小花苗作为苗族战士的一支，英勇迎敌的光辉历史。其服饰和服饰花纹涵盖了丰富的苗族历史信息，是研究苗族历史的一部史书，是苗族历史的活化石。

小花苗服饰以色彩艳丽为特点。色彩以红黄两色为主体，间插其他颜色，形成富丽堂皇、鲜艳亮丽的大格调。小花苗族服饰由“吊白”“吊须”“蚩尤城”组成。中间是正方形的有挑花刺绣花纹部分的“蚩尤城”，两边是纯白色“吊白”和“吊须”。背后一块叫“吊白”，前面两块衣襟为“吊须”。以小花苗女装为例，少女装，头盘重达两千克红黄毛线高髻，上衣外套坎肩宽衣无袖对襟衣，衣上挑花、刺绣不同纹样图案，花纹外镶有“田园、山川、河流、鱼”等线条纹案的“花衣”。“花衣”内衬白色麻布，女装至腰，男装至小腿，也为无袖坎肩。

少女装下穿齐膝百褶裙。女子婚后在百褶裙接7寸黑色布以示身份。百褶裙均蜡染，裙腰下空有两节宽约5寸蜡染相间的蓝白无花纹布面，此布面代表苗族祖先居住的长江和黄河。全套服饰让人看起来高窕苗条，富贵大方。盛装的花苗姑娘被西方学者称为有"殿下"气质的公主。

小花苗的服饰花纹图案大概可以分为纪事花纹、工具花纹、动物花纹和花草花纹四大类。

纪事花纹一般都是与祖先经历的重大历史事件有关，例如，"星宿花""江河花""海贝花""屋架花"等。"星宿花"主要是为了纪念当年苗族祖先迁徙的途中靠星星辨别方向的史实，心灵手巧的苗家女子将星辰图案用四个小方块和一个大方块替代，大方块被四个小方块围在中间，代表人们活动的范围，而四个小方块则象征东南西北四个方位；"江河花"主要记述先人征服众多江水的艰难旅程，纪念东方河岸的美丽故里；"海贝花"则是爱美的象征，苗家人被迫离开家园，不能再到海边拾取贝壳装饰自己的衣服，女子们就灵机一动，直接将海贝绣在衣服上；"屋架花"是在迁徙的过程中，为了牢记祖先们曾经用自己的聪明智慧建造了无数的房屋，女子们就将它描绘在衣服上，表示自己永远不会忘记过去的幸福日子。

工具花纹一般与日常见到的生产生活用具图形有关，比如"转盘花""转底花""耙齿花"等。小花苗十分热爱劳动生产，具体表现在对劳动工具的创造之上。在很早以前，小花苗的祖先就制作了用于捻线的工具转盘。在耕作方面，小花苗先民在生产实践中制作出了用来疏松稻田土块的耙子，使得农业生产快速发展。为了纪念各种意义重大的工具的创造，聪明机灵的女子就用自己的双手将它们形象地描述在自己的衣服上。"转盘花"和"转底花"的基本图案是通过挑花刺绣，将线条以圆盘的形状排列组合。"耙齿花"是以不同的线条在布料上勾勒出耙齿形轮廓，再以其他颜色的线条或布料衬托，逐渐显现出整齐、美观的样式来。

动物花纹图案一般是与飞禽走兽的特征有关，构图的灵感直接来源于动物本身，这样的图案有"虎爪花""花牛花""鸡冠花""鸡爪花""猫爪花""狗爪花"等。这些图案除了美观之外，还有丰富而深刻的生活寓意。"虎爪花"是纪念打虎英雄佑总而苦心设计的花纹符号，表示对英雄的惦

身披"铠甲"，穿着美丽服装，参加跳花节的花苗少女

（李小毛　摄）

念和对无畏精神的尊崇。“花牛花”象征对牛的感恩和爱护，小花苗祖先在迁徙的过程中，曾用水牛驮人渡过了凶险的河流，又用黄牛开荒种地，使大家过上了好日子。为了使自己牢牢记住过去，使世世代代能忆苦思甜，“花牛花”就成为一个具有双重意义的手工图案。“鸡冠花”则是代表了给亡魂指路的公鸡，是生者和死者的媒介。小花苗每每死了人，就必须用一只雄鸡为亡魂引去故乡的茫茫道路，将鸡冠用作图案挑绣在衣服上，是尊重死者亡灵的一种意思表示。“鸡爪花”“猫爪花”和“狗爪花”主要是为了给人以生活哲理，就是说人们要过上富足的日子，就得像家禽家畜一样，要靠自己勤劳的双手，世间绝对没有不劳而获的好事。

正在刺绣的小花苗妇女

花草花纹一般都是与各种花草有关的图案，是小花苗追求美和热爱大自然的又一种表现手法，这类花草图案有“小米花”“荞子花”“羊奶果花”“蕨叶花”等。小花苗不仅是勤劳的民族，同时也是追求美的民族，其主要表现在对大自然的关注和敬畏之上。因此，小花苗的女子通过挑绣、编织和蜡染的手法将各种花纹描绘在衣裙上，宣扬一种人与自然和谐共处的思想观念。从这些服饰花纹里，可以看到一个史前苗族先民从原始社会的生存、发展到今天顽强生活的遗迹。

纳雍苗族服饰的传承多以社会性的自然传承为特点，没有以个人或家族为中心的传承，是大众化的自然传承，自古有之。纳雍小花苗苗族服饰已经形成一个固定体系文化，蜡染、挑花、刺绣已与本族形成不可分割的关系。在苗族古歌《迁徙歌》和传说故事中有大量的材料反映，在苗族自身的服饰刺绣纹样中，几乎都有一些形象固定、代代相传、程式化了的表现苗族祖籍故土及迁徙史的图案。这些图案纹样是苗族妇女盛装服饰诸多图案中的主体图案。图案的构思、设计、造型不仅凝聚着苗族人民的智慧，还表现了苗族人民对历史和祖先故址的回忆与怀念，反映了其民族传统、生活习俗、社会制度及民族心理特征。

小花苗服饰挑花刺绣造型独特、朴实、生动，构图饱满，色彩艳丽，对比强烈，体现了一种原始、纯真、古朴、大方的民族特色。苗族服饰不仅是一种展示美的形式，同时也是苗族历史文化的载体。每一个图案样式都具有一定的象征意义或象征符号。苗族古歌《涿鹿之战》对衣服上的图案及其象征意义有着深情的表达:“我可爱的江普,绣上花衣裙永远叫子孙怀念。……那块披领代表京城,花衣上的方块代表田地,花点代表谷穗,花纹就是罗浪周底,围裙波浪式的线条,就是奔腾的江河,围边的尖形蓝色图案,是那永久不变的山谷。”显然,服饰不仅是美的表达,也寄寓着苗民对先民、对祖居地的拳拳不已的怀念。

身着盛装的花苗姑娘(李小毛 摄)

首先,服饰花纹呈现对称性特征。纳雍小花苗族服饰集挑花刺绣于一体,整件衣服花样成正方形对称形状。线条与线条之间,图案与图案之间往往呈现出轴对称或者中心对称的特征,彼此呼应,浑然天成。花纹以圆团形式和长条形式相间,四个角有明显的直角转拐。正方形花纹中间有6~8朵大型的花纹两两对称,花纹间有滚边红色、黄色长条相隔。6朵花纹外围四周是8朵相对较小的同样花纹纹样。8朵小花纹之间是以黄色底料滚边压低,然后再以黄色布块中间滚压一条红色长条,代表田园和田里面的鱼。在正方形1/4处用一三角形同样花纹将正方形分开,形成衣服领口,再在领口上加领,内衬白色麻布,长度超过花衣,制成一件纹样相同、完整的花衣坎肩。

其次,整体性和协调性特征。小花苗服饰有男女之分,女装一般上身前后襟至腰,男装前后襟至腿,均为对襟花衣;妇女下身为镶有波浪花样条纹蜡染齐脚腕(少女装齐膝)的百褶长裙,腿裹擀毡羊毛护腿,头饰以红黄色线和头发盘成红黄黑三色高髻。男士日常生活中一般身着麻布短衣或麻布长衫,腰束一条两三米长的白带或花带,下身穿麻布裤子,脚上是自制草鞋,小腿笼一对羊毛制成的御寒毛筒。从头到脚,从上到下,全套装束齐全,呈现出整体性特征。另外,同一件花衣当中,不同颜色的丝线和布料交错搭配,色调与线条之间相得益彰,完美结合,一针一线,勾勒一幅幅精美绝伦的图案,不仅不让人觉得眼花缭乱,而且每一种颜色的搭配都让人觉得极其协调,百看不厌。

再次,小花苗服饰呈现出实用特征。小花苗服饰不似其他民族的服饰繁复,其每件衣裙的制作,除了遵循传统法则之外,更注重实用价值,制作也相对简单,穿着起来不仅轻便自然,而且经久耐用。每一件衣服的精心制作,都饱含了人们对美

小花苗织布　潘中泽摄

好生活的无限热爱之情。

最后，纳雍小花苗服饰具有“服饰大族”精品的特点。苗族服饰有“服饰大族”之誉，是中国服饰史上的活化石。小花苗挑花刺绣具有独特的图案造型与和谐绚丽而又质朴的色彩搭配，技艺精湛。其最大的特点还在于它的色彩鲜艳、明亮。小花苗的服饰色彩以黄红为主调，高贵、大胆、张扬，显示了小花苗开朗、奔放、豪迈的性格特征，其大胆的用色是其他民族不敢比拟的。

同时，纳雍小花苗服饰作为众多苗族服饰的大族精英，所表现出来的历史信息，是历史学家、民族学家研究苗族历史的活化石。

苗族服饰雍容华贵、工艺精湛、造型独特、文化积淀深厚，堪称苗族文化的“无字史书”。其较高的历史文化价值，以及其精湛的工艺，使得苗族服饰经济价值颇高。随着社会的发展，苗族服饰工艺也越来越被世人关注、喜爱和收藏。现在苗族服饰在市场上的价格飙升，一件苗装可以卖到十几万甚至几十万不等，其中难免炒作之嫌，但苗族服饰的经济价值还是毋庸置疑的。

小花苗服饰上的“蚩尤城”(祝绯　摄)

纳雍小花苗服饰也同其他支系苗族的服饰一样，承载了苗族最全的历史信息。由于近几年来，外来文化对民族地区的冲击，使得小花苗传统文化受到了极大的影响，特别是在服饰上，许多小花苗服饰已经远离最初的样子，其中服饰和头饰变化最大，而百褶裙基本没有变化。例如，最早的服饰花衣，正方形“蚩尤城”长宽是80厘米，现在只有30厘米，只是象征性的点缀。一些原始的纹样，由于技艺难度较大，多用滚边、镶嵌代替，已经没有了“活化石”的影子。小花苗服饰原有的特征和意义正在改变，并面临消失的危险，亟待抢救。

彝族服饰

彝族是中国西南地区人口最多、分布较广的一个少数民族，世代生活在云贵高原和青藏高原东南边缘的崇山峻岭之中。人口700余万人，其中云南428万人，四川178万人，贵州81万人，广西5000人。彝族历史悠久，文化丰富多彩，在长年的发展中形成了自己特有的饮食和服装文化。贵州省赫章县彝族服饰技艺主要流传于赫章县各乡镇及毗邻省、市、区、县的彝族聚居区，其中赫章县珠市乡、雉街乡和可乐乡最具代表性。

彝族服饰的历史渊源及其类型

彝族服饰起源于三皇五帝时期的易象崇拜时代。彝文献《恳数》记载："彝族先民主蓬娄（君王盛世）时代，东方住青人，青衣服，青披毡，骑青马，持青杖，打青旗；西方住白人，白衣服，白披毡，骑白马，持白杖，打白旗；南方住红人，红衣服，红披毡，骑红马，持红杖，打红旗；北方住黑人，黑衣服，黑披毡，骑黑马，持黑杖，打黑旗；中央住黄人，黄衣服，黄披毡，骑黄马，持黄杖，打黄旗。"由此表明，奉赤帝者尚红，奉白帝者尚黑，奉黄帝者即尚黄，古夷人中以五色服饰为标志的黑夷、白夷、红夷、黄夷、青夷具有极为悠久的历史。彝族支系众多，居住分散，因此各地服饰区别明显，样式各异，带有浓厚的地域色彩。总体来说，可分为凉山型、乌蒙山型、红河型、滇东南型、滇西型、楚雄型六个款式。赫章一带的彝族服饰属于乌蒙山型。

乌蒙山区是古代西南彝族文化的发祥地，过去彝族服饰与四川凉山地区大同小异，清代改土归流后，彝族服饰变化较大。这种变化主要体现在以下几个方面：一是改变了女子短衣长裙的大致款式，女装中的裙子为大幅裙裤所替代，且越改越窄。比较具有代表性的是俗称"吊四柱"的青年女装，由原先的短衣逐渐加长，并融入了清代旗袍元素。二是改变了男子绾髻荷毡的习俗，如今，这种特点已不十分突出。赫章彝族服饰种类繁多，色彩纷呈，是彝族传统文化和审美意识的具体体现，在彝族民俗构成中占有重要地位。生活中，男子服饰、男童服饰、妇女服饰、女童服饰互不相同，各有特色。

1.男子服饰

尚以蓝、黑色布盘包盖顶形成碗状而戴于头上，故谓之"五可"，以示人头顶青天。左耳挂金、银或铜质的精致龙环坠子,彝语谓之“能禄能资”,意为赤身之龙环耳坠。此俗以示承“颛顼乘龙而至四海”之志。衣服尚用蓝、黑、白色布裁制,一般着装为对襟短衣和大襟覆于小襟的长衫子两种款式。着装长衫子加系一条腰带,蓝、黑衣配白带,白色衣配蓝、黑带;以百褶叠式的大裙裤与对襟衣配套,系用裤带犹如腰带般醒目。小裤脚配长衫子,脚穿布制或皮革为底的靴鞋,形如舟船,寓意脚踏海陆,男儿有志在四方。这身打扮,体现了彝家男儿顶天立地的英雄气派。

2.男童服饰

男童与成年男子服饰的区别在于款式的大小和头饰的类型上。所谓款式的大小,也就是款式相同而规格上有大小之分而已,在此不再赘述。比较有特色的地方在于男童头饰帽的制作,图案通常是龙、虎、麒麟等动物头像,以毛线打成半球形向外卷叠5~6厘米,成双层的盔状后,在外弧顶端系一毛线扎成的帽顶线球,谓之为帽髻的线帽。在彝族人民的意识中,龙是君主人的禽星形象,虎是宰相人的禽星神物,麒麟象征行行有状元,顶髻帽即象征“牵一发而动全身”的村落寨主头人。男童帽饰是一种养育人才的意向性标志。

3.妇女服饰

妇女服饰比较注重服饰花纹。头饰即以一些鲜艳的布带(现通用毛巾)作为里层盘于头上,再用蓝、黑色头帕在外包裹,形如向阳花,以此示意尊重家庭的头人即自己的丈夫。若家中公婆健在,则常用顶盖以示敬老。衣裙的风纹一次性绣镶制成,素短便于下地劳动,一般为小裤脚配穿长衫子,围腰尚用白色,衣服上绣镶的是太阳花、向阳花、石榴花、钻石花、桃李花、太极图等多种鲜艳的花样图案。裤脚挑镶灯笼花条,鞋上绣草莓花。彝家女子不论农忙闲暇都喜欢穿一身盛装,五彩缤纷,光彩夺目。

4.女童服饰

女童服饰与成年女装同。根据身材裁制的童衣款式,谓之小花衣。女童帽则别具一格,有蝶形、蜜蜂形、花台式等彩色绣花帽。它标志着女童将成为纺织和挑花绣朵的能手。

女童服饰

彝族服饰制作及其特征

彝族服饰绚丽多姿,丰富多彩,含义幽深,艺术精美,别具一格。其制作过程繁琐,制作工艺复杂。首先是纺线织布,其次是挑花、刺绣,最后是裁剪、镶衣。其中,纺线、织布、剪、裁、颜色搭配、镶、挑、绣等过程，少则几十道工序，多则上百道工序，而且要求技艺精湛，做工精细。

纺 线

彝族服饰中的每个饰面都是一个画面，一个象征，许多饰面是历史的积淀，传承至今，又具有新的意义。总体上头饰像天，脚饰像地，身饰像金木水火土的五色属性。具体来说，男子服饰体现了龙的气派，意味着男子犹如顶天立地的大山一般，威武雄壮，其帽子上面装有一角，向左示丞，向右示相；女子服饰体现凤的形象，寓意女子似金凤一样苗条美丽。女子常常头戴凤冠，额上围有九星或七星勒条，身穿凤衣，衣服上绣镶太极旋纹、太阳花、向阳花、石榴花、钻石花、桃李花、牡丹花、灯笼花、草莓花等多种鲜艳的花样互为点缀而五彩缤纷，光彩夺目，下装凤尾长裙，脚穿绣花鞋。同时，头饰还分为盖巾和头帕，盖巾为天盖型，上面绣镶银色星星；头帕总体是月亮型，作为女性的标志之一；另外，彝族服饰上的太极旋纹图，象征着天父地母。上衣的火焰图，象征彝族人民对火的崇拜。腰带一般为纯白色，象征天光；新娘鞋为舟船型，绣有草莓花，是脚踏实地的象征。如今，彝族服饰淘汰了花丝线，改用彩色毛线绣花，色鲜耐用。花色不够鲜艳的太极图饰也逐步被彩色花朵所代替。彝族服饰实际上是彝族儿女勤劳、善良、尊老爱幼、团结和睦的意向性图幅的表达。

彝族服饰的重要价值

首先，彝族服饰是先天易象文化的活化石。彝族服饰图案设计遵循天、地、人三合为一的原则，是人文八卦文化的载体。男子绾发髻是八卦阳爻的象征，女子的两条辫子是八卦阴爻的标志。盔帽取天象，男装以天色星云为饰，扮成龙虎鹰，雄壮英姿。妇女的头帕包成向阳花形，以示尊重夫君，服饰为大地美景和太极旋纹，扮成凤鸟苗条风采。背衫直接采用九宫八卦格局为饰。所以说,彝族服饰文化既是天地人和谐共生的标志,又是先天易象文化的活化石。

其次,彝族服饰鼓舞和激发了彝族人民的智慧与感情。几千年以来,彝族妇女都喜欢用亲手制作的花衣凤饰打扮自己,以体现自己的才华。彝族妇女多不识字,但在挑花剪纸的工艺上,往往才华出众。并且妇女所付出的劳动往往超过男人,白天下地劳动,夜晚挑花刺绣。彝族妇女不但是“世袭制”的服装设计师,同时也是关心下一代的教育家和管家的能手。彝族中流传着“父恩好报,母恩报不完”的民谣,即体现了彝家妇女的慈善、可敬和伟大。

最后,彝族服饰是彝族文化重要的传承者。民族服饰集中体现着民族文化,是区别一个民族的重要外部特征之一。彝族的服饰和图案,都有它的传说和历史渊源,代表着彝族各个历史发展阶段的文化层次。彝族人民将彝族悠久的历史绣在华丽的彝服上,让每一个彝族儿女都将彝族历史铭记于心,彝族服饰在文化传承方面起着重要的作用。同时,彝族服饰还体现了彝族的审美观和价值观,折射出彝族宗教、信仰、伦理、民俗等文化内涵,具有不可替代的历史文化价值、教育激励价值、工艺美学价值、旅游观赏价值、经济发展价值和科学研究价值。

彝族服饰的传承现状

现如今,大多数人对彝族服饰不甚了解,只知其然而不知其所以然,导致对彝族服饰有着颇多误解。加之,受现代流行服装文化的冲击,很多彝族人已不再着彝族服装,掌握彝族服饰制作技艺的人越来越少,能诠释其文化内涵者更是寥寥无几。彝族服饰一般由世袭传承,由母亲传授给女儿,代代相传,有的延传十几代甚至几十代,赫章彝族服饰传承人松德英,就是由其母讷妮传授,其母讷妮是其外祖母讷囧传授,外祖母由其外曾祖母麦妮传授,外曾祖母是由其外高祖母阿讷妮传授。但是,年轻一代的女孩大多不愿学习这种技艺,纷纷外出打工谋生,彝族服饰技艺面临后继无人的失传危险。

化屋苗族文化空间

化屋苗族文化空间位于黔西县新仁乡化屋村,距县城 52 千米,是黔西县南部沿二水汇流、三县交界的河谷地带。东面、南面与清镇、织金两市县隔水相邻,西与羊场以哈冲河为界，北与群益村接壤。清初因战火沦为荒野后，在清康熙十五年，十来户歪梳支系苗族来此繁衍生息，在这山环水绕灵气之地孕育出优美的无伴奏多声部民歌、干练芦笙舞、芦笙拳舞、打鼓芦笙拳舞、精美的苗族服饰、古老的献山节祭祀活动、古朴的婚丧习俗及撩人心扉的花坡节等。

美丽可爱的歪梳苗少年少女

化屋文化空间是化屋基歪梳支系的生产、生活、文化模式、思维方式的具体体现，是展示毕节地区民族文化风采的代表之一，是黔西县打造旅游品牌的支撑景点之一。作为少数民族民间传承原始遗风，内涵丰富，是民族民间文化中的瑰丽空间。

化屋基，地处中国十大喀斯特景观乌江源百里画廊东风湖北畔，依山临水，环境优美，歌舞独特，民风淳朴，是黔西北地区最具代表性的民族文化旅游村寨，被誉为千里乌江上最美的崖壁画廊。湖岸高山齐云，山环若屏，集雄、奇、峻、险为一体，鬼斧神工的断层壁画随处可见，这里有大自然鬼斧神工造就的天竹峰、黄丝洞、龙女桥、铜鼓滩、哈冲燕城—哈冲洞等。这里亦有“五彩飞瀑”“峰壁云海”“八仙过海”“水西姑娘”“水西坐佛”“神扇灭蝇”等十几个神形俱致的景观。清道光年间，常有

化屋奇景

文人骚客游览化屋基，在化屋基二岩水井岩壁处，留下许多墨笔题诗，有的墨迹现在仍依稀可辨。据史料载，其中一首赞美化屋美景的为："箭筒高耸透云霄，化屋风光独自瞧。两岸崔巍停二水，龙舟荡漾会三交。梦闻鹤泪添一笛，醒听猿啼奏几箫。突兀奇峰天柱挺，桃源深处任游遨。"

化屋箐脚式苗族服饰

除了美景之外，独特的苗族民俗风情也是化屋基一大特色。这里居住着数千苗族同胞，有着丰富多彩的文体活动，其中民歌以苗族多声部民歌合唱为代表，芦笙舞、芦笙拳巧妙的结合，使之能"舞"能"拳"，独特的打鼓芦笙拳舞是歪梳支系的一种传统舞蹈，是表现祖先崇拜的祭祀舞。另外，化屋苗族的体育活动也比较丰富，扭扁担、射弩、踢鸡毛毽、打牛毛球、芦笙拳、武术、摔跤等，都增添了不少节日气氛；化屋苗族保持着传统的民风民俗，他们结寨而居，山环水绕中，几百户人的寨子，房屋的布局为八卦图，一般为木架结构，多为7个头5柱落脚，四周均用木板安装，山墙封顶多用竹编，屋面多为草顶，造型讲究，具有浓郁的地方特色和民族特色。居住在高山峡谷中的苗族取水都是由妇女去背，清晨薄雾和夕阳晚霞时背水的妇女在山间蜿蜒的小路上形成一道道独特的风景。丰富多彩的苗族服饰中亦有很深的文化内涵，他们将自己的民族史、图腾崇拜，用图案记录在服装上，成为无字的史书。化屋苗族服饰工艺也和其他地区的苗族服饰一样，集蜡染、刺绣、挑花、织锦、银饰为一体。化屋苗族服饰属箐脚式，以贵州织金箐脚乡为代表，箐脚式妇女绾发时，外绕假发呈圆盘形，上穿对襟无扣袖衣，衣襟镶贴锈勾藤花边，衣袖衣背衣摆处缀彩色蜡染图案式挑花花块。下着两侧有褶的长花裙，系长方形蜡染花围腰。未婚女子

正在织布的苗族妇女

扎长辫垂直于肩或将发辫歪盘于头顶,罩之心彩绣圆环花套。插簪头坠彩珠的银、玉簪,衣裙镶珍珠、铃铛。男子多为蜡染粗布长衫,下装为大筒裤。化屋苗语属汉藏语系苗瑶语族苗语支,川滇黔方言(西部方言)。传统节日有跳花坡、献山节等,献山节的内容主要是祭神树,修改和制定乡规民约。礼仪在化屋苗民中历来受崇尚。这里的婚俗、葬俗、民间禁忌、原始宗教、饮食和民间医药、民间文学方法都有独特和丰富的内涵。

歪梳苗姑娘

苗族以其悠久的历史和浩繁的文化而著称于世,是中华民族文化的重要组成部分。化屋苗族文化空间所在的化屋村,全村共有 254 户,1216 人,其中苗族人口占 97.3%。受历史、经济、环境等多方面原因影响,化屋村仍保留着少数民族原始生活方式,形成了独具特色的化屋苗族文化空间,该空间主要有如下特点:一是化屋是苗族歪梳支系生产、生活的活动空间;二是化屋苗族无伴奏多声部民歌属情歌范畴,结构千姿百态;三是化屋苗族服饰做工精细浩繁,形式独特,构图新颖,色彩艳丽,有丰富的文化内涵,其服饰记录着这一民族的迁徙史,为研究民族史提供了实证;四是芦笙拳舞是舞与拳的完美组合,打鼓芦笙拳舞,是对祖先的一种特殊的祭奠方式;五是化屋苗族的献山节,体现了村民保护自然环境、尊老爱幼等传统美德。“献山节”中的祭神树和每一年度的修改乡规民约的执行,具有强大的凝聚力,能够增强民族团结,营造安定、祥和的氛围,对构建社会主义和谐社会具有重大作用。

化屋苗族历来能歌善奏,好舞尚拳,无论是谈情说爱、婚丧礼仪、闲暇消遣,都与音乐和舞蹈分不开,尤其是化屋苗族多声部民歌合唱、芦笙舞、芦笙拳舞、打鼓芦笙拳舞等,把化屋苗族山环水绕孕育出来的情和美表现得淋漓尽致。自 1982 年起,化屋苗族逐步走向山外,为世人所知晓。1982 年,歌手杨应仙、杨清安在广西南宁参加了全国部分省市少数民族多声部民歌座谈会。1986 年 6 月,贵州电视台在此摄制电视风光片《鸭池河畔访化屋》。1993 年,被贵州省文化厅命名为“苗族歌舞之乡”。2001 年,应邀至北京中华民族园进行演出,演唱的《阳雀声声在呼唤》《月亮出来月亮黄》等多声部民歌获得歌唱类节目一等奖。2005 年 7 月 3 日,在毕节市参加全区少数民族文艺表演中,获民歌类一等奖。参加完“多彩贵州”歌唱大赛毕节地区决赛后,化屋苗族多声部民歌代表毕节地区到北京参加旅游卫视《城市请柬》栏目的录制,展示了毕节地区的民族文化风采。

但是,由于受当代全球经济一体化思潮的影响,特别是打工潮的涌动,许多在外打工的苗族为适应大都市的生活,着汉装、讲汉话、习汉俗,民族特征正在逐步消失,传统民族文化后继无人,加之东风湖淹没区苗族移民到林泉镇高锦村,很多习俗发生了根本性的改变,化屋苗族文化空间前景堪忧,需采取相关措施对其进行有效保护。

附录

附录一　贵州省国家级非物质文化遗产名录

第一批

项目名称	申报地区或单位
民间文学	
苗族古歌	贵州省台江县、黄平县
刻道	贵州省施秉县
传统音乐	
侗族大歌	贵州省黎平县
侗族琵琶歌	贵州省榕江县、黎平县
铜鼓十二调	贵州省镇宁布依族自治县、贞丰县
传统舞蹈	
苗族芦笙舞(锦鸡舞、鼓龙鼓虎—长衫龙、滚山珠)	贵州省丹寨县、贵定县、纳雍县
木鼓舞(反排苗族木鼓舞)	贵州省台江县
传统戏剧	
花灯戏(思南花灯戏)	贵州省思南县
侗戏	贵州省黎平县
布依戏	贵州省册亨县
彝族撮泰吉	贵州省威宁彝族回族苗族自治县
傩戏(德江傩堂戏)	贵州省德江县
安顺地戏	贵州省安顺市
木偶戏	贵州省石阡县
曲艺	
布依族八音坐唱	贵州省兴义市
传统美术	
苗绣(雷山苗绣、花溪苗绣、剑河苗绣)	贵州省雷山县、贵阳市、剑河县
水族马尾绣	贵州省三都水族自治县
传统技艺	
苗族蜡染技艺	贵州省丹寨县
苗寨吊脚楼营造技艺	贵州省雷山县
苗族芦笙制作技艺	贵州省雷山县
玉屏箫笛制作技艺	贵州省玉屏侗族自治县
苗族银饰锻制技艺	贵州省雷山县
茅台酒酿制技艺	贵州省
皮纸制作技艺	贵州省贵阳市、贞丰县、丹寨县

民俗	
苗族鼓藏节	贵州省雷山县
水族端节	贵州省三都水族自治县
布依族查白歌节	贵州省兴义市
苗族姊妹节	贵州省台江县
侗族萨玛节	贵州省榕江县
仡佬族毛龙节	贵州省石阡县
水书习俗	贵州省黔南苗族布依族自治州

第二批

项目名称	申报地区或单位
民间文学	
仰阿莎	贵州省黔东南苗族侗族自治州
布依族盘歌	贵州省盘县
珠郎娘美	贵州省榕江县、从江县
苗族贾理	贵州省黔东南苗族侗族自治州
传统音乐	
苗族民歌(苗族飞歌)	贵州省雷山县
布依族民歌(好花红调)	贵州省惠水县
芦笙音乐(苗族芒筒芦笙)	贵州省丹寨县
布依族勒尤	贵州省贞丰县、兴义市、镇宁布依族苗族自治县
传统舞蹈	
毛南族打猴鼓舞	贵州省平塘县
瑶族猴鼓舞	贵州省荔波县
彝族铃铛舞	贵州省赫章县
传统戏剧	
黔剧	贵州省黔剧团
传统技艺	
陶器烧制技艺(牙舟陶器烧制技艺)	贵州省平塘县
苗族织锦技艺	贵州省麻江县、雷山县
枫香印染技艺	贵州省惠水县、麻江县
彝族漆器髹饰技艺	贵州省大方县
传统医药	
传统中医药文化(同济堂传统中药文化)	贵州省同济堂制药有限公司
瑶族医药(药浴疗法)	贵州省从江县
苗医药(骨伤蛇伤疗法、九节茶药制作工艺)	贵州省雷山县、黔东南苗族侗族自治州
侗医药(过路黄药制作工艺)	贵州省黔东南苗族侗族自治州
民俗	
苗族独木龙舟节	贵州省台江县
苗族跳花节	贵州省安顺市
苗年	贵州省丹寨县、雷山县

扩展项目

传统音乐	
多声部民歌（苗族多声部民歌）	贵州省台江县、剑河县
侗族大歌	贵州省从江县、榕江县
传统舞蹈（2 项 2 处）	
狮舞（布依族高台狮灯舞）	贵州省兴义市
铜鼓舞（雷山苗族铜鼓舞）	贵州省雷山县
苗族芦笙舞	贵州省雷山县、关岭布依族苗族自治县、榕江县、水城县
传统戏剧	
花灯戏	贵州省独山县
傩戏（仡佬族傩戏）	贵州省道真仡佬族苗族自治县
传统美术	
剪纸（苗族剪纸）	贵州省剑河县
苗绣	贵州省凯里市
泥塑（苗族泥哨）	贵州省黄平县
传统技艺	
侗族木构建筑营造技艺	贵州省黎平县、从江县
蜡染技艺	贵州省安顺市
银饰制作技艺（苗族银饰制作技艺）	贵州省黄平县
传统医药	
中医传统制剂方法（廖氏化风丹制作技艺）	贵州省遵义市红花岗区、汇川区
民俗	
苗族服饰	贵州省桐梓县、安顺市西秀区、关岭布依族苗族自治县、纳雍县、剑河县、台江县、榕江县、六盘水市六枝特区、丹寨县
侗族萨玛节	贵州省黎平县

第三批

项目名称	申报地区或单位
民间文学	
亚鲁王	贵州省紫云县
传统美术	
侗族刺绣	贵州省锦屏县
传统体育、游艺与杂技	
赛龙舟	贵州省铜仁市、镇远县
民俗	
布依族“三月三”	贵州省贞丰县、望谟县
侗年	贵州省榕江县
歌会（四十八寨歌节）	贵州省天柱县
月也	贵州省黎平县
苗族栽岩习俗	贵州省榕江县

扩展项目

传统音乐	
侗族琵琶歌	贵州省从江县
苗族民歌(苗族飞歌)	贵州省剑河县
彝族民歌(彝族山歌)	贵州省盘县
传统戏剧	
花灯剧	贵州省花灯剧团
傩戏(荔波布依族傩戏)	贵州省荔波县
传统美术	
苗绣	贵州省台江县
传统技艺	
蜡染技艺(黄平蜡染技艺)	贵州省黄平县
银饰锻制技艺(苗族银饰锻制技艺)	贵州省剑河县、台江县
苗族织锦技艺	贵州省台江县、凯里市
民族乐器制作技艺(苗族芦笙制作技艺)	贵州省凯里市
民俗	
火把节(彝族火把节)	贵州省赫章县
农历二四节气(石阡说春)	贵州省石阡县

第四批

项目名称	申报地区或单位
传统音乐	
土家族民歌	贵州省沿河土家族自治县
传统舞蹈	
布依族转场舞	贵州省册亨县
阿妹戚托	贵州省晴隆县
传统医药	
布依族医药(益肝草制作技艺)	贵州省贵定县
民俗	
仡佬族三幺台习俗	贵州省道真仡佬族苗族自治县
布依族服饰	贵州省
侗族服饰	贵州省黔东南苗族侗族自治州

扩展项目

传统舞蹈	
苗族芦笙舞	贵州省普安县
传统戏剧	
傩戏(庆坛)	贵州省金沙县
传统美术	
剪纸(水族剪纸)	贵州省黔南布依族苗族自治州
传统技艺	
都匀毛尖茶制作技艺	贵州省都匀市

民俗

三月三(报京三月三)	贵州省镇远县
苗族鼓藏节	贵州省榕江县
民间信俗(屯堡抬亭子)	贵州省安顺市西秀区
规约习俗(侗族款约)	贵州省黎平县

附录二　贵州省省级非物质文化遗产名录

第一批

项目名称	申报地区或单位
民间文学	
苗族“刻道”	施秉县
苗族“古歌古词”神话	黄平县
苗族古歌与古歌文化	台江县
中国水书——水族信仰记忆纲文化	黔南州
传统音乐	
侗族琵琶歌	榕江县
侗族大歌	黎平县
洪州琵琶歌	黎平县
布依铜鼓十二则	贞丰县
盘江小调	关岭县
铜鼓十二调	镇宁县
双倍嘎	从江县
传统舞蹈	
苗族格哈	丹寨县
锦鸡舞	丹寨县
畲族粑槽舞	麻江县
反排木鼓舞	台江县
鼓龙鼓舞长杉龙	贵定县
布依族“雯当姆”	荔波县
瑶族打猎舞	荔波县
松桃瓦窑四面花鼓	松桃县
莲花十八响	沿河县
苗族板凳舞	安龙县
彝族撮泰吉	威宁县
苗族芦笙技巧舞“滚山珠”	纳雍县
苗族大迁徙舞	赫章县
彝族铃铛舞	赫章县
采月亮	仁怀县
传统戏剧	
侗戏	黎平县
思州傩戏傩技	岑巩县

福泉阳戏	福泉市
思南花灯	思南县
德江傩堂戏	德江县
石阡木偶戏	石阡县
布依戏	册亨县
安顺地戏	安顺市
曲艺	
布依族“八音座唱”	兴义市
传统体育、游艺与杂技	
勾林	天柱县
侗族月牙铛	天柱县
侗族摔跤	黎平县
隆里花脸龙	锦屏县
传统技艺	
苗族蜡染	丹寨县
石桥古法造纸	丹寨县
剑河锡绣制作工艺	剑河县
苗族服饰文化	雷山县
苗族银饰工艺	雷山县
苗族芦笙文化	雷山县
思州石砚制作工艺	岑巩县
布依族土布制作、扎染工艺	罗甸县
水族马尾绣	三都县
牙舟陶器制作技艺	平塘县
玉屏箫笛制作工艺	玉屏县
小屯白棉造纸工艺	贞丰县
乌当手工土纸制作工艺	贵阳市乌当区
花溪苗族挑花制作工艺	贵阳市花溪区
彝族赶毡制作工艺	威宁县
马场乡苗族大筒箫的制作与演奏	盘县
茅台酒传统酿造工艺	贵州茅台酒股份有限公司
千户苗寨建筑工艺	雷山县
德江土家舞龙	德江县
民俗	
六枝梭嘎箐苗文化空间	六枝特区
占里侗族生育习俗	从江县
平秋北侗婚恋习俗	锦屏县
水族婚俗	都匀市
茅坪花苗婚俗	湄潭县
四十八寨歌节	天柱县
社节	天柱县
报京三月三	镇远县
苗族姊妹节	台江县

思南上元沙洲节	思南县
仡佬族敬雀节	石阡县
安顺屯堡文化	安顺市
苗族茅人节	榕江县
稿午苗族水鼓节	剑河县
苗族牯藏节	雷山县
注溪娃娃场	岑巩县
清水江杀鱼节	福泉市
水族端节	三都县
水族卯节	三都县
查白歌节	兴义市
赶毛杉树	安龙县
大狗场吃新节	平坝县
水城南开三口塘苗族跳花节	水城县
侗族萨玛节	榕江县
哥蒙的“哈冲”	黄平县
独山愿灯	独山县
布依族扫寨	都匀市
仡佬族毛龙节	石阡县
盘县地坪乡彝族毕摩祭祀文化	盘县
月也	黎平县
苗族弄嘎讲略	黄平县
古思州“屯锣”	岑巩县
锣	万山特区

第二批

项目名称	申报地区或单位
民间文学	
苗族神话叙事歌《仰阿莎》	剑河县
苗族《古歌》	施秉县、普定县、龙里县
苗族口头经典“贾”	丹寨县
侗族民间文学《珠郎娘美》	榕江县、从江县
布依族摩经	贞丰县、关岭县
苗族历法	丹寨县
苗族民间文学《阿蓉》	榕江县
布依族口传史诗“布依族盘歌”	六盘水市
传统音乐	
苗族多声部情歌	台江县、剑河县
苗族飞歌	雷山县
苗族芒筒芦笙祭祀乐	丹寨县
侗族大歌	从江县小黄乡、榕江县
布依族民歌《好花红》	惠水县
布依族勒尤	贞丰县、兴义市、镇宁县

侗族河边腔	黎平县
河边腔苗歌	锦屏县
十二诗腔苗歌	锦屏县
侗族歌鼟	锦屏县平秋镇
土家族打镏子	沿河县
龙灯钹	铜仁市
布依族婚俗音乐	贞丰县
薅秧歌	金沙县、红花岗区
船工号子	思南县、赤水市
苗族阿江	普定县
凤冈吹打乐	凤冈县
黔北打闹歌	余庆县
布依山歌十八调	贵定县
绕家呃嘣	都匀市
高腔大山歌	桐梓县
仡佬族哭嫁歌	道真县
苗族“游方歌”	施秉县
屯堡山歌	安顺市
传统舞蹈	
苗族铜鼓舞	雷山县
苗族芦笙舞	雷山县、关岭县、凯里市、榕江县、水城县、乌当区
苗族长鼓舞	贵定县
苗族猴鼓舞	花溪区
毛南族打猴鼓舞	平塘县
瑶族猴鼓舞	荔波县
苗族板凳舞	凯里市
苗族踩鼓舞	镇远县
土家族摆手舞	沿河县
金钱杆	江口县
阿妹戚托	晴隆县、兴仁县
苗族烧灵舞	兴仁县
彝族酒礼舞	威宁县
彝族铃铛舞“恳合呗”	钟山区
苗族花鼓舞	乌当区
卡堡花棍舞	乌当区
矮人舞	余庆县
响蒿舞	独山县
苗族夜乐舞	罗甸县
素朴金钱棍	黔西县
四桐鼓舞	威宁县
仡佬族踩堂舞	遵义县
传统戏剧	
阳戏	天柱县

文琴戏	黔西县、铜仁市、遵义市、乌当区
花灯戏	普定县、独山县、黔西县、福泉市、花溪区、遵义市、余庆县、石阡县、印江县
仡佬族傩戏	道真县
黔剧	贵州省黔剧团
思州喜傩神	岑巩县
镇远土家族傩戏	镇远县
蓬莱布依地戏	白云区
马路屯堡地戏	长顺县
曲艺	
嘎百福	剑河县、台江县、榕江县、雷山县
君琵琶	黎平县
安顺唱书	安顺市
水族双歌	三都县
传统体育、游艺与杂技	
麻山绝技	望谟县
布依族高台狮灯	兴义市
仡佬族高台舞狮	务川县、道真县
寨英滚龙	松桃县
瑶族民间陀螺竞技	荔波县
仡佬族打蔑鸡蛋	平坝县、道真县
苗族射弩	织金县、普定县
古典戏法	贵州省杂剧团
传统美术	
苗族剪纸	剑河县
苗族百乌衣艺术	丹寨县
梭嘎箐苗彩染服饰艺术	六盘水市
石氏面塑	兴仁县
通草堆画	遵义市
苗族"嘎闹"支系服饰艺术	丹寨县
传统技艺	
苗族织锦	麻江县、雷山县
苗族泥哨	黄平县
苗族银饰	黄平县
侗族鼓楼花桥建造技艺	黎平县
造林习俗	锦屏县
侗族鼓楼营造技艺	从江县
苗族马尾斗笠制作技艺	凯里市
苗族堆花绣	凯里市
大方漆器制作技艺	大方县
屯堡石头建筑技艺	平坝县、西秀区
枫香染制作技艺	惠水县、麻江县
蓝靛靛染工艺	册亨县、贞丰县、黎平县

水族石雕	榕江县
土法造纸工艺	三穗县、盘县、惠水县、长顺县
傩面具制作工艺	德江县
竹编工艺	三穗县
木雕工艺	镇远县
印染工艺	印江县
故央——传统手工水磨制香技艺	安龙县
窑上古法制陶	贞丰县
砂陶制作工艺	织金县
安顺蜡染	安顺市
高坡苗族银饰制作技艺	花溪区
布依族纸染绣花制作技艺	花溪区
罗吏目布依族龙制作技艺	乌当区
绥阳旺草竹编技艺	绥阳县
长安布依族土布扎染制作技艺	惠水县
布依族土布制作技艺	关岭县
民间火纸制作技艺	岑巩县
烟火	金沙县
董酒酿制技艺	遵义市
洞藏青酒酿造工艺	镇远县
传统医药	
瑶族医药	从江县
廖氏化风丹制作技艺	红花岗区、汇川区
苗族医药	雷山县、黔东南州民族医药研究所
侗族医药	黔东南州民族医药研究所
布依族防治肝病益肝草秘方	贵定县
水族医药	三都县
同济堂医药文化	贵州同济堂制药有限公司
民俗	
苗族“四月八”	贵阳市
苗族独木龙舟节	台江县、施秉县
苗族祭尤节	丹寨县
河灯节	习水县
赶苗场	习水县
谷陇九月芦笙会	黄平县
布依族丧葬礼俗	贞丰县
仡佬族婚俗	务川县
杜寨布依族丧葬砍牛习俗	贵阳市
新化舞狮	锦屏县
仡佬族吃新节	金沙县、平坝县
土家族过赶年	印江县
下洞祭风神	印江县
余庆龙灯	余庆县

镇远元宵龙灯会	镇远县
瑶族服饰	麻江县
桐梓苗族服饰	桐梓县
安顺苗族服饰	西秀区、关岭县
布依族服饰	贞丰县、册亨县
箐苗服饰	纳雍县
黔东南苗族服饰	剑河县、台江县、三穗县
屯堡服饰	平坝县
榕江侗族服饰	榕江县
贵阳苗族服饰	花溪区、乌当区
摆贝苗族服饰	榕江县
四十八寨侗族服饰	黎平县
黄平 僅家服饰	黄平县
偏坡布依族服饰	贵阳市
水族服饰	三都县
土家族婚庆夜筵	岑巩县
屯堡"抬亭子"	西秀区
仡佬族宝王祭拜	务川县
青山界四十八寨歌会	锦屏县
土家族"八月八"唢呐节	镇远县
仡佬族丧葬习俗	石阡县
水族婚礼	三都县
平秋重阳鞍瓦	锦屏县
起房造屋习俗	遵义市
苗族招龙	雷山县
仫佬年	麻江县
彝族婚嫁习俗	盘县
瑶族隔冬	麻江县
苗族三月坡	雷山县
苗族扫寨	雷山县
苗族吃鼓藏	从江县
侗族民俗"悄悄年"	石阡县
凤冈茶饮习俗	凤冈县
玉屏赶坳	玉屏县
赶社	岑巩县
彝族年	赫章县
高坡苗族射背牌	花溪区
苗族跳场	花溪区
化屋苗族文化空间	黔西县
小广侗族娶亲节	剑河县
龙鳌祭祀	岑巩县
新场苗族祭天神	都匀市
"6.24"民族传统节——二郎歌会	福泉市

布依族"六月六"	关岭县、贞丰县
"划筷奠祖"苗俗	纳雍县
侗族款约	黎平县
仡佬族三幺台习俗	道真县、务川县
瑶白摆古	锦屏县
彝族咪古	毕节地区文化局
仡佬族吃新祭祖习俗	遵义县
天柱宗祠文化习俗	天柱县
苗族采花节	盘县
大屯三官寨彝族祭祀	毕节市
说春	石阡县
水族祭祖	三都县
甘囊香苗族芦笙节	凯里市
畲族凤凰装	麻江县
苗族苗年	丹寨县、雷山县
苗族吃新节	雷山县
苗族跳花节	安顺市
从江侗族老人节	从江县
侗族祭萨	黎平县
都柳江苗族鼓藏节	榕江县
侗年	锦屏县
岜沙苗族成人礼	从江县
侗族北部方言歌会	天柱县
苗族翻鼓节	丹寨县
竹王崇拜	镇宁县

第三批

项目名称	申报地区或单位
民间文学	
《苗族史诗—亚鲁王》英雄史诗	紫云苗族布依族自治县
布依竹筒歌	关岭布依族苗族自治县
彝族古歌	盘县
苗族十二路酒歌	施秉县
苗族民间故事	水城县
布依族民间故事	望谟县
金汉列美	黎平县、从江县
丁郎龙女	榕江县
布依族叙事诗	望谟县
传统音乐	
土家族高腔山歌	印江土家族苗族自治县、沿河土家族自治县
仡佬族情歌	石阡县
苗族三眼箫音乐艺术	织金县、六盘水市六枝特区
彝族《莫蒿亩》	赫章县、六盘水市钟山区

布依族吹打乐	关岭布依族苗族自治县、惠水县、水城县、兴仁县
姊妹箫	关岭布依族苗族自治县、长顺县、六盘水市六枝特区
侗族哆耶——踩歌堂	黎平县
侗族芦笙谱	榕江县
侗族牛腿琴歌	从江县
苗笛	从江县
苗族酒礼歌	雷山县
彝族山歌	盘县
布依族小打音乐	普安县
布依勒浪	册亨县、贞丰县
布依族“谷温”	贞丰县
布依族十二部古歌	望谟县
哥蒙芦笙乐	黄平县
苗族直箫乐	盘县
传统舞蹈	
瑶族长鼓舞	从江县
苗族芦笙蹉步舞	毕节市
苗族斗脚舞	习水县
苗族斗角舞	修文县
彝族嗨马舞	普安县
苗族芦笙棒舞	普安县
围鼓舞	兴义市
布依族转场舞	册亨县
水族铜鼓舞	三都水族自治县
水族弦鼓舞	三都水族自治县
苗族斗鸡舞	黔西县
羊皮鼓舞	盘县
苗族夫妻舞	平坝县
传统戏剧	
丝弦灯	凤冈县
仡佬族滚龙戏	正安县
端公戏	金沙县
曲艺	
布依族说唱“削肖贯”	望谟县
围鼓	正安县
传统体育、游艺与杂技	
傩技—上刀山	松桃苗族自治县
赛龙舟	铜仁市、镇远县
赤水独竹漂	赤水市
长坝狮灯	金沙县
布依族铁链械	贵阳市花溪区
抵杠	平坝县

攀崖技艺	紫云苗族布依族自治县
苗族武术	麻江县
游氏武术	赤水市
布依族棍术	贞丰县
布依族器乐演奏绝技	平塘县
民间棋艺	正安县、望谟县
岩鹰高跷	黄平县
传统美术	
水族剪纸	都匀市
布依族刺绣	兴义市、望谟县
侗族刺绣	锦屏县
布依族织锦	关岭布依族苗族自治县
传统技艺	
黄平蜡染	黄平县
水族九阡酒酿酒技艺	三都水族自治县、荔波县
都匀毛尖茶制作技艺	都匀市
云雾贡茶手工制作技艺	贵定县
油茶制作技艺	正安县、玉屏侗族自治县
西山虫茶制作技艺	息烽县
苗族酸汤鱼制作技艺	麻江县、凯里市
独山盐酸菜制作技艺	独山县
豆制品制作技艺	大方县、习水县
布依族糯食制作技艺	望谟县、贵定县
荞酥传统制作技艺	威宁彝族回族苗族自治县
青岩玫瑰糖制作技艺	贵阳市花溪区
晒醋制作技艺	赤水市
龙溪石砚制作技艺	普安县
鸟笼制作技艺	丹寨县、贞丰县、黔西县
焰火架制作技艺	印江土家族苗族自治县
粮仓建造技艺	望谟县
安顺木雕	安顺市西秀区
传统医药	
火龙丹	金沙县
罗氏瘰疱疗法	关岭布依族苗族自治县
民俗	
布依族服饰	安顺市西秀区、水城县、兴义市
苗族二月二	兴仁县、贞丰县、松桃苗族自治县、黔东南州
布依族三月三	册亨县、贞丰县、望谟县、安龙县、贵阳市乌当区、惠水县、开阳县
苗族婚俗	丹寨县、习水县
侗族婚俗	黎平县、榕江县
瑶族婚俗	麻江县
苗族斗牛习俗	施秉县、凯里市、开阳县

苗族栽岩习俗	榕江县
苗族卧堆习俗	榕江县
苗族命名习俗	平坝县
侗族鼓楼习俗	从江县
布依族"报笨"习俗	兴义市
布依族铜鼓习俗	兴仁县
彝族毕摩习俗	赫章县
彝族丧葬习俗	金沙县
记间习俗	黎平县、榕江县
稻鱼并作习俗	天柱县
造林习俗	天柱县
苗族祭桥节	三穗县、台江县、黄平县
彝族火把节	大方县、赫章县
求雨祭典	黎平县
侗族芦笙会	黎平县
水族敬霞节	三都县
清镇瓜灯节	清镇市
玩水龙	施秉县
布依族坐夜筵	开阳县

扩展项目

民间文学	
苗族刻道	黄平县
珠郎娘美	黎平县
苗族古歌	凯里市、兴仁县
布依族摩经	兴仁县
传统音乐	
布依族铜鼓乐	关岭布依族苗族自治县
侗族琵琶歌	从江县
苗族民歌(苗族飞歌)	剑河县、纳雍县
传统舞蹈	
苗族芦笙舞	罗甸县
木鼓舞	榕江县
传统戏剧	
花灯戏	贵州省花灯剧团、开阳县、镇远县、金沙县
傩戏(印江土家族傩戏)	印江土家族苗族自治县
荔波布依族傩戏	荔波县
织金穿青人傩戏	织金县
江口傩戏	江口县
阳戏	沿河土家族自治县、息烽县、黔西县、罗甸县、开阳县
地戏	开阳县
侗戏	榕江县、从江县

黔剧	安龙县
曲艺	
布依八音	平塘县
传统美术	
苗族剪纸	台江县
苗绣	黄平县、台江县、紫云苗族布依族自治县、水城县
苗族织锦	凯里市、台江县
传统技艺	
皮纸制作技艺	务川仡佬族苗族自治县、印江土家族苗族自治县、安龙县
竹编技艺	铜仁地区万山特区
苗族芦笙制作技艺	贵阳市花溪区、丹寨县、凯里市
苗族蜡染	紫云苗族布依族自治县
苗族银饰制作技艺	剑河县、关岭布依族苗族自治县、台江县
砂陶制作技艺	盘县
布依族土布制作技艺	望谟县
民俗	
侗年	榕江县
苗族跳花节	赫章县、大方县、金沙县
鼓藏节	台江县
社节	黎平县
侗族萨玛节	从江县
仡佬族“吃新节”	六盘水市六枝特区
苗族杀鱼节	开阳县
苗族四月八	息烽县
依族六月六	开阳县
竹王崇拜	紫云苗族布依族自治县
苗族服饰	习水县、开阳县、修文县、纳雍县、金沙县、黄平县、从江县、凯里市、水城县、兴仁县
屯堡服饰	平坝县、安顺市西秀区
侗族北部方言歌会	三穗县、锦屏县

第四批

项目名称	申报地区或单位
民间文学	
簪汪古歌	清镇市、修文县
播州杨应龙传说	汇川区
布依族浪哨歌	册亨县
苗族“巴狄熊”口传经典	松桃苗族自治县
传统音乐	
布依族土歌	南明区
花山布依古歌	紫云苗族布依族自治县

水族“夺咚”	都匀市
布依族莫歌	独山县
侗族笛子歌	黎平县
注溪山歌	天柱县
启蒙侗歌	锦屏县
瓦寨锣鼓	江口县
獭草锣鼓	石阡县
普宜乐都莫轰	七星关区
苗族山歌	望谟县
传统舞蹈	
布依族铜鼓舞	关岭布依族苗族自治县
苗族雷公舞	贵定县
苗族搓梗仔采阿诗舞	瓮安县
苗族古瓢舞	雷山县
苗族水鼓舞	剑河县
踩亲舞	黄平县
布依竹鼓舞	册亨县
布依族展稍	望谟县
布依族板凳龙舞	兴义市
传统戏剧	
马马灯	正安县
茶灯	松桃苗族自治县
布依族“丫面”	册亨县
苗族武教戏	普安县
灯夹戏	瓮安县
传统体育、游艺与杂技	
土家族高台狮灯	沿河土家族自治县
布依族武术	安龙县
温水小手拳	习水县
传统技艺	
雷家豆腐圆子制作技艺	云岩区
民间纸扎技艺	正安县
墨石雕刻技艺	正安县
湄潭翠芽茶制作技艺	湄潭县
“遵义红”茶制作技艺	湄潭县
湄潭手筑黑茶制作技艺	湄潭县
空心面制作技艺	绥阳县
水族银饰制作技艺	都匀市
水族豆浆染制作技艺	三都水族自治县
苗族谷蔺布制作技艺	惠水县
苗族古瓢琴制作技艺	雷山县
天柱宗祠浮雕彩绘技艺	天柱县
道菜制作工艺	镇远县

煨酒酿造技艺	从江县
石阡苔茶制作技艺	石阡县
土家熬熬茶制作技艺	德江县
花烛制作技艺	思南县
金沙酱香型白酒酿造技艺	金沙县
清池贡茶制作技艺	金沙县
彝族彩布贴花	水城县
古方红糖制作工艺	兴义市
传统医药	
遵义王氏中医推拿	遵义市
胡三帖	贵定县
半枫荷熏浴疗法	凯里市
黔西王氏食疳医药	黔西县
民俗	
龙泉推推灯	凤冈县
铁水冲龙	普定县
苗族跳洞—数岜	龙里县
草塘火龙	瓮安县
水族历法	三都水族自治县
苗族舞龙嘘花习俗	台江县
圣德山歌节	三穗县
巴冶土王戊	三穗县
壮年	从江县
瑶族度戒	从江县
瑶族嫁郎	从江县
羌历年	江口县
布依族婚俗	册亨县、贞丰县
庆坛	晴隆县
布依族二月二铜鼓节	兴仁县
布依族火箭节	兴仁县
彝族服饰	赫章县
苗族祭鼓节	清镇市

扩展项目

民间文学	
布依族摩经	册亨县、望谟县
传统音乐	
高腔大山歌	正安县
侗族牛腿琴歌	黎平县
苗族民歌(苗族飞歌)	台江县
苗族多声部情歌	黄平县
布依族铜鼓乐	六枝特区
布依族勒尤	册亨县

布依族小打音乐	晴隆县
传统舞蹈	
苗族板凳舞	黄平县
金钱棍	岑巩县
传统戏剧	
花灯戏	息烽县、沿河土家族自治县
阳戏	正安县
傩戏	湄潭县、石阡县、纳雍县
地戏	关岭布依族苗族自治县
曲艺	
君琵琶	榕江县
布依八音	册亨县
传统体育、游艺与杂技	
苗族武术	剑河县、松桃苗族自治县
赛龙舟	沿河土家族自治县
布依族高台狮灯	贞丰县、册亨县
传统美术	
苗族剪纸	施秉县
侗族刺绣	镇远县
苗绣	丹寨县、松桃苗族自治县
布依族刺绣	册亨县
传统技艺	
竹编工艺	赤水市
苗族蜡染	平坝县、纳雍县、织金县
水族石雕	荔波县
苗族银饰锻制技艺	丹寨县
豆制品制作技艺	江口县
印染工艺	石阡县
砂陶制作工艺	印江土家族苗族自治县
布依族土布制作技艺	册亨县
蓝靛靛染工艺	望谟县
布依族糯食制作技艺	贞丰县
传统医药	
苗医药骨髓骨伤药膏	麻江县
民俗	
苗族跳场	乌当区
苗族服饰	清镇市、息烽县、龙里县、贞丰县、晴隆县、普安县
苗族跳花节	绥阳县、兴仁县
水书习俗	榕江县
苗族招龙	榕江县、剑河县
月也	榕江县、从江县
苗族姊妹节	剑河县

彝族婚嫁习俗	赫章县
苗族芦笙节	从江县
苗族翻鼓节	凯里市
仡佬族吃新节	务川仡佬族苗族自治县
苗族婚俗	贞丰县

参考文献

专著类：

[1]贵州省文化厅,贵州省非物质文化遗产保护中心.贵州非物质文化遗产名录图典[M].贵阳:贵州人民出版社,2011.

[2]威宁彝族回族苗族自治县文体广播电视旅游局,文物管理所.技艺的传承[M].重庆:重庆出版社,2013.

[3]织金县政协文史资料委员会.织金县非物质文化遗产项目选录[M].贵阳:贵阳富阳彩印厂,2014.

[4]王文章.非物质文化遗产概论[M].北京:文化艺术出版社,2006.

[5]向云驹.人类口头和非物质文化遗产[M].银川:宁夏人民教育出版社,2004.

[6]张仲谋.非物质文化遗产传承研究[M].北京:文化艺术出版社, 2010.

[7]贵州省文化厅,贵州省非物质文化遗产保护中心. 守望与思考:贵州省非物质文化遗产的传承与保护[M]. 贵阳:贵州民族出版社,2009.

[8]侯绍庄.黔史论丛[M]. 贵阳:贵州人民出版社,2005.

[9]贵州世居民族研究中心编.贵州世居民族研究(第3卷)[M].贵阳:贵州民族出版社,2006.

[10]许宪隆.民族文化发展与保护研究[M].北京:民族出版社,2007.

[11]侯绍庄.贵州古代民族关系史[M].贵阳:贵州民族出版社,1991.

[12]黄海,邢淑芳.盘王大歌:瑶族图腾信仰与祭祀经典研究[M].贵阳:贵州人民出版社,2006.

[13]杨晓辉.贵州民间美术传承与发展[M].贵阳:贵州人民出版社,2006.

[14]李黔滨,杨庭硕,唐文元.贵州民族民俗概览[M].贵阳:贵州人民出版社,2006.

[15]刘磊.丰饶的家园:贵州省国家级非物质文化遗产荟萃[M].贵阳:贵州人民出版社,2009.

论文类：

[1]刘磊.对贵州非物质文化遗产的认识与思考[J].贵州文史丛刊,2009(3).

[2]杨军昌.贵州傩文化与傩文化产业[J].教育文化论坛,2014(1).

[3]陈玉平,龚德全.刍议傩文化的现代教育价值[J].教育文化论坛,2010(3).

[4]蒋华.论岑巩"非遗"傩文化的道德伦理价值[J].兰台世界,2014(3).

[5]彭华.苗族"滚山珠"的文化特征与社会功能探讨[J].教育文化论,2011(1).

[6]阿土.贵州省国家级非物质文化遗产:芦笙舞"滚山珠"[J].贵州民族研究,2010(5).

[7]黄瑾.彝族古戏撮泰吉的价值、传承和保护[J].毕节学院学报 2012(6).

[8]刘国华.彝族"撮泰吉"的文化生态与现代传承研究[J].贵州社会科学,2014(8).

[9]刘代霞.黔西北农村跳花灯民俗的生殖崇拜内涵[J].湖北社会科学,2012(11).

[10]潘恒.试论贵州花灯剧的非物质文化要素和传承思考[J].贵州文史丛刊,2010(4).

[11]刘一萍,吴晓丽,吴大洋.贵州省织金县歪梳苗蜡染工艺[J].纺织学报,2012(5).

[12]胡家勋.乌蒙深处有歌飞:黔西北彝族民间歌曲的题材与特色[J].当代贵州,2013(16).

[13]李孝梅,窦金波.浅谈贵州苗族芦笙文化的传承特征[J].科技信息,2011(34).

[14]刘安定,邱夷平.中国传统工艺的保护研究:以染织工艺为例[J].广西民族大学学报(自然科学版), 2013(3).

[15]黄瑾.彝族戏剧"撮泰吉"的生存现状[J].贵州民族学院学报(哲学社会科学版),2012(3).

[16]王继超.彝族"撮泰吉"的文化民俗涵义及多重功用[J].毕节学院学报,2011(5).

[17]牛军.彝族毕摩文化中的审美意识[J].民族艺术研究,2005(6).

[18]余舒.威宁彝族丧葬祭祀词及仪式的文化内涵:以《指路经》和《劝善经》为例[J].毕节学院学报, 2008(3).

[19]许桂香.贵州苗族服饰文化历史景观探析[J].贵州民族学院学报(哲学社

会科学版）,2009(1).

[20]何圣伦.苗族服饰的生态美学意义阐释[J].贵州社会科学,2010(5).

[21]贺学军.关于非物质文化遗产保护的理论思考[J].江西社会科学,2005(2).

[22]刘勍.手工艺“非遗”的生产性保护探究:以北京绢人为例[J].文化遗产,2012(4).

[23]王丽芳.我国非物质文化遗产活态保护的可行性分析[D].长沙:中南大学,2007.

[24]刘锡城.“非遗”应是“大传统”[J].非物质文化遗产,2012(3).

[25]沙马打各.彝族火把节的社会功能与文化价值[C].风从民间来:“追寻中国梦”采风论文集,2014.

后　记

毕节市各民族在长期的生产生活实践中，创造了民族节日、民俗、传统技艺、音乐、舞蹈、曲艺、戏剧、体育、美术等璀璨的民族民间文化，形成了丰富多彩、灿烂多姿的“非物质文化遗产”。迄今为止，毕节市进入国家级、省级名录的非遗项目基本涵盖了上述各个领域，在贵州非遗家族中有着重要的地位和影响。对于其系统的田野调查和梳理，源于知识产权出版社 2012 年出版基金年度项目《贵州省非物质文化遗产田野调查丛书》的立项和同年因之而申报的贵州省教育厅人文社科基地项目《毕节市非物质文化遗产》的获准研究。

按照《贵州省非物质文化遗产田野调查丛书》的总体要求，2014—2015 年，编著者多次前往毕节市各地区对非遗项目进行田野实地考察，积累了大量的文字与图像资料，为本书写作奠定了较为厚重的资料基础。同时，在我们田野考察期间，毕节市所辖的金沙、大方、黔西、织金、纳雍、威宁、赫章等县文化部门工作人员对我们的调查工作给予了积极的帮助和指导，并无偿提供大量非遗资料图片。比如，金沙县非遗办公室张荣冠主任向我们提供了大量其在工作期间收集和整理的非常宝贵的非遗文字资料和图片，大方县非物质文化遗产办龙玉萍老师亲自带领我们前往大方县国家级非遗彝族漆器生产基地，以及省级非遗豆制品生产基地进行实地调查和采访。在写作中，我们参考了威宁彝族回族苗族自治县文体广播电视旅游局和文物管理所编的《技艺的传承》(2013)、织金县政协文史资料委员会编的《织金县非物质文化遗产项目选录》(2014)、贵州省非遗保护中心编的《山地文明的典藏——贵州非物质文化遗产名录图典(一)》(2011)等图书文献，以及“贵州傩文化与傩文化产业”(杨军昌，2014)、“苗族“滚山珠”的文化特征与社会功能探讨”(彭华，2011)、“乌蒙深处有歌飞——黔西北彝族民间歌曲的题材与特色”(胡家勋，2013)、“黔西北农村跳花灯民俗的生殖崇拜内涵”(刘代霞，2012)等研究成果，还从贵州文化网、贵州百科信息网、贵州非物质文化遗产网、贵州民族民间文化资源信息网等网站中得到了大量的资料和图片资料，这里谨对这些成果的辛勤耕耘者致以深深的谢意，也请其中因信息不明而未标署作者信息的图片作者体谅与海涵。

肯定地说，这本书稿，凝聚着毕节市众多文化学者的心血，是一本集体耕耘和集体智慧的成果展示。籍本书出版之际，谨对所有支持我们的政府部门、非遗实体、文化网站，以及帮助过我们的每一个人由衷地致以真诚的谢意！但囿于编著者水平和能力有限，本书在体例安排、资料取舍、文字表达、观点提炼、图片选取等方面都程度不同地存在诸多问题和缺陷，恳请读者、识者批评指正，不吝赐教。

本卷编著者于贵阳谨记